权威·前沿·原创

皮书系列为
"十二五"国家重点图书出版规划项目

广州蓝皮书

BLUE BOOK OF GUANGZHOU

广州市社会科学院/编

广州城市国际化发展报告（2015）

ANNUAL REPORT ON CITY INTERNATIONALIZATION OF GUANGZHOU (2015)

主　编/朱名宏
执行主编/杜家元

社会科学文献出版社
SOCIAL SCIENCES ACADEMIC PRESS (CHINA)

图书在版编目(CIP)数据

广州城市国际化发展报告.2015/朱名宏主编.—北京：社会科学文献出版社，2015.11
（广州蓝皮书）
ISBN 978-7-5097-8014-5

Ⅰ.①广… Ⅱ.①朱… Ⅲ.①城市发展-国际化-研究报告-广州市-2015 Ⅳ.①F299.276.51

中国版本图书馆 CIP 数据核字（2015）第 208952 号

广州蓝皮书
广州城市国际化发展报告（2015）

主　　编／朱名宏
执行主编／杜家元

出 版 人／谢寿光
项目统筹／丁　凡
责任编辑／丁　凡

出　　版／社会科学文献出版社·皮书出版分社（010）59367127
　　　　　　地址：北京市北三环中路甲29号院华龙大厦　邮编：100029
　　　　　　网址：www.ssap.com.cn
发　　行／市场营销中心（010）59367081　59367090
　　　　　　读者服务中心（010）59367028
印　　装／北京季蜂印刷有限公司

规　　格／开　本：787mm×1092mm　1/16
　　　　　　印　张：17.25　字　数：261千字
版　　次／2015年11月第1版　2015年11月第1次印刷
书　　号／ISBN 978-7-5097-8014-5
定　　价／69.00元

皮书序列号／B-2012-220

本书如有破损、缺页、装订错误，请与本社读者服务中心联系更换

▲ 版权所有 翻印必究

广州城市国际化蓝皮书编辑委员会

主　　编　朱名宏

执行主编　杜家元

编　　委　(按姓氏笔画排序)
　　　　　　伍　庆　李　丰　陈　剑　胡泓媛　姚　宜
　　　　　　殷　俊

主编简介

朱名宏 1960年出生，广西藤县人。毕业于复旦大学，获经济学博士学位，为美国加州州立大学访问学者。现任广州市社会科学院党组副书记、研究员。广东省政府决策咨询顾问委员会专家委员，广州市政府决策咨询专家，广州市优秀中青年社会科学工作者。主要从事区域经济学和产业经济学研究，以区域经济社会发展规划和人力资源研究见长。先后出版多部著作，发表论文100余篇，主持和独立完成研究课题120多项。获得国家人事部、广东省和广州市优秀成果奖等奖项近10项。

摘　要

广州作为国家中心城市和综合性门户城市，主动实施国家建设"一带一路"战略，并积极参与"一带一路"建设，在实践中以南沙自由贸易试验区和国际航运中心建设为契机，深化改革，加强对外合作，推进城市国际化发展。《广州城市国际化发展报告》是广州市社会科学院国际问题研究所编辑出版、跟踪研究城市国际化发展的蓝皮书，从学术视野探究广州城市国际化发展的途径。

《广州城市国际化发展报告（2015）》主要内容包括总报告、专题篇、对外交流篇、对外合作篇、综合篇和国际经验篇。

总报告分析了 2014 年广州城市国际化发展现状，对当前广州城市国际化发展水平进行分析，展望了 2015 年广州城市国际化发展形势，提出促进广州城市国际化发展的建议。

专题篇主要是以建设 21 世纪海上丝绸之路为背景，对广州国际经贸合作、文化对外开放、企业"走出去"以及南沙新区高端航运服务业发展等进行研究。

对外交流篇主要从国际形象对外传播、友好城市和国际组织资源利用、城市多边外交等角度提出推进广州城市国际化发展的途径。

对外合作篇主要从深化穗港澳经贸合作、与东南亚国家基础设施互联互通、小商品出口贸易、提升外贸竞争力等方面促进广州城市国际化发展进行研究和思考。

综合篇主要从广州建设国际航运中心、国际物流中心、区域金融中心、文化名城、世界城市以及服务外包的贡献、未来产业发展等方面进行分析并提出相关建议。

国际经验篇主要介绍城市 CBD 建设、互联网金融管理的先进经验及对广州的启示。

Abstract

Guangzhou, acting as the national central city and the comprehensive gateway city, has making great afforts to coorperate with the national "One Belt and One Road" strategy, including taking the chance of building Nansha Free Trade Test Area and international shipping center, deepening the reform, strengthening external cooperation and promoting city internationalization. *Annual Report on City Internationalization of Guangzhou* is the Blue Book edited and published by the Institute of International Studies of Guangzhou Academy of Social Science, tracking the tendency of Guangzhou City's international development and its researches, and to study the ways to promote the internationalization of Guangzhou from experts perspectives.

Annual Report on City Internationalization of Guangzhou (2015) contains six chapters of general report, special reports, foreign exchange, foreign cooperation, comprehensive review and international experience.

The General Report analyzes the current situation and existing problems in the internationalization process of Guangzhou in 2014, evaluates the international level of Guangzhou, and points out the prospect in the year 2015.

The Chapter of Special Reports includes the special studies of Guangzhou's participation in the building of maritime silk road in 21st century, from the perspectives of international trade and economic cooperation, open culture, corperate FDI and shipping service.

The Chapter of Foreign Exchange includes the papers examined the external exchange approaches of Guangzhou, such as international image publicity, international sister cities, international organizations and multilateral diplomacy.

The Chapter of Foreign Cooperation discusses the ways of internationalization from aspects of Guangzhou, Hong Kong and Macao's cooperation, the infrastructure connectivity of Guangzhou and Southeast Asian countries, petty commodities exports and Guangzhou's foreign trade competitiveness.

The "Comprehensive Review" chapter focuses on the research progress upon Guangzhou building international shipping center, international logistics center, regional financial center, culture city, world city, the communication of service outsourcing and future industry development.

The "International Experience" chapter this year includes the enlightenments from the international experience of CBD construction and internet finance supervison.

目 录

BⅠ 总报告

B.1 2014年广州城市国际化发展状况与2015年形势分析
　　………………………………… 广州市社会科学院课题组 / 001
　　一 2014年广州城市国际化发展状况…………………… / 002
　　二 广州城市国际化发展存在的问题与不足…………… / 015
　　三 2015年广州城市国际化发展形势分析……………… / 018
　　四 促进广州城市国际化发展的建议…………………… / 022

BⅡ 专题篇

B.2 21世纪海上丝绸之路建设与广州加强
　　对外经贸合作研究 ………………… 杜家元　姚　宜　胡泓媛 / 034
B.3 21世纪海上丝绸之路建设与广州企业
　　"走出去"战略研究 ……………………………… 陈　峰 / 065
B.4 21世纪海上丝绸之路建设背景下南沙新区高端航运
　　服务发展优势与瓶颈分析 ………… 覃　剑　葛志专　白国强 / 079

001

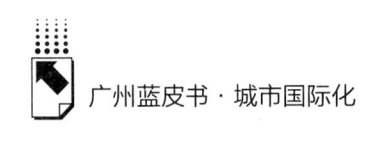

BⅢ 对外交流篇

B.5 新媒体平台上广州国际形象对外传播策略
………………………………………… 李秀芳 蔡晓诚 / 102

B.6 充分利用国际友好城市资源促进广州国际化
全面发展 …………… 广州市政协对外友好界别课题组 / 121

B.7 广州城市多边外交实践的机遇与挑战
……………………………… 广州市外办多边合作工作组 / 130

BⅣ 对外合作篇

B.8 广州与东南亚各国基础设施互联互通建设研究
…………………………………………… 周晓津 张 强 / 138

B.9 关于广州关区小商品出口贸易情况的调研报告
………………………………… 广州海关风控中心小商品课题组 / 160

B.10 加快转型升级提升广州外贸竞争力的对策思路 ……… 胡彩屏 / 171

BⅤ 综合篇

B.11 广州建设国际航运中心的战略定位
与路径选择 ……………………………… 陈 雄 黎国林 / 186

B.12 广州建设国际物流中心的对策研究 ………………… 邓丹萱 / 195

B.13 服务外包产业对广州经济社会发展
贡献度研究 ……………………………… 陈来卿 巫细波 / 214

B.14 广州建设世界城市的对策建议 ……………………… 姚 阳 / 222

ⅥB 国际经验篇

B.15 全球视野中的城市CBD：演化规律、经验及启示 …… 张　强 / 240

B.16 国际化背景下互联网金融管理面临的挑战及其
管理的国际经验 ……………………………………… 李　丰 / 251

皮书数据库阅读使用指南

CONTENTS

B I　General Report

B.1　Analysis of the Internationalization Development of Guangzhou
City in 2014 and Prospect in 2015
　　　　　　　　　Study Group of Guangzhou Academy of Social Sciences / 001
　　1. *The status of Guangzhou's internationalization in 2014*　　　/ 002
　　2. *The existing problems in the internationalization process of Guangzhou* / 015
　　3. *The prospect of the internationalization development of Guangzhou*
　　　in 2015　　　　　　　　　　　　　　　　　　　　　　/ 018
　　4. *The countermeasures to promote the internationalization of Guangzhou* / 022

B II　Special Reports

B.2　Research on the Construction of Maritime Silk Road in 21st
Century and Guangzhou's Strengthening Foreign Trade
and Economic Cooperation　　*Du Jiayuan, Yao Yi and Hu Hongyuan* / 034

B.3　Research on the Construction of Maritime Silk Road in 21st
Century and the Cross-border Development of Guangzhou
Enterprises　　　　　　　　　　　　　　　　　　*Chen Feng* / 065

CONTENTS

B.4 Strength and Bottleneck Analysis of the High-end Shipping Service Development of Nansha New District under the background of Maritime Silk Road Construction in 21st Century *Qin Jian, Ge Zhizhuan and Bai Guoqiang* / 079

BⅢ Foreign Exchange

B.5 External Communication Strategy of Guangzhou's International Image on New Media Platform
Li Xiufang, Cai Xiaocheng / 102

B.6 Make the Best of International Sister Cities to Realize Full Development of Guangzhou's Internationalization
Study Group of C.P.P.C.C. of Guangzhou / 121

B.7 Road on Innovation and Transformation—the Opportunities and Challenges of the Multilateral Diplomacy Practice of Guangzhou *Study Group of Guangzhou Foreign Affairs Office* / 130

BⅣ Foreign Cooperation

B.8 Research on the Construction of Infrastructure Connectivity of Guangzhou and Southeast Asian Countries
Zhou Xiaojin, Zhang Qiang / 138

B.9 Investigation Report of Petty Commodities Export Situation of Guangzhou Custorm District *Study Group of Guangzhou Customhouse* / 160

B.10 Countermeasures on the Speeding up of Transformation and Upgrading to Improve Foreign Trade Competitiveness of Guangzhou *Hu Caiping* / 171

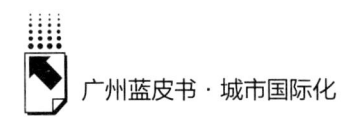

ⅫV Comprehensive Review

Ⅸ.11 The Strategic Positioning and Approaches for Guangzhou
to Build Internationa Shipping Center *Chen Xiong, Li Guolin* / 186

Ⅸ.12 Countermeasures on Building International Logistics Center
of Guangzhou *Deng Danxuan* / 195

Ⅸ.13 Research on the Contribution Degree of Service Out-sourcing
Industry to the Economic and Social Development of
Guangzhou *Chen Laiqing, Wu Xibo* / 214

Ⅸ.14 Countermeasures for Guangzhou to Build World City *Yao Yang* / 222

ⅫⅥ International Experiences

Ⅸ.15 Urban CBD in the Global Vision: Evolution Law,
Experience and Enlightenment *Zhang Qiang* / 240

Ⅸ.16 International Experience of Internet Finance Supervison
Under the Background of Internationalization *Li Feng* / 251

总报告

General Report

B.1
2014年广州城市国际化发展状况与 2015年形势分析

广州市社会科学院课题组*

| 摘　要： | 2014年，广州面对全球经济缓慢复苏、国际市场需求有所上升等形势，充分发挥国家中心城市职能，继续实施外向型带动战略，进一步扩大对外开放，加强国际经济合作和国际文化交流，积极参与国际分工，努力提升广州城市国际化水平。本文阐述了2014年广州城市国际化发展基础、发展状况，对2014年广州城市国际化水平进行评价，分析了广州城市国际化发展存在的 |

---

* 广州社会科学院课题组成员：杜家元，广州市社会科学院科研处处长、副研究员；姚宜，广州市社会科学院国际问题研究所副所长、副研究员；李丰，广州市社会科学院国际问题研究所副研究员、博士；胡泓媛，广州市社会科学院国际问题研究所助理研究员；邓丹萱，广州市社会科学院国际问题研究所博士。

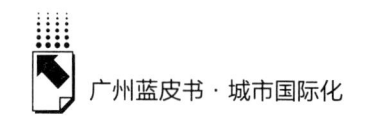

不足。南沙自由贸易试验区、国际航运中心和"一带一路"建设，为2015年广州城市国际化发展提供了良好机遇，本文在此基础上提出了广州进一步加快城市国际化发展的建议。

关键词： 广州　城市国际化　形势分析　对策建议

城市国际化是一个动态概念，是指在全球化背景下城市通过对外经济合作、加强国际政治文化交流、参与国际事务等国际性活动逐步提升城市的国际影响力、竞争力和控制力并最终成长为国际城市的过程，在国际城市网络体系中发挥重要节点功能。

2014年，在世界经济缓慢复苏的背景下，广州充分发挥国家中心城市的职能，利用广州作为海上丝绸之路发祥地的历史传统和区位优势，积极参与"一带一路"建设；以南沙自由贸易试验区建设为契机，深化体制机制改革，营造国际化营商环境，扩大对外开放；举办第二届"广州奖"等国际性活动，全方位推动广州城市国际化发展并提升国际影响力。本文将从广州的发展基础、对外经济合作、大型国际活动以及对外政治文化交流合作等角度，分析2014年广州城市国际化发展状况。

一　2014年广州城市国际化发展状况

（一）广州城市国际化水平处于区域性国际城市层级

城市国际化发展目标之一是建设成为国际性城市。国内外专家学者和研究机构建立了指标体系，对国际化水平进行等级划分，国际性城市分为全球城市、洲际性国际城市、区域性国际城市等层级。有关国际研究机构为动态跟踪国际城市的发展状况，从不同角度对国际城市进行调查分析，定期发布分析结果。英国拉夫堡大学全球化与世界城市研究组（GaWC）发布的"世界城市排名",从2012年开始将广州上升为Beta+级别城市;美国"全球城市指数"2014年发布的84个全球国际城市中,广州名列第66位,与2012年公布的结果相比,相对名次有所提升。2012年英国"全球标杆城市竞争力指数"公布的120个城市中,广州列第64位(见表1)。综合国际研究机构的分析与评价,广州城市国际化发展水平和国际竞争力已初步得到国际社会的认可,广州在世界城市体系网络中占据一定地位。

从国际机构对城市国际化评价指标排名来看,广州当前处于世界城市等级体系中的第三层级,即"区域性国际城市",与休斯顿、开罗等城市位置相当,领先国内的深圳、重庆等城市。

表1 城市国际化评价指标体系主要城市排名

层级	世界城市等级体系划分国际城市	英国"世界城市排名(100个)"(2012年)	美国"全球城市指数(84个)"(2014年)	日本"全球城市实力指数(40个)"(2014年)	英国"全球标杆城市竞争力指数(120个)"(2012年)
第一层级:全球城市	伦敦	Alpha++	2	1	2
	纽约	Alpha++	1	2	1
第二层级:洲际性国际城市	香港	Alpha+	5	9	4
	新加坡	Alpha+	9	5	3
	上海	Alpha+	18	15	43
	东京	Alpha+	4	4	6
	北京	Alpha+	8	14	39
	洛杉矶	Alpha	6	20	19
	首尔	Alpha-	12	6	20
第三层级:区域性国际城市	莫斯科	Alpha	17	35	58
	马德里	Alpha	15	19	28
	休斯顿	Beta+	38	—	23
	台北	Alpha-	40	33	37
	曼谷	Alpha-	42	29	61
	雅加达	Alpha-	51	—	118
	开罗	Beta+	49	40	113
	广州	Beta+	66	—	64
	里约热内卢	Beta	56	—	76

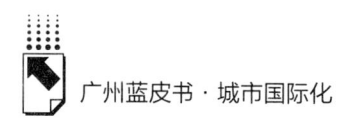

续表

层级	世界城市 等级体系划分 国际城市	英国"世界城市 排名(100个)" (2012年)	美国"全球城市 指数(84个)" (2014年)	日本"全球城市实 力指数(40个)" (2014年)	英国"全球标杆 城市竞争力指数 (120个)"(2012年)
第三层级： 区域性国际 城市	深圳	Beta -	73	—	52
	大阪	Gamma +	55	26	47
	重庆	High sufficiency	84	—	87

说明：①"世界城市排名"，由英国拉夫堡大学的全球化与世界城市研究组（GaWC）发布，从会计、广告、金融、法律等4个生产性服务业方面对100个国际城市进行分类排行。
②全球城市指数（Global Cities Index），由美国《外交政策》杂志、全球管理咨询公司科尔尼公司和芝加哥全球事务委员会联合推出，2008年起每两年发布一次，从工商业活动、人文因素、信息流通、文化氛围和对全球政治的影响等5个方面衡量全球84个城市的国际化发展水平。
③"全球城市实力指数"（Global Power City Index），由日本森纪念财团发布，从经济、研究与开发、文化交流、宜居性、环境和交通通达性等6个领域的指标衡量全球40个主要城市的全球影响力。
④"全球城市竞争力指数排名"由世界知名杂志英国《经济学家》信息部（EIU）公布，排名基于《经济学家》信息部对全球120个城市在经济竞争力、人力资源、金融产业成熟度、机构效率、硬件建设、国际吸引力、社会与文化特质、环境与自然危害等31个指标的调查结果。

（二）市场规则逐步与国际接轨，营商环境进一步优化

中国加入WTO后，广州全面清理了涉外地方法规、规章和其他政策措施，并开展了全市涉及货物出口奖励及补贴措施的清理工作，逐步完善法规政策措施公布平台。创建于1999年的广州市法规政策说明会已成为广州权威公布和解释最新法规政策的优质品牌，已成功举办近50次。2002年开通的外经贸政策网站（中英文版）每年发布信息约3万条，成为对外发布信息的重要渠道之一。为指导企业有效开展对外贸易，广州市逐步形成公平贸易工作机制，先后建立了技术性贸易壁垒联合应对制度、进出口产品监控预警机制、珠三角公平贸易协同应对机制等。2009年，广州借鉴国际经验与做法，出台了《关于加快推进广州市营商环境和做事规则国际化的意见》，进一步推进广州营商环境和市场规则与国际接轨。

随着对外开放的纵深发展和外贸体制机制的改革以及全体经济一体化发展，广州营商环境朝着国际化、法治化方向不断迈进，2010～2014年四

次被《福布斯》杂志评为"中国大陆最佳商业城市"第一名。外经贸审批全面提速,在全国首创推行外资网上审批服务系统,全面推广无纸化联合年审,外资企业参加年检的无纸化率、满意率近100%;在广东省率先执行暂停加工贸易业务审批的决定,实现了1000多家加工贸易企业的重大审批改革无缝衔接过渡。口岸布局完善,已形成海陆空齐全、客货运合理搭配,保税区、保税港区、保税物流园区和出口加工区等特殊监管功能区布局完善的大口岸格局。通关便利化水平大幅提升,"三个一"通关模式已由南沙口岸推广到全市各口岸,并以建设南沙自由贸易试验区为契机逐步探索"一口通关"。通过外贸审批、检查效能的提高,使营商环境进一步改善。

(三)对外贸易稳步发展,产品国际竞争力增强

1. 对外贸易呈稳步增长态势

广州作为我国改革开放的前沿,一直以来实施外贸带动战略,利用国内外两个市场驱动经济发展。2014年广州商品进出口总额1306.00亿美元,比上年增长9.9%。其中,商品出口总额727.15亿美元,增长15.8%;商品进口总额578.85亿美元,增长3.2%。与2010年相比,2014年对外贸易总额、出口总额、进口总额分别增长25.9%、50.3%、4.5%(见表2、图1)。

表2 2010~2014年广州对外贸易情况

单位:亿美元

年份	外贸总额	出口总额	进口总额	年份	外贸总额	出口总额	进口总额
2010	1037.76	483.80	553.96	2013	1188.88	628.06	560.82
2011	1161.72	564.73	596.99	2014	1306.00	727.15	578.85
2012	1171.31	589.12	582.19				

资料来源:相应年份《广州市国民经济和社会发展统计公报》。

2. 对外贸易方式多样化

广州对外贸易方式丰富多样,但各种方式产生的贸易额在进出口贸易中所

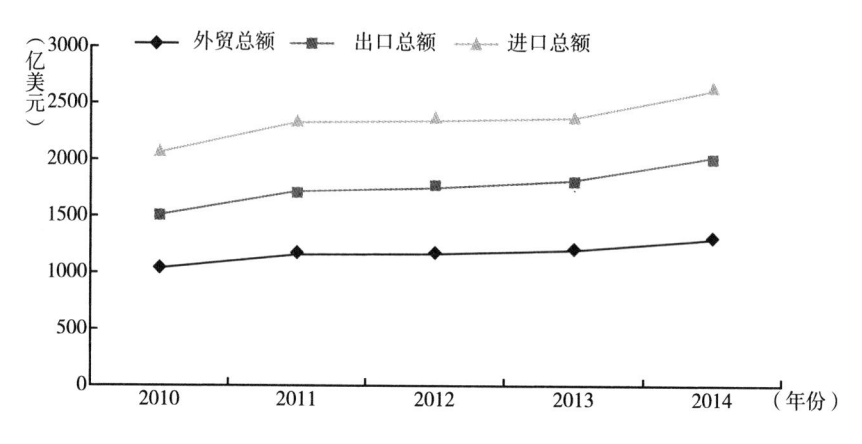

图1　2010~2014年广州外贸总额情况

资料来源：相应年份《广州市国民经济和社会发展统计公报》。

占的比重有所不同。2014年，广州一般贸易进出口额3634.2亿元，增长0.9%，占广州外贸总额的比重为45.3%；加工贸易进出口额2994.1亿元人民币，占比为37.3%；保税物流进出口额688.1亿元人民币，占比为8.6%（见表3）。

表3　2014年广州进出口贸易方式情况

单位：亿元，%

贸易方式	进出口		出口		进口	
	金额	比重	金额	比重	金额	比重
合计	8023.4	100.0	4467.7	100.0	3555.7	100.0
一般贸易	3634.2	45.3	1881.1	42.1	1753.0	49.3
加工贸易	2994.1	37.3	1746.2	39.1	1247.9	35.1
保税物流	688.1	8.6	296.6	6.6	391.5	11.0
租赁贸易	106.4	1.3	0.4	0.0	106.1	3.0
外商投资企业作为投资进口的设备、物品	53.0	0.7	—	—	53.0	1.5
其他贸易	541.3	6.7	539.4	12.1	1.9	0.1

资料来源：《广州海关专报》2015年第1期。

3. 传统贸易市场进出口增长稳定，新兴市场进出口发展迅速

传统贸易市场进出口增长稳定。2014年，广州对欧盟、美国、东盟、

中国香港和日本等主要传统贸易市场贸易额均保持稳定增长。其中，对欧盟进出口180.36亿美元，同比增长12.3%，占广州进出口总额的13.8%，其中出口98.87亿美元，增长12.3%；进口81.49亿美元，增长16.2%。对美国进出口179.8亿美元，增长3.5%，占广州进出口总值的13.8%，其中出口119.10亿美元，增长5.3%；进口60.70亿美元，增长3.1%。对东盟进出口158.26亿美元，增长10.5%，其中出口额为86.35亿美元，比上年增长25.9%。对中国香港和日本进出口贸易额分别为149.96亿美元和132.42亿美元，分别增长5.5%和2.7%（见表4）。

表4 2014年广州主要进出口国家和地区情况

单位：亿美元，%

国家和地区	出口 规模	出口 比上年增减	进口 规模	进口 比上年增减
欧盟	98.87	12.3	81.49	16.2
日本	31.62	5.2	100.80	3.2
中国香港	144.34	6.8	5.62	-0.5
美国	119.10	5.3	60.70	3.1
东盟	86.35	25.9	71.91	-1.7
韩国	17.16	35.3	72.90	4.0
俄罗斯	11.99	18.6	2.26	-5.0

资料来源：《2014年广州市国民经济和社会发展统计公报》。

新兴市场进出口发展迅速。2014年，广州对非洲进出口贸易额为95.4亿美元，增长51%；对中东地区进出口额为66.7亿美元，增长20.8%；对韩国的出口额和进口额分别为17.16亿美元、72.90亿美元，同比增长分别为35.3%、4.0%；对俄罗斯的出口额为11.99亿美元，同比增幅为18.6%。

4. 外贸主体结构有所调整，民营企业外贸发展迅速

外商投资企业一直是广州外贸赖以发展的重要支柱，但对其依赖有所减弱。2014年，广州外商投资企业进出口678.34亿美元，增长4.1%，较同期广州进出口总体增速低5.7个百分点，占广州进出口总额的51.9%，比

2013年下降2.3个百分点；民营企业外贸发展迅速，进出口总额达377.7亿美元，增长25.8%，占广州进出口总额的28.9%，比2013年上升3.9个百分点；国有企业进出口总额为233.49亿美元，增长0.8%，占广州进出口总额的17.9%，比2013年下降1.4个百分点。

5. 出口产品结构持续优化，产品国际竞争力进一步增强

自中国加入WTO以来，广州在稳定一般商品贸易出口的同时，加大机电产品和高新技术产品出口，促进出口产品结构持续优化，产品的国际竞争力进一步增强。机电产品：2004年出口额为104.66亿美元，占全市出口总额的比重为48.74%，2014年分别为357.94亿美元、49.23%，出口额增加近2.5倍。高新技术产品：2004年出口额为43.07亿美元，占全市出口总额的比重为20.06%，2014年分别为126.66亿美元、17.42%，但出口规模和所占比重较上年均有所下降（见表5）。2004~2014年，广州机电产品和高新技术产品的出口规模虽有波动但总体上呈持续增长态势，受宏观环境的影响不大，说明广州的机电产品和高新技术产品具有较强的国际竞争力。

表5 2004~2014年广州机电产品和高新技术产品出口情况

单位：亿美元，%

年份	机电产品 出口额	机电产品 占全市出口总额比重	高新技术产品 出口额	高新技术产品 占全市出口总额比重
2004	104.66	48.74	43.07	20.06
2005	134.07	50.27	55.87	20.95
2006	162.80	50.28	61.39	18.96
2007	192.13	50.69	66.48	17.54
2008	225.25	52.43	74.76	17.40
2009	200.10	53.50	76.02	20.32
2010	263.91	54.55	99.03	20.47
2011	295.66	52.35	105.80	18.73
2012	309.42	52.52	112.73	19.14
2013	236.30	37.62	142.76	22.73
2014	357.94	49.23	126.66	17.42

资料来源：相应年份《广州统计年鉴》和《广州市国民经济和社会发展统计公报》。

（四）对外投资发展迅速，以"走出去"助推国际化发展

大力开展对外投资，通过"走出去"参与国际分工，是助推城市国际化发展的重点措施之一。改革开放以来，广州通过各种措施扶持企业对外投资，拓展国际市场。至2013年底，广州经核准在境外投资项目560个，投资总额47亿美元。其中近三年发展迅速，2012～2014年，广州境外投资项目达到409个，协议总投资额59.63亿美元，年均增长65.8%，中方协议投资额56.08亿美元。主要投资项目涉及能源资源、农林牧渔业、房地产、批发展贸、物流仓储以及金融、租赁等。2014年广州对外直接投资额为10.09亿美元，比上年增长50.6%，广州对外投资发展迅速。目前，广州境外投资已从贸易公司等传统方式转变为投资办厂、营销网络、资源开发及跨国并购等多元化投资模式，资源开发、金融租赁、地产服务和跨国并购成为广州企业"走出去"的新亮点。

（五）外资利用持续增长，国际资源聚集能力彰显

1. 外资利用稳定增长

广州始终重视吸引外资、利用外资，利用外资规模持续扩大。2010年突破40亿美元，2012年为45.8亿美元，2013年达到48.0亿美元（见表6）。2014年广州外资利用实现新发展，据广东省商务厅确认，全年新批外商直接投资企业1155家，同比增长5.77%；合同外资80.40亿美元，同比增长13.01%；实际使用外资突破50亿美元大关，达到51.07亿美元，同比增长6.3%。

表6　2010～2014年广州实际利用外资情况

单位：亿美元，%

年份	2010	2011	2012	2013	2014
实际利用外资额	40.8	43.8	45.8	48.0	51.1
同比增长	5.3	7.2	7.1	5.0	6.3

资料来源：相应年份《广州市国民经济和社会发展统计公报》。

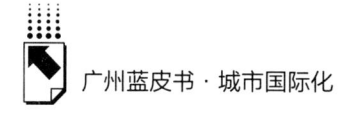

2. 外资项目规模大幅提高

2014年，批准投资总额超1000万美元以上项目184个（其中新批90个，增资94个），同比减少9个，大项目投资总额平均规模达到6658万美元，比上年增加848万美元；涉及合同外资金额57.85亿美元，占全市合同外资总额的71.95%。大项目主要集中在制造业、房地产、融资租赁行业，上述行业中，投资总额超1000万美元的项目合计136个，涉及合同外资金额46.55亿美元，占大项目合同外资总额的八成。全年共批准超1亿美元项目31个，其中延长壳牌石油、量通租赁、联众不锈钢等新增投资额超过2亿美元。

3. 传统外资来源地在穗投资保持增长

从外资来源地看，2014年在广州投资金额超1亿美元的国家和地区有中国香港、英属维尔京群岛、韩国、日本、新加坡和开曼群岛，来自上述6个国家和地区实际外资金额合计47.86亿美元，占全市实际使用外资金额的93.72%。上述国家和地区中，除日本外，合同外资金额均实现增长，中国香港、英属维尔京群岛、韩国、新加坡、开曼群岛合同外资金额分别增长3.78%、54.16%、557.54%、112.45%和85.02%。另外，欧洲和美国在穗投资有好转迹象，欧洲合同外资金额为1.67亿美元，同比增长52.35%；美国在穗投资恢复增长，合同外资和实际投入外资金额分别为2139万美元和1394万美元，同比分别增长181.86%和142.01%。

4. 服务业引资能力进一步增强，制造业利用外资比重下降

从利用外资的行业结构看，2014年，广州服务业吸收合同外资62.02亿美元，实际使用外资33.85亿美元，同比分别增长52.77%和7.59%，在全市总量中的比重进一步提升至77.15%和66.27%。其中金融业、房地产业增长明显，合同外资同比分别增长221.11%、73.29%；实际使用外资同比分别增长83.88%和82.74%。其他服务业如住宿及餐饮业，信息传输、计算机服务和软件业以及科学研究、技术服务和地质勘查业等吸收合同外资增长明显，同比增长422.15%、377.07%和60.99%。在产业结构继续调整优化的背景下，制造业利用外资比重逐年减少。2014年制造业吸收合同外资17.78亿美元，同比下降39.93%，仅占全市合同外资总额的22.11%，比上年同期下降19.49个百分点。

（六）开放型经济发展平台体系基本形成，成为城市国际化发展的重要载体

2008年以来，广州成功推动增城工业园升级为国家级开发区、花都开发区扩区，中国服务外包示范城市和落实CEPA示范城市获批。目前，开放型经济发展的"1+2+3+4+5+11"战略平台体系（即1个自由贸易园区、2个国家级示范城市、3个国家级开发区、4个省级开发区、5个海关特殊监管区域、11个国家级外贸进出口及转型升级基地）基本形成。以开放型经济发展平台体系为基础，广州近年来引进、培育了一批先进制造业、现代服务业重点骨干企业，集聚了一批企业总部、研发中心、物流中心在平台布局，构筑了较为完善的开放型产业体系。

开放型经济发展平台的建设已成为广州城市国际化发展的重要载体。2014年，在广州特殊经济区域中，经济技术开发区进出口贸易额为165.13亿美元，较上年增长0.6%；高新技术产业开发区进出口贸易额为138.61亿美元，较上年略有下降。海关特殊监管区域中，保税港区和综合保税区贸易增幅明显，进出口贸易额73.88亿美元，增长1.8倍。

（七）国际旅游业平稳发展，促进国际人文交流

随着广州旅游综合环境的改善和旅游资源的开发以及旅游宣传推广力度的加大，广州国际旅游业日益兴旺，带动了广州建设国际旅游中心和国际人文汇集中心。2014年，广州接待入境旅游者783.30万人次，增长2.0%。在入境旅游人数中，外国人300.26万人次，增长7.6%；香港、澳门和台湾同胞483.04万人次，下降1.3%。旅游外汇收入54.75亿美元，增长5.9%。

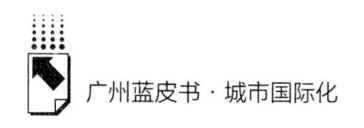

表7　2001~2012年广州国际旅游业发展情况

单位：万人次，亿美元

年份	入境旅游人数	旅游外汇收入	年份	入境旅游人数	旅游外汇收入
2010	814.79	46.61	2013	768.20	51.69
2011	778.69	48.53	2014	783.30	54.75
2012	792.21	51.45			

资料来源：相应年份《广州国民经济和社会发展统计公报》。

（八）"一奖两会"助推城市国际化发展

举办大型国际性活动，对推动城市国际化发展起到重要作用，也被许多城市所推崇。广州于2014年11月举办的第二届广州国际城市创新奖（以下简称"广州奖"）颁奖典礼及2014中国国际友好城市大会暨广州国际城市创新大会（以下简称"一奖两会"），使广州得以代表中国城市开展全球对话，切实推进多边外交和互利合作，再次掀起城市外交新高潮，助推城市国际化发展。

一是规模大、规格高。2014年"一奖两会"共迎来了57个国家和地区的277个城市和国际组织的600多名国内外嘉宾，包括国家政要、城市管理者、专家学者、企业家等。

二是打造了全球城市开展平等对话的高端平台。2014年"一奖两会"以"我的城市我的梦"为主题，契合了世界各地携手治理城市、共建美好家园的时代梦想。主要活动包括：一奖、两会、四个论坛（企业创新与城市发展论坛、城镇化与智慧城市主题论坛、丝绸之路与地方政府合作论坛、2014广州论坛）、五项展览（全国友协会史展暨国际友城展、城市创新展、广州实践展、岭南文化展、国际儿童绘画展），以及"广州奖"入围城市答辩会、世界城市高端访谈等20多场主题活动。2014年第二届"广州奖"得到全球城市的积极关注，六大洲57个国家和地区的177个城市259个项目报名参评，在项目数量、涉及领域等方面比上届都有新的突破。内容涵盖城市规划、行政管理、智慧城市、生态环境、住房交通、社会服务、各方合作与公民参与、能力建设等8个当今世界城市面临的共同问题。

三是彰显了广州特色，传播了广州地方文化，提升了广州城市软实力。2014年"一奖两会"活动精彩纷呈，各项配套活动都向国际友人展示了广州特色，传播了广州文化和城市建设的成果。文艺演出全部出自本土，岭南韵味浓厚。组织中外嘉宾26批次1066人次参加了以花城广场、海心沙、广州塔为主要景点的"城市建设线"，以陈家祠、荔枝湾涌为主要内容的"历史文化线"和以北京路为主的"欢乐购物线"等参观活动，使嘉宾亲身领略了广州经济社会发展成就和独具特色的岭南文化魅力，对广州绿色、低碳、幸福的城市建设理念留下了深刻印象。

四是成果丰富，成为开展城市外交的平台。2014年"一奖两会"设立了"对华友好城市交流合作奖"，表彰了81个近年来在对华友好城市交流合作中做出突出贡献的外国省州和城市，评选出了38个"国际友好城市交流合作奖"和5个"国际友好城市特别贡献奖"。其中，广州获得"国际友好城市特别贡献奖"的殊荣。中国国际友好城市联合会与罗马尼亚市镇协会签署了合作备忘录，广州市与尼泊尔博克拉市和厄瓜多尔基多市签署了友好城市协议。"一奖两会"还推动了广州与国际社会其他领域的合作，如广州大学与林雪平大学签署了合作意向书，共建城市可持续发展研究中心；广州番禺职业技术学院等4所院校和坦佩雷市4所院校共同签署职业教育合作谅解备忘录，推动两市在职业教育领域开展学术及商业合作；布里斯托尔市与番禺区政府进一步落实"中欧城镇化合作备忘录"，将在绿色生态、智慧城市以及教育创新等方面加强合作，同时该市还在广州设立西英格兰大学代表处。本次"一奖两会"对于探索友城关系的务实途径，加强和巩固发展城市间的双边、多边交流合作，推动友城关系向纵深发展具有积极意义。

五是2014年"一奖两会"引起全球高度关注，海内外45家媒体进行了广泛报道。"广州奖"三个公众嘉奖城市的公开投票评选共吸引海内外超过200万人的关注与参与。

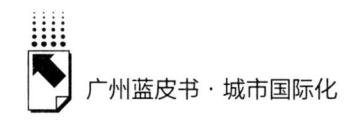

（九）城市外交实现新突破，城市国际影响力获得提升

广州作为国家中心城市，具有代表国家开展对外交往的职能。2014年，广州城市外交实现新突破，城市国际影响力不断提升。

一是拓展城市外交平台，形成"大友城"城市外交格局。积极拓展领馆渠道，新增5家外国驻穗总领事馆，总数达51家，居我国内地第二位，搭建了广州与派驻国紧密联系的平台。积极打造友城平台，年内新增波兰罗兹、印度艾哈迈达巴德等4个国际友好城市，新增俄罗斯圣彼得堡、美国波士顿等3个友好合作交流城市，其中印度艾哈迈达巴德和尼泊尔博克拉填补了广州友城布局中南亚内陆地区的空白地带，美国波士顿完善了广州市在北美大陆东岸的友城布点。目前，广州已与世界上六大洲43个国家59个城市建立了友好城市关系或友好合作交流城市关系，形成了四位一体的"大友城"立体交往格局。

二是积极创新多边平台。2014年，成立广州、奥克兰、洛杉矶三城经济联盟，在创新、影视、旅游、教育四个领域试点实质性合作，实现友城双边合作到多边合作的新突破；在世界城地组织执行局会议上牵头成立城市创新专业委员会，实现广州组建国际组织"零的突破"，提升了广州参与全球治理的能力；广州成为世界大都会协会亚太地区总部所在地，负责统筹64个亚太城市的国际交往与合作，在服务中央总体外交、参与制定和实施国际组织规则方面获得话语权。

三是经贸、教育、文化交流活跃。2014年来访经贸类团组有44批348人，拜访了市外经贸局、开发区、广州商业总会和各相关企业，并召开了旅游、港务、教育、医疗等多场专题圆桌会议。目前与广州有贸易往来的国家和地区遍布六大洲，超过200多个。有1/2以上来访团组关注教育交流，范围涉及基础教育、高等教育和职业教育等多个方面，国际教育合作已成为对外文化交流的亮点。除此之外，广州还多批次地组团参加国际文化、体育的交流活动，进一步提升了广州的国际知名度和影响力。

二 广州城市国际化发展存在的问题与不足

(一)总部经济偏弱,影响对国际经济的控制力

实践证明,总部经济的运行对国际经济的影响力和控制力有重要作用。与北京、上海等城市相比,广州在世界500强企业数量、跨国公司地区总部数量等方面均存在较大差距。2014年,世界500强企业总部,广州仅有南方电网和广汽集团2家,低于北京(53家)、上海(7家)和深圳(4家);位于广州地区的跨国公司地区总部数量(56家)也远远落后于北京(127家)、上海(403家)。广州总部经济偏弱的现象仍没有改观,制约了广州对国际经济控制力的提高。

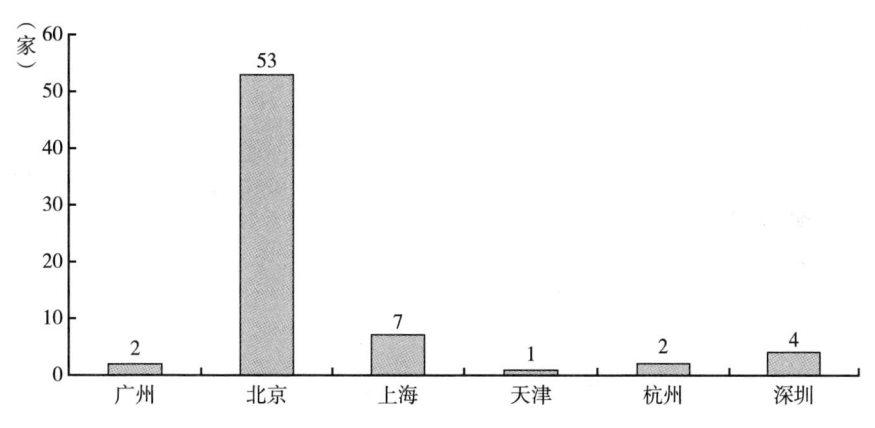

图2 2014年广州与国内主要城市拥有世界500强总部比较

(二)金融资本的国际化水平不高,制约了国际资源的聚集能力

国际资本的利用水平直接体现一个国家或城市对国际资源的聚集能力。自加入WTO以来,广州实际利用外资虽保持持续增长势头,但总量与先进城市相比仍有差距。2014年,广州实际利用外资51.07亿美元,在国家中心城市和副省级城市中,排天津(188.67亿美元)、上海(181.66亿美元)、大连(140.05亿美元)、北京(90.41亿美元)、成都(87.6亿美

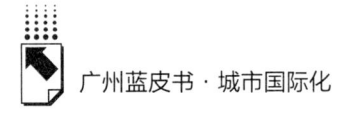

元)、杭州(63.35亿美元)、武汉(61.99亿美元)、青岛(60.8亿美元)、深圳(58.05亿美元)之后,居第10位。

金融功能是一个国际性城市的核心功能,其功能的强弱直接影响城市对国际资源的聚集能力和调配能力。根据深圳综合开发研究院发布的"中国金融中心指数(2014)",广州位居上海、北京、深圳三大金融中心之后。该机构发布的中国城市金融综合竞争力排名,通过对全国31个金融城市的金融产业绩效、金融机构实力、金融市场规模、金融生态环境四方面的指标数据进行计量分析,广州落后上海、北京和深圳,且差距较大,说明广州金融综合竞争力不强。

(三)外贸依存度逐渐降低,产品国际竞争力有待提高

外贸依存度是指进出口贸易总额占GDP的比重,是衡量一个国家和地区经济与国际市场的联系程度或经济外向度的重要指标。近年来,广州外贸依存度虽保持在较高水平,但总体上呈下降趋势。2006年广州外贸依存度超过80%,达到83.7%,而2014年下降到48.0%,说明广州经济外向度有所减弱。

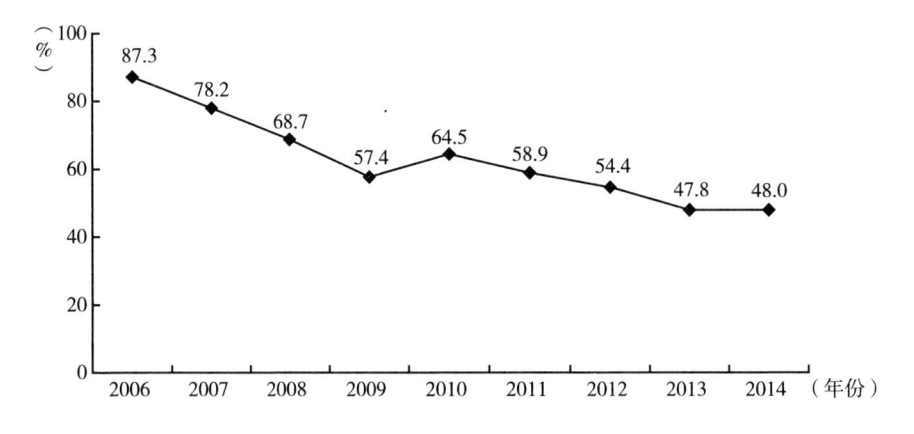

图3 2006~2014年广州外贸依存度变化情况

资料来源:外贸依存度(进出口贸易总额占GDP的比重)根据广州相应年份统计数据计算而得。

出口依存度是指出口贸易总额占GDP的比重，是衡量本地经济对国际市场辐射力和竞争力的重要指标。2014年，广州出口依存度为26.72%，在国家中心城市和副省级城市中，低于深圳（109.13%）、厦门（99.72%）、宁波（59.05%）、上海（54.80%）、杭州（32.81%）、青岛（32.34%）、重庆（27.29%）等城市，居第8位，与广州作为国家中心城市和对外开放门户城市的地位不符。广州要提升国际化水平，经济国际影响力和产品的国际市场竞争力须有所提高。

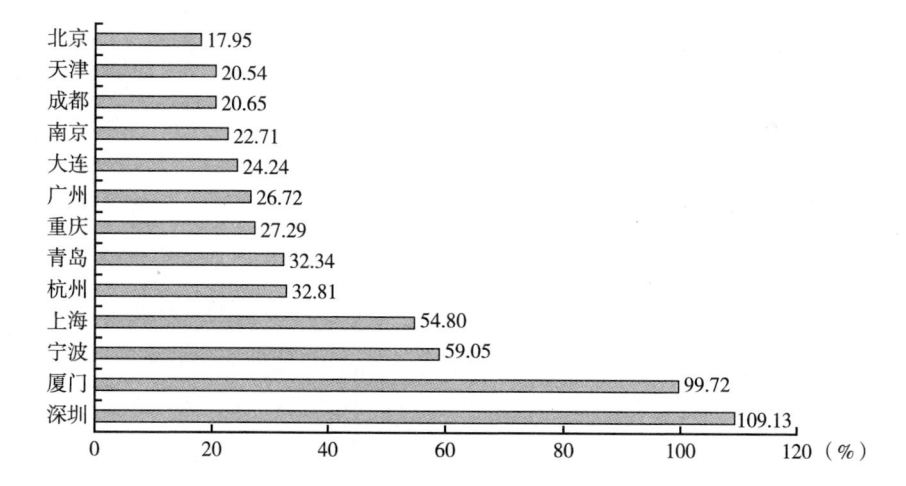

图4 2014年广州与国家中心城市和部分副省级城市出口依存度比较

资料来源：出口依存度（是指出口贸易总额占GDP的比重）根据2014年各有关城市《国民经济和社会发展统计公报》数据计算而得。

（四）对外交流平台数量不足，制约城市对外交流

国际中心城市的重要特征之一就是国际交流活动频繁。近年来，广州国际交往平台和沟通渠道虽不断完善，但与北京、上海等国家中心城市相比仍有差距。例如，广州至今只有1家国际组织进驻；国际友好城市方面，广州有36个，落后于北京（52个）和上海（79个）；尤其是常驻境外媒体数量与北京、上海等城市相比具有较大差距。表明广州对外交流途径与平台相对较少，与国际交流中心的要求还存在一定差距。

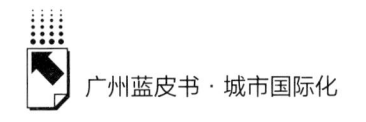

三　2015年广州城市国际化发展形势分析

（一）全球经济复苏为广州城市国际化提供机遇

全球经济经过金融危机的震荡后，目前已处于缓慢复苏期，2015年复苏期将得以巩固，发达国家和新兴经济体的经济增长将呈现不同程度的改善。发达国家比新兴经济体将率先走出低谷，经济企稳回升态势基本确立，美国经济正逐步摆脱金融危机影响出现大幅回升迹象，欧元区经济恢复正增长，英国经济表现好于预期；日本经济在"安倍新政"刺激下，虽出现波动但也开始复苏。新兴经济体和发展中国家经济分化发展，东亚和东南亚经济保持增长，而被称为"脆弱五国"的印度、印尼、巴西、土耳其和南非经济发展较为困难。据有关国际组织的预测，2015年世界经济形势将好于上年，经济增速将继续加快。世界银行2015年1月份预测，按汇率法GDP加权汇总，2015年世界经济将增长3.0%，增速比上年加快0.4个百分点。联合国2015年1月发布的《2015年世界经济形势与展望》报告指出，2015年世界经济将增长3.1%，增速比上年加快0.5个百分点。报告同时预测世界主要发达国家的经济增长情况将略有好转，2015年的平均增长率将从2014年的1.6%上升至2.2%；在发展中国家方面，报告预测今年其经济平均增长率将维持在4.4%；东亚仍是全球经济增速最快的区域，2015年经济增长预计将维持在6%的水平。

鉴于全球经济的整体复苏，全球贸易增长将有所加快。据世界银行2015年1月份预测，2015年全球贸易量将增长4.5%，增速比上年加快0.5个百分点。据联合国2014年12月份预测，2015年全球贸易量将增长4.5%，增速比上年加快1.1个百分点。据WTO 2015年4月发布的《贸易快讯》预测，2015年全球货物贸易量将增长3.3%。

世界经济形势的好转和主要经济体的需求增加及国际贸易的增长，为广州与境外经济合作、加强对外经济贸易等提供了良好的机遇与可能。

（二）"一带一路"建设进一步推进全方位对外开放

2013年9月和10月，我国先后提出共建"丝绸之路经济带"和"21世纪海上丝绸之路"（以下简称"一带一路"）的重大倡议，得到国际社会高度关注。一年多来，中国政府积极推动"一带一路"建设，实施了一系列政策措施。经国务院授权，国家发展改革委、外交部、商务部于2015年3月28日联合发布了《推动共建丝绸之路经济带和21世纪海上丝绸之路的愿景与行动》，要求广州加快开放合作区、沿海城市港口和国际枢纽机场建设。由此可见，"一带一路"建设，赋予了广州重大历史使命，同时国家也对广州寄予厚望，要求广州在国家新一轮对外开放格局和"一带一路"建设中将扮演重要角色、发挥重要作用。推进"一带一路"建设与党的十八届三中全会提出的"适应经济全球化新形势，必须推动对内对外开放相互促进、引进来和走出去更好结合……加快培育参与和引领国际经济合作竞争新优势，以开放促改革""推进丝绸之路经济带、海上丝绸之路建设，形成全方位开放新格局"等重要方略一脉相承。

广州作为千年商都和我国最早对外通商城市，对外贸易历史悠久，拥有得天独厚的地理位置、丰厚的文化资源和华侨资源，良好的基础设施和较强的国际通达能力。广州作为国家中心城市，其主要职能之一是代表国家参与国际竞争，参与国际分工，代表国家与其他国家或地区开展经济文化交流合作。建设"一带一路"，已上升为国家战略。实施国家战略，广州责无旁贷。《中共广州市委贯彻落实〈中共中央关于全面深化改革若干重大问题的决定〉的意见》指出："要深化对外开放，要积极参与建设21世纪海上丝绸之路。"这是新时期推进广州全面发展做出的战略部署，也是广州经济社会建设的实际需要。为适应进一步扩大对外开放的需要，广州将推进众多领域的深化改革，市场规划进一步与国际接轨，构建开放型经济体制，全面提高对外开放水平，进一步推进全方位对外开放，为广州加强国际经济合作和城市国际化发展提供难得的机遇。

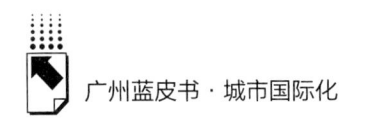

（三）南沙自由贸易试验区塑造城市国际化发展新平台

2015年3月，国家批准设立南沙自由贸易试验区。这是继加入WTO后，中国进一步融入世界经济体系、扩大对外开放的重要举措，也是广州对外开放历程中最重要的里程碑。自贸区作为新一轮高水平对外开放的重要平台，必将促使广州改革开放再上新台阶。国家对自贸区战略寄予厚望，希望自贸区"当好改革开放排头兵、创新发展先行者，继续以制度创新为核心，贯彻'一带一路'建设国家战略，在构建开放型经济新体制、探索区域经济合作新模式、建设法治化营商环境等方面，率先挖掘改革潜力，破解改革难题"。

建设自由贸易试验区，既是机遇，也是挑战。自由贸易试验区属自由贸易区概念的延伸和创新，是在一定区域内设立的具有自由贸易区功能和特征的特定区域，重点在投资准入政策、金融制度、货物贸易便利化措施、扩大服务业开放等方面先行先试。这就要求对现行的政策进行全面梳理，进行体制改革和制度创新，使市场规则和营商环境全面与国际接轨。一是探索投资贸易便利化，使投资者享受更高效便捷的政府服务。二是建设市场化、法治化、国际化的营商环境，为各类市场主体提供与国际接轨的发展环境。三是推动进一步开放特别是服务业的扩大开放。四是促进国际区域深度合作。

自由贸易试验区通过制度创新，一方面能吸引更多的投资和贸易者来广州兴业发展，另一方面能推动广州企业家利用这一平台走向世界，在全球配置资源，参与全球竞争与合作。由此可见，随着进一步推进建设，南沙自由贸易试验区将成为聚集国际优势资源、实施"走出去"战略的平台，为广州城市国际化发展提供重要载体。

（四）建设国际航运中心，为广州城市国际化发展注入新动力

自古以来，广州就有着发达的港口和深厚的航运传统，一直走在全国对外开放的前沿。目前，我国正在构建对外开放新格局，自由贸易试验区与"一带一路"国家战略在广州融合并实施。2015年广州市委十届六中全会提

出,广州要加快建设国际航运中心,并抓紧制定广州国际航运中心建设行动计划,构建国际航运中心、物流中心、贸易中心以及金融服务体系相互融合的格局。根据广州当前正在制订的《建设广州国际航运中心2015~2017年行动计划》,广州将加快基础设施建设,完善港口集疏运体系,实现港口基础设施建设适度超前发展;做大做强广州航运交易所,大力发展航运总部经济;加强国际交流与合作,拓展国际班轮航线,争取国际航运组织在南沙港区开展业务;扶持龙头港航企业,积极参与国际市场竞争;对涉及国际航运中心建设的有关政策进行梳理与创新。在推进国际航运中心建设中,广州以"一带一路"建设和南沙自由贸易试验区建设为契机,全力推动建设"一带一路"沿线国家港口城市联盟,密切与国内外航运中心的协作,建立与各类世界级航运机构的战略合作关系,提升广州在全球市场上的资源整合配置能力。随着建设国际航运中心战略的实施和计划的推进,广州将建设成为国际物流中心、贸易中心,充分显现国际性城市的特征。有鉴于此,建设国际航运中心将为广州城市国际化发展注入新动力。

(五)创新商业模式和贸易业态,培育外贸竞争新优势

2015年2月,国务院出台的《关于加快培育外贸竞争新优势的若干意见》指出,创新商业模式和贸易业态是新时期培育外贸新优势的重要举措,同时也为培育外贸新优势指明了方向。外贸新业态主要包括跨境电子商务、保税贸易、融资租赁、旅游购物等,随着技术进步、产业转型升级、市场需求而产生的外贸商业模式,其优势在于在国际贸易操作过程中,减少中间环节、降低成本、抵御市场风险等,使企业产品直接进入国际市场。随着国际贸易方式和商业运作模式的创新,企业为顺应外贸新业态的发展趋势,将不断引入新技术,丰富服务形态、拓展专业化高端服务,这将在一定程度上促进产业转型升级,加强企业对新技术的运用,增强企业产品在国际市场上的竞争力。同时,为推进外贸新业态发展,必将在完善平台建设、通关便利、市场规则、外贸服务体系等方面有所创新,对培育外贸竞争新优势起到促进作用。广州作为外贸较发达的城市,外贸

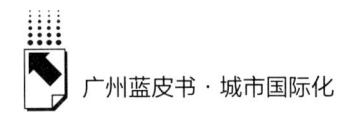

新业态发展迅速且在对外贸易中占重要地位。随着外贸新业态的进一步发展和延伸，外贸优势将进一步加强。

（六）国际产业发展新趋势为提升产业国际竞争力提供机遇

当前，世界进入科技创新和商业模式更新互动耦合期，信息化和工业化尝试融合的趋势加快，智能制造蓬勃兴起，互联网、移动互联网、大数据、云计算、生物、新能源等新兴产业和新业态迅猛发展，将为广州提升产业竞争力提供更大空间。广州要准确及时把握国际产业转移新浪潮，顺应工业新时代的发展趋势，抢占国际产业链、价值链、供应链高端，提高引资引技水平与质量，从而提升广州产业国际竞争力。

（七）主动参与全球市场规则的制定

为重夺国际贸易市场的主导权，金融危机后以美国为首的发达国家主导发起了跨太平洋战略经济伙伴协定（TPP）和跨大西洋贸易与投资伙伴协议（TTIP），实质是建立以美国为主导的发达经济体自贸区。这在一定程度上不利于开展国际经济合作。为在全球经济一体化的进程中占据更主动地位，近年来我国积极推动中美双边投资协定谈判，主动参与国际投资和贸易规则的制定，并通过实施"一带一路"战略和自由贸易试验区战略，加快构筑有利于我国的外贸网络，积极寻求与国际市场接轨的突破口。广州是国家战略的践行者，应主动求变，创新制度，以南沙自由贸易试验区建设和"一带一路"建设为契机，进一步融入世界经济体系，推动城市国际化发展。

四 促进广州城市国际化发展的建议

（一）加强研究，加快制定城市国际化发展规划和行动计划

1. 加强广州城市国际化发展相关问题研究

城市国际化发展涉及的制约因素多，不仅受世界政治、经济、意识形态

及具体国家发展条件等外部环境的影响,同时受城市内部因素,如思想意识、发展基础、发展水平、发展需求等影响;城市国际化发展也是一项系统工程,一项长期战略。要推动城市国际化发展,必须加强对相关问题进行系统、深入研究,充分了解城市国际化发展的内外部条件和基础,分析城市国际化发展的优劣势,科学评估城市国际化发展水平现状,正确判断城市国际化发展趋势,破解城市国际化发展的难题,从而有效推动城市国际化发展。

2. 加快制定城市国际化发展规划和行动计划

政府部门要把城市国际化发展上升到战略高度,根据城市国际化发展趋势,以中国香港、新加坡等国际性城市的国际化发展为标杆,结合广州发展实际,聘请国内外专业机构制定广州城市国际化发展规划,明确广州城市国际化发展目标以及实施步骤,做好城市国际化发展进程中的重点任务,以规划引领城市国际化发展的各项工作。同时,结合城市国际化发展规划的目标需求,制定广州城市国际化发展的行动计划,明确政府各部门和社会各界的责任,出台城市建设、对外宣传、外事工作、外经贸等方面的细化方案,有序推进城市国际化发展。

(二)借鉴先进经验,营造国际化营商环境

1. 新加坡、中国香港地区建设国际营商环境经验

新加坡成为自由贸易区已有多年历史,在建设国际化营商环境方面积累了众多经验,主要包括:一是积极鼓励对外贸易。新加坡除了以低关税和便捷的进出口程序鼓励对外贸易外,最典型的是推进双边自由贸易网络的建立,推动双边自由贸易发展,通过贸易网络体系深化区域合作从而形成依赖关系。二是积极鼓励投资。签署避免双重征税协议及投资保障协议;实施资本援助计划,对能在经济、技术方面为新加坡带来特殊利益的投资项目,以有银行保证为条件,提供低息的长期贷款;对研究与开发事业在税收方面采取优惠措施;吸引人才,为人才到来提供足够的便利,并提供相应的教育和培训;给予跨国公司总部入驻优惠,对不同性质的总部实行不同的奖励,并制定了一系列配套税收优惠政策。三是鼓励创新。新成立的高科技公司和从

事研发的公司可获得10年的免税期。四是政府管理廉洁高效。通过公共服务营造营商环境，以"外包"理念建设高效政府，以"亲商"理念优化经济环境，以"人才立国"理论加强人力资源开发。

香港建设国际化营商环境经验：一是采取"积极不干预"政策。不设置任何贸易屏障、投资限制或外汇管制，政府只着力于营造投资环境、兴建基础设施、制定经济法规和各种监管条例。二是促进外来投资。设立官方、半官方和民间组织共同促进外来投资，特区政府借助这些机构为有意或已在香港投资的公司提供咨询及相关服务。三是促进中小企业发展。成立专门的中小企业中心为中小企业发展提供资讯等服务，同时还通过举办各种展览、培训等为中小企业获取商机提供便利。金融机构也会针对中小企业的发展特点提供优惠的贷款计划。

2. 推进广州国际化营商环境建设的建议

一是深化体制机制改革，提高政府行政效能。探索"大部制"改革，推进政府职能转变，建设法治政府和服务型政府。深化行政审批制度改革和商事登记制度改革，进一步精简审批事项，优化审批流程，推行联合审批、并联审批，缩短审批时间，提高政府服务效能。探索推行政府权力清单、责任清单，建立透明政府和建立行政咨询制度，提高行政管理效能。充分发挥社会组织的职能，完善专家库服务平台，为投资者提供专业化服务。

二是构建开放型经济体制。以施行CEPA和建设南沙自由贸易试验区为契机，大力推行贸易自由化、投资便利化改革，探索对外商实施准入国民待遇加负面清单的管理模式，建立事中事后监管制度框架。加强对总部、金融、科技方面的招商和人才引进，创新招商引智方式，制定面向"500强"企业的招商引资行动计划。利用国际友好城市平台，全面加强与世界先进城市的交流与合作，提升广州城市国际知名度和影响力。

三是优化城市环境，打造宜居宜业城市。在社会治安综合治理的基础上，加强社会维稳，促进广州长治久安，为创建国际化营商环境提供良好的社会环境。完善公共基础设施，增强城市综合承载力。进一步完善国际化的生活配套，大力引进和建设国际教育、医疗卫生、文化体育设施，全面推广公用服务设施和公共服务外语标志，逐步提供多语种政务服务，营造国际化的政务、人居及商务环境。

（三）组织策划大型国际活动，打造城市国际化发展平台

国内外经验表明，举办重大国际活动或重要国际会议可以推动城市国际化发展，提升城市国际影响力和国际知名度。2010年广州亚运会和两届"广州奖"的成功举办，有力地推进了广州城市国际化发展，提高了广州国际化水平和国际影响力。广州要以此为契机，不断总结经验，适时组织策划重大国际活动，打造广州城市国际化发展平台。为此，要积极申办联合国及其附属机构、专门机构和其他重要国际组织的年度大会，争取重大国际会议在穗举办。积极筹办有国际影响力的经济、科技、文化等高端论坛，支持国际机构及组织在穗举办知名度高、品牌影响力大的国际体育赛事和大型文化活动，为广州城市国际化发展创造条件。加强与国际展览局、国际展览业联盟的协作，大力吸引国内外会议展览组织和会展落户广州，建设国际会展中心。精心打造广州（琶洲）国际会展核心区、流花会展区和白云国际会议中心区，规划建设具有国际水准的大型综合会展设施。充分发挥中国进出口商品交易会、中国国际中小企业博览会、广州博览会等大型展会品牌效应，推动广州国际展览业发展，争取把"广州奖""国际音乐节"打造成为广州大型国际活动的品牌，使之成为广州城市国际化发展的重要平台。

（四）强化招商载体建设，创新招商方式

1. 强化招商载体建设，提高承接国际高端要素的能力

要落实主体功能区规划，加强对各区招商引资的分类指导和政策支持，理顺招商引资体制机制，促进全市招商引资联动发展、错位发展。一是南沙新区要围绕自贸试验区七大功能平台，着力打造招商引资的桥头堡，优先发展金融、科技研发、航运物流、海洋经济、高端装备制造业等产业。二是国家级开发区、海关特殊监管区、中新知识城、自主创新示范区、服务业示范区以及各类产业园区、产业基地要全面完善基础设施，加快推动建设和整合

提升，使之成为聚集国际高端资源要素的重要平台。三是中心城区要注重优化升级，瞄准高端服务业和都市型产业，以"高质金融、高端服务、高档商业、高新科技"为招商引资方向，打造成为现代服务业招商引资的高地。

2. 创新招商引资方式

一是要完善招商工作协调机制。一把手要主抓招商，做到第一线解决问题、协调推动工作。充分发挥广州市招商工作联席会议的统筹作用，健全重大项目招商协调促进机制，实现招商信息资源共享，避免市内招商同质化恶性竞争。各区要建立招商工作领导机制，完善激励机制。要建立严格的招商责任制，抓紧制定招商引资绩效评估办法，加强检查监督，实施动态管理。

二是加强招商专业化和精准化。按照高端高质高新、集约集聚集群的要求，把招商工作放在提高层次、质量和效益上，更加注重产业链配套、供应链衔接、价值链增值，通过招商"延链、补链、强链"，实现招商路径专业化。首先，招商方式要专业化。挖掘各种资源，创新招商方式方法，推行以商引商、产业链招商、代理招商、重大活动招商、网络招商、境外驻点招商等。其次，成立专业化招商队伍。配置专职招商力量，强化招商人员培训，打造政策清、专业精、能招商、会协调的专业招商人才队伍。再次，实施精准招商，针对重点区域、重点产业、重点企业进行招商。

（五）加快推进国际航运中心建设

加快制订"建设广州国际航运中心2015～2017年行动计划"，并将其作为推进国际航运中心建设的纲领，把港口资源作为核心竞争力，全力以赴加快打造国际航运枢纽港。

一是加强港口规划建设。按照建设国际航运枢纽港的标准规划建设南沙港，谋划好各种功能、业态、产业布局，充分考虑江海联运、海铁联运等各种集疏运模式，同时加快推进南沙港区三期、江海联运码头、南沙港铁路等重点项目建设。沙仔岛要抓住获批为整车进口口岸的契机，依托区位、产业和政策优势，启动国际汽车物流园区项目建设，打造辐射华南、中南和西南地区的汽车进出口大通道。加快国际邮轮码头的规划建设工作。

二是完善南沙大通关体系。按照自贸区的标准和要求,加快国际贸易"单一窗口"建设,争取试点"三互"(信息互换、监管互认、执法互助),深化"三个一"通关模式创新,提升口岸通关信息化水平。加强已获批政策的落实,推进海关特殊监管先行先试10条措施、国家质检总局支持南沙新区开发建设的21条措施逐条实施。

三是大力发展海洋经济。按照国家21世纪海上丝绸之路的战略部署,重点发展航运物流、造船、海工设备、海油等产业。充分发挥综合保税功能,扩大大宗商品交易规模,促进集装箱国际中转、国际物流、跨境贸易有机结合,做大进出口贸易。

四是抓紧研究制订"建设广州国际航运中心2015~2017年行动计划",加快南沙港三期、四期建设。加快研究航运物流集聚区规划建设工作,确保明年下半年启动建设。加强航运中心、港区基础设施建设,完善港口集疏运体系,尽快启动疏港铁路建设,做好"无水港"建设工作。推进国际航线开发工作,推动广州港与海上丝绸之路沿途港口建立友港关系。研究建立航运产业基金。结合发展先进制造业、装备制造业,加速推动海洋经济发展。

(六)积极参与"一带一路"建设

1. 推进重大基础设施建设

一是加强交通枢纽设施建设。继续推进一批公路和城市道路项目建设,加快完善城市高速路、快速路网络;推进城际地铁轨道交通建设,优化市内公共交通。加强广州港建设,完善通道设施和集疏运体系建设。加强广州港与沿线国家重要港口的合作交流,开通更多航线,加强港口信息共享、技术合作,形成港口链合作机制,支持广州港与沿线国家重要港口组建港口联盟。强化广州白云国际机场枢纽建设。加密与沿线国家的航线和航班,开展国际航空合作,加强与沿线国家重要航空港的合作。加快南沙新机场的规划建设,实现国际空港枢纽与铁路及港口枢纽建设的一体化,为参与"一带一路"建设提供基础保障。

二是加快基础设施互联互通。加强与"一带一路"沿线各国的基础设施互联互通。拓展空中航路，争取更多国际航空公司在广州设立其海外基地或中转中心，增加和延伸广州的航线网络；推进海上通道互联互通，积极参与东盟国家港口等重大基础设施建设，建设广州邮轮港口，加强与东南亚的旅游及商务联系；积极参与国家高铁、运河国际合作项目，建设以广州南站为起点经广西连接越南、泰国、新加坡的高铁线路。

2. 打造"走出去"战略新支点

一是加快培育本土企业。将一批具有一定经营规模和品牌知名度、拥有自主核心技术和研发能力的本土企业作为重点培育对象，从资金、技术、品牌、知识产权保护等方面予以支持，助其发展成为有竞争力的跨国公司。鼓励有条件的企业到丝绸之路沿线国家投资办厂、开展产品服务和资源方面的合作，通过收购、参股或合作等方式，实现企业的国际化和产业的转型升级，提高企业国际竞争力；提高对外工程承包和劳务合作水平，承接技术含量高的大型项目，引导企业出口项目向资本、技术、知识型等服务业转变。

二是积极拓展海外市场。推动广州企业率先扩大对外投资，积极拓展境外投资市场，重点瞄准东盟、中东、非洲、南美等新兴市场国家或地区。可以结合国内结构调整和产业转型的要求，以东盟和南亚为优先发展方向，以资源型产业和劳动密集型产业为重点，鼓励化工、冶金、建材等重化工业或其部分加工制造环节外移。积极寻求合作机会开展经营活动，把产品价值链、供应链、资本链扩展到东南亚，建立加工组装基地、境外分销、售后服务和全球维修体系，通过资本输出和对外投资，形成国际区域分工协作的产业布局，拓展企业国际发展空间。

3. 扩大多层次多领域合作

一是深化穗港澳合作。在粤港澳合作框架下，发挥广州作为联结港澳与内地的通道和桥梁作用。发挥广州制造业对港澳服务发展的促进作用，积极承接港澳现代服务业的转移，促进穗港澳产业发展互利共赢，努力降低广州营商成本，完善与国际接轨的市场法制体系，进一步吸引港澳对穗投资，推进与港澳服务贸易自由化。

二是加强与东盟及"一带一路"沿线国家和地区的国际合作。加强经济合作。加强与海上丝绸之路沿线城市的友好交往，推进广州与东盟开展资源开发、工程外包等领域合作，推进与东盟在生产技术、服务贸易等方面进行多层次多元化合作，打造深化与东盟合作的核心载体；进一步加强与欧美日韩、拉美等国家和地区的经济联系，推进与欧美等国家和地区合作。强化科技合作。积极参与国家联合实验室、中国－东盟技术转移中心等重点项目，以广州—东盟国际友好城市或国际友好合作交流城市为基础，深化广州与新加坡、吉隆坡、曼谷等国际城市的科技合作；依托广州国际合作交流中心、国际科技合作基地等各类国际科技合作平台，在农业、食品、生命科学与健康、减灾防灾、水资源、环境与能源、装备制造、材料、信息技术以及空间技术与应用等重点技术领域开展合作；依托中新（广州）知识城、广州民营科技园、国际科技孵化器吸引东盟跨国公司来穗设立研发中心，吸引东盟科学家、领军人才到广州工作与创业，进而将广州打造成为东南亚的创新创业中心。

4. 加快文化对外开放，善用华侨资源

一是加强文化遗产保护和旅游推广。坚持保护传承与创新发展相结合、立足本土与对接国际相结合、政府引导与社会参与相结合、重点突破与整体推进相结合的原则，鼓励广州联合国内其他城市，以及海上丝绸之路沿线国家申报世界文化遗产，推介海上丝绸之路文化及旅游线路，举办"海上丝绸之路旅游文化节"等；制定相关保护政策，保护未列入遗产的涉海文物；通过围绕南海神庙、黄埔古港建设海上丝绸之路文化主题公园、建设十三行文化街、开发桑基鱼塘旅游与科普基地等方式，活化利用文化跑道，加快建设广东海洋历史博物馆、广州海事博物馆（海上丝绸之路博物馆）等。

二是提升城市文化国际影响力。以文化创意设计、文化传媒、文娱演艺、文化旅游为重要领域，以首都城市、友好城市、古"海丝"历史文化城市、华侨资源城市为重点区域，以广交会、"广州奖"（广州国际城市创新奖）、"演交会"（演艺交易会）、金钟奖、"留交会"（中国留学人员广州科技交流会）、中国（广州）国际纪录片节、中国国际漫画节为平台，以海上丝路文艺精品创作展演工程、国家对外文化贸易基地建设工程、国际版权贸易推广工程、城市形象海外推介工程、文化旅游吸引力工程、全球广州学研究网络工程、文化对外开放人才培养工程、海外华文媒体合作工程为重点项目，提升广州对外文化辐射力和影响力。

三是发挥海外华侨华人桥梁纽带作用。广州应重视与海外华侨华人新力量的联系。这其中包括具有海外留学或工作经验的年轻一代的新移民与海外华侨新生代。应联合世界各地的华侨华人青年精英，促进相互沟通，以达到合作共赢的目标。建立"三新"人士（新华侨华人、华裔新生代、社团新力量）联系平台，继续承办"海外社团中青年领袖培训班"，加强对侨团中青年骨干的联系与培养。组团开展慰侨活动、侨情调研，拓展新关系、新资源。借助华侨的力量，为广州企业走出去牵线搭桥；通过交易会、恳亲会等形式，积极组织引导华商和侨资企业、海外华侨华人专家学者回乡开展经贸、科技和文化等多方面的交流合作。

（七）积极构建国际化高端人才队伍

充分发挥国际人才在推进广州城市国际化进程中的资源性作用，加大国际化人才的引进和培训力度，构建国际化高端人才队伍。一是要大力实施"万名海外人才集聚工程"，以企业为主体，以"留交会"为平台，以优惠的政策和良好的工作生活环境吸引国际人才，重点引进专业技术人才、管理人才、经营人才。二是鼓励广州地区的高校、科研机构、企业开展境外合作交流，联合培养培训国际化人才。三是大力开展境外培训，市委组织部、市人社局的境外人才培训工作要常态化，每年要从政府部门、企业中选派学历高、年轻的干部到境外培训，提高公务员队伍的国际化水平。根据国际化人才的特点和培养目标，采取学校培养、国外深造、外资企业挂职等方式，提高培训的针对性和有效性。四是要实施党政人才开发计划和公务员素质提升计划，形成广覆盖、多层次的教育培训模式和渠道，积极开展领导人才的国际化学习与交流。五是要积极推行海外专家咨询制度，鼓励政府部门和经济组织聘请海外专家作为决策顾问。

（八）加强城市国际形象的宣传与推广，提高城市国际知名度

城市形象的国际知名度是一个城市的品牌，意味着巨大的机会和资源。城市国际形象和知名度的提升将促进国际优势资源向其汇聚和靠拢，加速城市的经济、社会、文化和科技的发展与繁荣。因此，加强城市国际形象的宣传与推广对提升城市国际知名度具有重要作用。

1. 拓展城市国际形象宣传与推广的途径和渠道

一是要借助在穗举办国际会议、展览、体育赛事和文化活动等高规格国际盛会吸引国际社会注意力的契机，进行广州城市形象的多方位宣传，从而达到事半功倍的效果。

二是要整合国际形象宣传与推广的方式。城市形象的信息是通过多种渠道进行传播的，大众媒体、网络传播、人际传播和重大事件等都是城市形象传播的方式与工具。要加强对其整合，应当充分运用城市现有的报纸、广播、电视节目、文学作品和网络等媒介统一传播口径，向国内外受众全方位传递城市的理念，以求最充分地发挥媒介整合传播的效应。

三是要加强网络媒体的传播作用。广州城市形象外宣工作中需要重视网络传播的作用，加大网络传播力度，发挥其信息多元化、表现形式立体化和传播互动化的优势，充实网络宣传内容，丰富文字、图画和视频等网络宣传形式，构建包括新闻门户网站、信息发布和交流论坛、微博、博客和社交网站等立体网络宣传格局，充分释放网络搜索和分享的能量，使网络传播成为广州城市对外宣传的重要窗口。同时，也要针对网络传播速度快、监管难度大等特点，加强对负面和虚假信息的排查与处理，维护网络传播中的广州城市形象。

四是要强化英语媒体的传播作用。加大英语媒体中有关城市形象的信息投放。此外，还需要加大对这些英语媒体的宣传力度，提高大众对其熟悉程度及其使用率，才能切实发挥英语媒体对城市形象的宣传作用。

2. 确定对外宣传的重点内容

一是确定宣传内容。城市形象传播实质上是将城市内涵提炼后形成独特

的形象，将传播作为一种沟通手段，将形象中蕴涵的核心价值表达出来并为受众所认知和接受。在城市形象对外传播中，必须对城市形象资源进行整合、提炼，围绕城市定位系统地进行城市形象传播，所传播的内容要能让人清晰地感受到城市的特点，培养对城市的好感，增强城市吸引力。经过多年的发展，广州已发展出"国际商贸中心""宜居花城""美食天堂""世界文化名城""世界旅游目的地""现代化国际大都市"等标签。在对外宣传工作中，应以此为基础，拓展信息内容。除此之外，外国人特别是在穗外国人除了需要了解城市的政务信息、相关法规外，更加关注城市的居住、生活、通行等方面的信息。因此，在对外宣传过程中亦应将当地风俗习惯、城市发展状况、生活状况、居住通行状况等作为宣传的主要内容，从而丰富城市形象对外宣传推广的内容。

二是根据受众对象确定宣传内容和策略。外籍人士因国籍、年龄、职业等不同，对广州城市形象认知和信息需求也会呈现较大差异，外宣工作中应采取差异化的宣传策略，针对不同受众群体调整信息服务重点，通过提供多元化、定制化的信息服务，寓宣传于服务之中，实现城市形象的"软宣传"。例如，针对在穗或将要来穗创业的人士，着重提供相关政策法规解析、就业培训以及医疗卫生等方面的信息；针对商务人士，着重提供经济发展、基础设施、交通环境、企业信息、商务机会以及投资、经商方面的各类法规和优惠政策信息；针对旅游人士，着重推介广州的名胜古迹、旅游风貌、特色美食、购物场所、宾馆酒店、娱乐场所等信息；针对求学人士，着重介绍广州的教育机构、知名学者、科研机构、科研成果等相关信息。开展差异化的对外宣传，可使广州城市国际形象的传播与推广更具针对性。

参考文献

路林书：《外向型经济与中国经济发展》，机械工业出版社，1988。

李翀：《我国对外开放程度的度量与比较》，《经济研究》1998年第1期。

杨圣明：《关于提高我国对外开放水平的几点理论思考》，《现代财经》1999年第1期。

李心丹：《中国经济的对外开放度研究》，《财贸经济》1999年第8期。

李荣林：《我国对外贸易与经济增长转型的理论与实证研究》，中国经济出版社，2001。

亚当·斯密：《国民财富的性质和原因的研究》，商务印书馆，2002。

Robert M. Solow. Growth Theory：An Exposition . London：Oxford University Press, 2000.

Grossman GM, Helpman. Trade, Knowledge Spillovers, and Growth . European Economic Review, 1991：517 - 526.

杨公朴等：《外向型经济概论》，上海社会科学出版社，1998。

大卫·李嘉图：《政治经济学原理及赋税原理》，商务印书馆，1981。

Chenery, Hollis and Strout W., Foreign assistance and economic development. American Economic Review , 1996.

李远：《政策导向与外向型经济发展》，中国经济出版社，2006。

专题篇
Special Reports

B.2 21世纪海上丝绸之路建设与广州加强对外经贸合作研究

杜家元 姚宣 胡泓媛*

摘 要： 本文在国际经贸相关理论指导下，采取定量与定性相结合的研究方法，全面分析广州与海上丝绸之路沿线国家和地区经贸合作的现状与水平，并在分析广州和海上丝绸之路沿线国家和地区加强经贸合作的条件的基础上，研究双方加强经贸合作的动力与合作模式。

关键词： 对外经贸 海上丝绸之路 广州

---

* 杜家元，广州市社会科学院科研处处长、副研究员；姚宣，广州市社会科学院国际问题研究所副所长、副研究员；胡泓媛，广州市社会科学院国际问题研究所助理研究员。

一 研究意义

国家战略，地方担责。构建开放型经济体制，全面提高开放型经济水平，推进海上丝绸之路建设，形成全方位开放新格局，是我国的国家战略之一。

党的十八届三中全会通过的《中共中央关于全面深化改革若干重大问题的决定》指出："适应经济全球化新形势，必须推动对内对外开放相互促进、引进来和走出去更好结合……加快培育参与和引领国际经济合作竞争新优势，以开放促改革。""推进丝绸之路经济带、海上丝绸之路建设，形成全方位开放新格局。"

海上丝绸之路，是一条中国商品海上贸易之路。广州作为我国海上丝绸之路的发祥地和起点、2000多年长盛不衰的外贸口岸，也是对外开放的窗口，中外商品货物在此云集交易，使广州形成了独特的外贸传统和独特的商业文化。广州经济的繁荣和长盛不衰的海外贸易，主要得益于海上丝绸之路的开辟和长期的中外商品贸易。

广州作为国家中心城市，其主要职能之一是代表国家参与国际竞争，参与国际分工，代表国家与其他国家和地区开展经济文化交流合作。建设21世纪海上丝绸之路，已上升为国家战略。实施国家战略，广州责无旁贷。《中共广州市委贯彻落实〈中共中央关于全面深化改革若干重大问题的决定〉的意见》指出："要深化对外开放，要积极参与建设21世纪海上丝绸之路。"这是新时期为推进广州全面发展做出的战略部署，也是广州经济社会建设的实际需要。近年来，广州提出建设国际商贸中心的战略目标，而建设21世纪海上丝绸之路、形成全面对外开放新格局的提出，为广州的发展提供了新机遇。

在新时期，广州应充分发挥历史、地理、人文及经济优势，积极参与21世纪海上丝绸之路建设，传承对外开放的传统，进一步巩固对外开放窗口的地位；发挥国家中心城市的职能，推进国际商贸中心建设；通过加强海外经贸合作，利用海外市场与资源，促进广州经济升级发展。

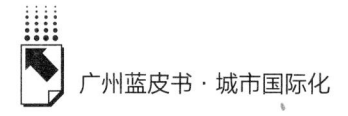

当然，加强国际经贸合作，特别是与海上丝绸之路沿线地区的经济合作，形势复杂，面临众多障碍因素。要破解这些难题，需加强研究，了解有关国家和地区的基本情况，分析有利条件和不利因素，寻求加强合作的空间与形式等。因此，开展21世纪海上丝绸之路建设与广州加强对外经贸合作研究，对广州而言，既具有历史意义，也兼具战略意义和现实意义。

二 海上丝绸之路对广州经济发展的影响

广州自古以来就是华南地区最著名的商埠，海上丝绸之路的发展几乎贯穿了广州城市的整个古代发展史，对广州的经济贸易、城市建设、人口结构和文化发展等城市发展的各个方面都产生了深远的影响。

得益于海上丝绸之路的发展，广州成为中国最早开放且从未关闭的城市，并两度成为中国唯一对外贸易的通商口岸和上下两千年长盛不衰的第一、第二大港。Canton（广州）被世界广泛认识并享有巨大的国际影响力，商贸文化成为广州的城市文化特性。[1] 广州，这座"千年商都"，始终承载着国家对外通商口岸的重大使命，以商贸连通着中国与世界。[2]

广州农业、造船业、手工业都在海上丝绸之路商贸资源的支持下获得了较大的发展，曾在世界处于领先水平。广州在长期对外交往中，引进了粮食品种[3]、水果品种[4]、药材品种[5]、花卉品种[6]、经济作物品种[7]等，从而大大丰富了人民群众的日常生活。广州造船业的领先工艺与海上丝绸之路贸易

---

[1] 资料来源：广州政府网站，http://www.gz.gov.cn/publicfiles/business/htmlfiles/gzgov/s16692/index.html。
[2] 资料来源：《2013新广州新商机投资指引——投资篇》，广州政府网站，http://www.gz.gov.cn/publicfiles/business/htmlfiles/gzgov/s2816/201309/2550939.html。
[3] 如占稻、玉米、番薯、马铃薯等。
[4] 如木瓜、番木瓜、番石榴、杨桃、菠萝、菠萝蜜、无花果、椰枣、油橄榄等。
[5] 如诃子、郁金、芦荟、阿魏、白豆蔻、龙脑香树等数十种之多。
[6] 如茉莉、素馨、水仙、指甲花、昙花等。
[7] 如棉花、花生、甘蔗、胡椒、番麻、刺桐、烟草等。

的发展相生相长。1976年在广州发现了秦汉期间的造船工场遗址，所造船只可以出海远航。①西方传教士传来的欧洲近代科学技术，都从广州进口，因而我国的修钟、造钟（发条靠进口）和机械制造都以广州为最早。

作为海上丝绸之路的重要起点，出于自身经济发展的需要，广州的城市规模、城市面貌显示出大气包容的气质，特别具有东西文化交融气质。沙面西式建筑、石室教堂、骑楼等都体现着西方文化在广州生根的悠久历史。著名旅行家非洲摩洛哥人伊本·拔图塔在元顺帝至正二年（公元1342年）经印度前来中国，回国后著有《异域奇游胜览》（又名《伊本·拔图塔游记》）一书，描述广州"是一大城市，街市美观"。据明末清初屈大均《广东新语》载：广州城内的"濠畔街，当盛平时，香珠犀象如山，花鸟如海，番夷（指外国人）辐辏，日费数千万金，饮食之盛，歌舞之多，过于秦淮数倍"。作为中国重要的贸易港，政府对广州的城市建设也给予了大力支持。明朝政府在广州西关十七甫设立怀远驿，构屋120间，建筑十分华丽，用以接待外国使者和商人。

广州的人口结构也受到贸易开放的影响，较内地复杂但和谐。广州对外贸易联系紧密和城市开放包容的气质，吸引了大批异域人士前来广州定居。历代政府尊重异域人士风俗习惯和对中国经济发展的贡献，对其管理给予特殊政策，又进一步吸引了外侨的进入。宋代时期，广州的外侨显著增加，政府设"蕃坊"以便于管理和方便外侨生活。"蕃坊"的"蕃长"由我国选用蕃商中有声望的人士充任，其办事机构称为"蕃长司"，政府授予官衔，职责为协助政府管理"蕃坊"各项事务，并大力推动外商前来广州贸易。"蕃长巾袍履笏如华人"，在蕃坊内，"蕃人衣装与华异，饮食与华同"。②史料记载"蕃长"辛押陀罗、蒲拖波罗慈等都是巨商；外侨在广州推动中外贸易有功，还能获得宋朝官衔。③

文化交流与商旅活动自古以来都是相辅相成的。广州作为千年商都，在

---

① 引文见武育干《中国国际贸易史》、梁嘉彬《广东十三行考》，均为商务印书馆出版。
② 林天蔚：《南宋时大屿山为瑶区之试证》，载《香港前代史论集》，台湾商务印书馆。
③ 《广东通志前事略》卷五。

漫长的商贸发展史上也促成了中西文化的激烈碰撞与交流，使大陆文化圈与海洋文化圈得以相切，是中外文化交流的重要窗口。广州的粤语语言文化、民俗节庆和饮食文化、建筑艺术都随海上丝绸之路的交流和华侨华人的向外移居而向东南方传播生根，而中国的儒家文化也随海上丝绸之路的航线，在西方的文化发展史上产生了影响。西方传教士把我国的政治制度、学术文化和社会风习介绍给欧洲，以至在18世纪前后，欧洲社会掀起了崇尚我国古老文明的热潮。广州文化也相应地受到外来文化的诸多影响。广州自古以来是佛教、伊斯兰教、基督教向中国内陆传播的重要通道。尤其是近代以来，广州得益于口岸城市的地位先得民主意识的熏染，成为中国近现代革命思想的孕育之地与革命之举的策源地。康有为变法、太平天国运动、孙中山领导的辛亥革命、北伐战争等推翻封建专制统治的数次重要活动，都有广州的最早参与，体现出广州作为接受人类先进思想、放眼世界文明的窗口的重要地位，为推动中国社会的发展，起了划时代的作用。

三 广州与海上丝绸之路沿线国家和地区加强经贸合作的基础与动力

（一）加强经贸合作的基础

1.广州与东亚地区的经贸合作基础

日本和韩国是广州在东亚地区的主要贸易伙伴，两国与广州的经贸往来发展已久，均为广州重要的贸易伙伴，其中日本更为广州五大外贸伙伴之一，长期以来，经贸合作的不断深入，对双方产业发展水平和经济结构都产生了积极的影响。相对广州而言，日本和韩国经济基础均较好，经济发展程度较高，出口产品结构也比较相似，集中在机电产品、化工产品上。其中，日本出口的比较优势产品主要包括化工产品、陶瓷及玻璃、贱金属及制品；韩国出口的比较优势产品主要包括机电产品、光学仪器、钟表和医疗设备等，两国在资金技术密集型产业上均有较大优势。广州的制造业中日用消费品的出口相对于日韩较有优势，而机电产品虽然在国际市场上占据了一席之地，但是质量和技术与日韩相比尚有一定差距，广州与日韩的产业内贸易尚有进一步深化的空间。同时，日韩相关产业的资本和技术实力雄厚，进一步创新方式、引进外资发展广州本土相关产业，尤其是汽车产业，是广州加强与日韩经贸合作的重要方向。

日韩的农产品市场是广州较值得拓展的市场。由于自然资源、气候条件等客观因素的制约，日韩的农产品竞争力不强。广州属亚热带季风气候，盛产水稻、蔬菜、水果和花卉等，食品加工业也具有较强的比较优势。虽然日韩在外贸政策中有意保护本国农产品，但是广州的亚热带农产品与日韩本地生产的农产品类型重合较少，对其本国农业并不造成威胁，因此，农产品出口是广州可以进一步突破的贸易领域。

2. 广州与东盟的经贸合作基础

随着中国与东盟自贸区的建成，东盟已经成为广州对外贸易中的第五大贸易伙伴，双边贸易一直保持着旺盛的增长势头。随着区域间的产业转移和产业结构调整的不断发展，广州与东盟的贸易逐步从传统的产业间贸易走向产业内贸易，形成互补性分工。

广州市的第一产业是以种植业、畜牧业及农渔产品加工为主，种植业又以水稻、蔬菜、水果和花卉为主，缺乏粮食供应。而东盟多数国家则以渔业、林业和种植业为主，绝大多数国家盛产水稻、水果、橡胶、咖啡、棕榈油、胡椒、花生等，特别是泰国、越南、缅甸等一直是世界上大米的主要出口国。产品的差异性使双边农产品贸易具有良好的发展前景。

东盟国家的工业基础相对薄弱，机电产品的进口需求较大，大部分属于中低档产品。从广州目前的经济结构来看，电子通信、石油化工、电器机械、交通设备制造为四大主要制造业产业，对东盟的出口有很好的潜力。尤其是广州正在成为中国的重要汽车生产基地，东盟的汽车市场发展前景向好，合作前景十分明朗。广州作为中国位居前列的经济强市，在一些资金密集型高新技术产品制造方面具有比较优势，如轻工业产品、家电产品，包括

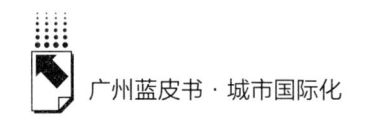

电子信息产品等，在东盟国家中也具有巨大的市场空间。

近年来，广州第三产业中的信息、咨询及各种中介服务等迅速萌发并崛起，与传统的商饮、物流、供应、仓储业共同成为广州第三产业的三大支柱行业。为了通过广州进入中国市场，东盟国家对广州上述服务业的需求也在不断增加。

3. 广州与南亚地区的经贸合作基础

在海上丝绸之路的沿线地区中，广州与南亚地区的经贸合作水平是偏低的，但是各自所具有的资源禀赋、产业结构、区位条件差异都吸引着相关方开展合作。

在资源禀赋方面，南亚国家具有丰富的劳动力资源，人口红利尚未达到峰值，是广州转移劳动密集型产业的理想目的地。在产业结构方面，南亚国家（除印度外）工业基础都较为薄弱，尚未建立完整的工业体系，容易与广州的制造业相匹配，形成阶梯发展态势，便于相互之间进行市场、资金、技术的垂直交流。南亚地区发展所需的资金较为缺乏，导致大量基础设施建设进展缓慢，广州的金融服务业和建筑业可展开相应合作，同时扩展融资和工程承包市场。在区位条件方面，目前南亚地区与中国市场沟通的主要渠道仍为海运，广州是中国南方重要的航运枢纽，也是南亚国家拓展中国市场的重要贸易伙伴。

近年来，国际金融危机、世界经济重心东移，以及国家对南亚的逐步重视，都为广州与南亚地区深化经贸合作创造了新契机。未来一个时期内实现广州与南亚合作的常态化和机制化将是各方共同的目标。

4. 广州与西亚地区的经贸合作基础

广州与西亚地区国家经济结构不同，贸易互补性非常强，贸易往来历史悠久。广州作为中国与西亚地区贸易的重要枢纽地位，以及宜人的气候、友善的环境，吸引了大批的阿拉伯人前来广州贸易和谋生。

海上丝绸之路沿线的西亚国家，经济结构中以石油、天然气及相关的化工生产为主，机器制造业、轻工业比重小，受自然条件限制，农业很难发展。相应地，上述国家对外贸易结构中，出口商品绝大部分是原油、成品油、化工产品、矿产品等工业用品,进口的主要商品则是机械设备、运输设备、家用电器、纺织品、服装、食品、手工具等。大多数西亚国家都是粮食进口国,西亚地区也是世界主要的粮食市场。西亚国家外需巨大,为扩大贸易规模,广州应不断加强贸易自由化政策,如放宽进口限制、降低关税率、鼓励私人经营进出口贸易、增设自由贸易区等,吸引国内外厂商从事进出口贸易,加速市场的繁荣和发展。

广州的产业结构与西亚地区表现出很强的契合度。机械制造业、轻工业都是广州第二产业中的主要力量,占有较好的国际市场地位,尤其是汽车、机械设备、家用电器、纺织品等,是广州对外贸易中的主要出口商品。广州丰富的降水和肥沃的土壤使其盛产亚热带农作物,品种多质量好,加之其国际航空港所提供的交通运输的便利,使广州农产品在西亚市场具有很强的竞争力。近年来,广州快速发展的服务业和劳务输出也成为广州对外贸易中的新的增长点,而西亚国家普遍本地人力资源不足,薪酬水平高,是广州服务贸易扩张的重要目的地。广州本土并无石油等工业原料和能源出产,为保持制造业的良性发展,必须保证原材料和能源的供应,而西亚地区的出口则填补了广州市场的空缺,尤其是原油出口对广州的支柱产业之一的石化产业具有重要的意义。在国家大力推进中阿经贸合作、21世纪海上丝绸之路建设等发展战略的大背景下,广州更要积极发展好与西亚地区的经贸合作关系,不断扩大和深化贸易投资合作。

5. 广州与非洲的经贸合作基础

随着中非关系的发展,广州与非洲的经贸关系也在不断地发展和创新,从最初的贸易到20世纪后期开始参与非洲工程承包,再到当今持续上升的对非直接投资,双方合作的形式越来越丰富,前景越来越广阔。

制造业是广州对非投资的重点领域,非洲所具有的丰富的能源和矿产资源、劳动力资源,都对广州制造业的发展有积极的作用。经济基础薄弱、建设资金匮乏一直是非洲国家发展的主要瓶颈。近年来,非洲国家普遍希望中国加大对非洲投资,尤其是在制造业和基础设施领域投资的力度。目前,非洲已经成为广州企业"走出去"的新热点。广州对非的投资,一方面促进

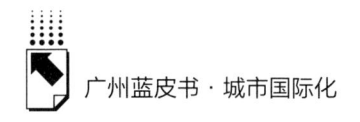

了广州企业实力的壮大,另一方面也改善了双边贸易结构,提高了非洲产品附加值和技术实力,解决了更多当地就业,是一举多得的双赢合作。

服务业具有无污染、低能耗的特点,是近年来广州和非洲投资合作的新亮点,广州的旅游业、金融服务业、社区服务等服务业发展较好,在组织管理、运营成本和技术实力等方面具有较大的优势,进入非洲市场对于非洲社会的发展完善有巨大的推动作用。

(二)加强经贸合作的动力分析

1. 内生动力:提升开放型经济发展水平

改革开放30多年来,广州抓住对外开放的机遇,充分利用国外的市场和资源,全方位、宽领域、多层次地发展开放型经济,为推动广州经济持续快速发展和国家中心城市建设做出了显著贡献。但是,传统的产业结构和布局已经不适应广州经济形势的发展。加快产业转型升级,促进经济结构调整和经济发展方式根本转变,进一步提升对外开放水平,全面提升城市核心竞争力和国际影响力,成为广州当前和今后一段时期最为迫切的战略任务。另外,广州已经形成了一批具有"走出去"能力和愿望的企业,珠三角资源环境容量极其有限,积极拓展发展腹地及市场空间,成为广州打破这种市场空间制约的战略选择。经济发展的内生动力驱使广州积极加入21世纪海上丝绸之路建设,为广州开放性经济谋求新的发展空间。

2. 推动力:服从国家发展战略

21世纪海上丝绸之路建设是国家总揽政治、外交、经济社会发展全局做出的重大战略部署,不但要以经贸联系和人文交流淡化政治与安全分歧,缓解南海沿岸周边环境的紧张局势,还要借海上丝绸之路经贸联系的加强进一步拓展国际经济发展空间,建立以我为主的国际经济新格局。广州作为海上丝路的起点中唯一的国家中心城市,具有得天独厚的历史地缘优势和经济文化基础,负有加强21世纪海上丝绸之路经贸合作的重要使命。

3. 市场驱动力:国际市场激烈竞争

2008年金融危机和欧洲主权债务危机爆发以来,欧美等国际贸易的传统市场出现大幅萎缩，严重影响了广州外贸发展，也暴露出广州外贸市场过于集中的弊端。广州以传统发达国家为中心的外经贸发展战略，正在受到世界经济格局深度调整的巨大冲击。开发新的资源，开拓新的市场，促进外贸市场多元化发展，降低因局部市场动荡所导致的经济不稳定因素的影响，成为广州抵御国际市场竞争压力的迫切需求。因此，加强与海上丝绸之路沿线国家和地区的经贸合作成为化解国际市场激烈竞争的驱动力。

4. 吸引力：新兴市场逐步成长

在传统市场萎靡不振的对比之下，新兴经济体的迅速崛起吸引了大量国际社会的目光。海上丝绸之路沿线国家和地区基本为发展中国家、新兴经济体，成长迅速，尤其包括了金砖五国中的三个国家：中国、印度和南非。各个新兴经济体在逐步成长的基础上团结发展，在国际社会争取更多话语权的意愿更加浓厚。日前在金砖国家领导人会议确认开始组建的金砖国家银行就是新兴经济体展开团结互助、合作共赢的新起点。在海上丝绸之路沿线地区局势趋于平稳、经济结构转型趋于合理、经济实力进入快速上升通道的背景下，开发这些国家的经贸合作潜力成为广州拓展贸易发展空间的不二选择。引领和打造以东南亚为起点，向西南方向延伸的海上丝绸之路经济带，将成为广州调整外经贸发展战略，提高国际分工地位，增强竞争力，提升对外开放水平的重要突破口和重大工作举措。

四 广州与海上丝绸之路沿线国家和地区经贸合作的现状

（一）广州与海上丝绸之路沿线国家和地区进出口贸易现状分析

海上丝绸之路分为东线和南线，东线沿线国家包括日本、韩国、朝鲜，南线包括越南、泰国、马来西亚、新加坡、印度尼西亚、菲律宾、文莱、柬埔寨、缅甸、孟加拉、印度、巴基斯坦、斯里兰卡、沙特阿拉伯、伊朗、阿联酋、阿曼、也门、科威特、卡塔尔、埃及、苏丹、厄立特里亚、吉布提、索马里、肯尼亚、坦桑尼亚、科摩罗、莫桑比克、斯威士兰、南非、马达加斯加、毛里求斯、留尼旺群岛，共计37个国家和地区。

海上丝绸之路沿线地区具有重要的经济地位，东线日本、韩国经济实力雄厚，而南线则涵盖四个重要的区域经济体，包括属于东南亚国家联盟（简称"东盟"）的9个国家，属于南亚区域合作联盟（简称"南盟"）的4个国家，属于阿拉伯国家联盟（简称"阿盟"）的11个国家，以及属于非洲联盟（简称"非盟"）的11个国家。[①]

1. 广州与海上丝绸之路沿线国家和地区的贸易发展繁荣

（1）海上丝绸之路沿线国家和地区是广州重要的外贸伙伴之一。

广州与海上丝绸之路沿线国家和地区的进出口总额，保持在广州进出口总额的1/3以上，是广州除欧盟、美国及中国香港地区之外的又一大外贸伙伴，并呈逐年上升趋势。2013年，广州与海上丝绸之路沿线国家和地区进出口总额达460.69亿美元，占广州同期外贸进出口总值的38.7%。其中，广州对海上丝绸之路沿线国家和地区出口额为160.78亿美元，占广州同期外贸出口额的26%；广州对海上丝绸之路沿线国家和地区进口额为299.91亿美元，占广州同期外贸进口额的53%（见表1、图1）。

表1 2009~2013年广州与海上丝绸之路沿线国家和地区进出口情况

单位：亿美元，%

年份	广州与海上丝绸之路沿线国家和地区进出口额	广州外贸进出口总额	广州与海上丝绸之路沿线国家和地区进出口额占广州外贸进出口总额比重
2009	263.57	767.37	34.3
2010	393.84	1037.76	38.0
2011	439.96	1161.72	37.9
2012	444.30	1171.31	37.9
2013	460.69	1188.88	38.7

资料来源：广州海关网统计数据。

---

① 苏丹、吉布提、索马里、科摩罗四国同时为阿盟和非盟的成员国。

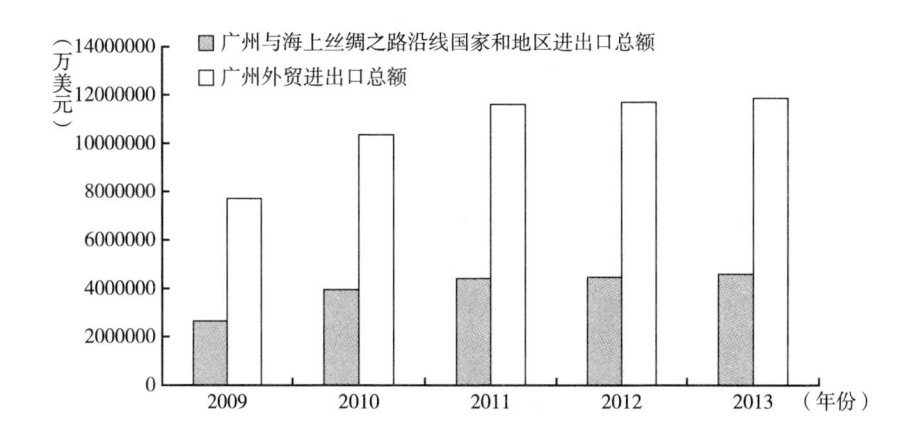

图1 广州与海上丝绸之路沿线国家和地区进出口总额及广州外贸进出口总额情况

资料来源：广州海关网统计数据。

（2）广州在海上丝绸之路沿线国家和地区中的主要贸易伙伴集中在东亚、东南亚地区。

在37个海上丝绸之路沿线国家和地区中，与广州贸易份额较大的国家普遍集中在东亚、东南亚地区。其中，广州对日本和韩国的进出口占到对海上丝绸之路沿线国家和地区外贸整体的46%，东盟国家马来西亚、印度尼西亚、泰国、新加坡、越南合计占到29%，非洲国家南非的份额占到7%，南亚国家印度占5%，西亚国家阿拉伯联合酋长国占4%（见图2）。

2. 广州与海上丝绸之路沿线国家和地区的经济联系加深

（1）广州对海上丝绸之路沿线国家和地区的进出口贸易增速较快。

广州对海上丝绸之路沿线国家和地区的进出口贸易增速较快。2009~2013年，广州对海上丝绸之路沿线国家和地区进出口额年平均增速达11.8%，高于同期广州外贸进出口总额的年均增速（9.1%）2.7个百分点，尤其是广州对海上丝绸之路沿线国家和地区的进口额年平均增速达11.0%，高出同期广州外贸进口总额的年均增速（7.6%）3.4个百分点。2009~2013年5年间，在国际新兴市场进入结构调整、经济增速放缓的外部环境下，广州与海上丝绸之路沿线国家和地区的进出口贸易仍保持相

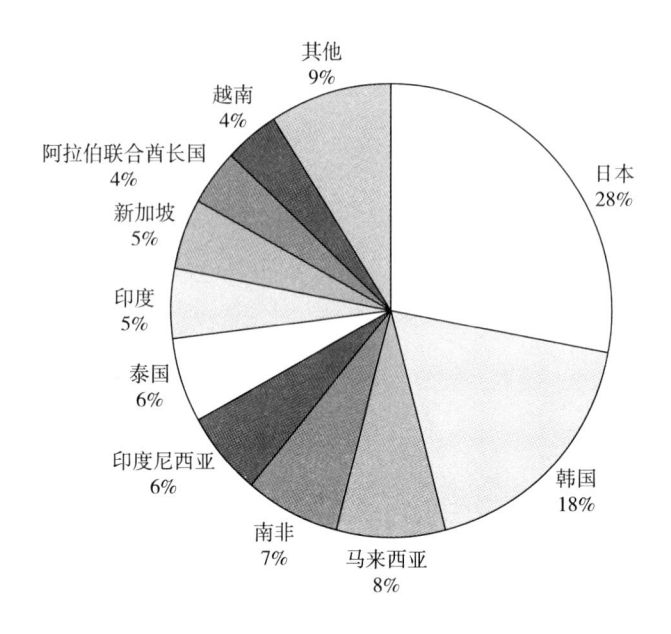

图 2　2013 年海上丝绸之路沿线广州主要外贸伙伴

对较好的涨势，除 2011 年略低外，其他年份均高于广州整体外贸进出口总额增幅。

表 2　2010～2013 年广州与海上丝绸之路沿线国家和地区进出口贸易走势

单位：%

年份	广州与海上丝绸之路沿线国家和地区进出口总额比上年增幅	广州外贸进出口总额比上年增幅
2010	49.4	35.2
2011	11.7	11.9
2012	1.0	0.8
2013	3.7	1.5

资料来源：广州海关网统计数据。

其中，广州与东盟国家的贸易发展尤其迅速，东盟已经成为广州第五大贸易伙伴。2010 年中国与东盟自贸区正式启动以来，更是进一步推动了双方贸易自由化进程和经贸关系的飞速发展。2013 年广州对东盟出口同比增长30.94%，远高于欧盟、日本、中国香港、美国等传统贸易伙伴。

表3 2013年广州市出口分市场地区情况

单位：亿美元，%

名　　称	出口	同比增长	名　　称	出口	同比增长
欧　　盟	87.12	-0.37	美　　国	113.09	0.85
日　　本	30.05	-0.06	东　　盟	68.60	30.94
中国香港	135.15	3.75			

资料来源：广州市外经贸局，《广州市外经贸白皮书》，http://www.gzboftec.gov.cn/article.jsp?columnId=2c90aa9c44d81be90144f6c71e5b0b34&id=2c90aa9c45ef37e201470fb4ae1a7136。

（2）广州与海上丝绸之路沿线国家和地区的经济合作崭露头角。

海上丝绸之路沿线国家和地区，尤其是日韩、东盟、非洲等地区，日益成为广州企业"走出去"重要的新兴市场。东盟地区方面，广州企业至2009年已设立了44家境外机构，总投资额约6700万美元，主要涉及医药、机电、轻工、纺织等领域。[①] 非洲地区方面，广州企业在尼日利亚、坦桑尼亚、南非、肯尼亚、埃塞俄比亚等国相继开展境外投资，2011年投资项目已有22个，总投资额8300多万美元，涉及轻工纺织、机械制造、资源开发、生物医药、贸易等领域。[②] 2013年，广州企业境外投资范围进一步拓展到乌干达、津巴布韦、韩国等国家。[③]

（3）广州与海上丝绸之路沿线国家和地区的经贸活动密切频繁。

广州十分重视与海上丝绸之路沿线国家和地区的经贸联系，与沿线国家和地区均保持着密切的经贸交往活动。一是政府主持编制了《参与"10+

[①]《东盟成广州新兴市场强化合作展开布局》，中国新闻网，2010年4月8日，http://www.chinanews.com/cj/cj-gncj/news/2010/04-08/2212823.shtml。

[②]《非洲市场成广州企业"走出去"新热点》，中国新闻网，2011年9月6日，http://www.chinanews.com/cj/2011/09-06/3310854.shtml。

[③] 广州市外经贸局：《广州市外经贸白皮书》，http://www.gzboftec.gov.cn/article.jsp?columnId=2c90aa9c44d81be90144f6c71e5b0b34&id=2c90aa9c45ef37e201470fb4ae1a7136。

1"：中国广州－东盟投资贸易指引》等海外投资政策指引文献，帮助企业熟悉有关地区外资投资的法律政策环境。二是积极与当地政府或投资促进机构对接，举办经贸合作洽谈会，切实推动广州市与非洲经贸合作与交流。"新广州·新商机"系列活动先后多次走进日本、印度尼西亚、菲律宾、南非等海上丝绸之路沿线国家，设立东盟、非洲专场经贸合作洽谈会和投资推介会；"中非企业配对交流暨第三届广州国际代理商洽谈会""中国（广州）·南非（约翰内斯堡）经贸合作论坛""广州—津巴布韦贸易合作交流会"等大型经贸活动也成为广州企业拓展相关地区业务的重要平台；广州市贸促会还率领广州六大商协会与菲律宾协会结成友好商协会，成立广州—马尼拉企业家理事会，在南非首次成立广州市贸促会驻南非联络处，建立广州与菲律宾、南非长期合作的长效机制和交流合作平台。三是积极与沿线地区联系，探索合作共赢的新思路。"中国（广东）—东盟战略合作论坛"选址广州，至今已经成功举办5届；"第三届中国—阿拉伯国家新闻合作论坛"也在广州召开，为广州与海上丝路沿线地区的经贸发展打开了新的视野。

（二）广州与海上丝绸之路沿线部分国家之间贸易结合度的分析[①]

贸易结合度是指一国对某一贸易伙伴国的出口占该国出口总额的比重，与该贸易伙伴国进口总额占世界进口总额的比重之比，用来衡量两国在贸易方面的相互依存度。其数值越大，表明两国在贸易方面的联系越紧密。本文选用2013年广州与海上丝绸之路沿线34个国家[②]的商品进出口数据作为比较基础，使用贸易结合度指数判断双边贸易关系的紧密程度。

1. 广州对海上丝绸之路沿线国家的贸易结合度，与海上丝绸之路沿线国家对广州的贸易结合度比较

（1）广州与海上丝绸之路沿线国家普遍贸易联系紧密。

分析发现，广州对34个海上丝绸之路沿线国家总体贸易结合度为

[①] 本部分分析数据来源：外国部分来源于世界银行网站公布数据，广州部分来源于广州海关网站公布数据。由于全世界进口总额仅公布至2012年，故采用2012年数据进行比较。
[②] 也门、索马里、留尼旺（法）由于数据不全而不纳入统计范围。

1.22，34个海上丝绸之路沿线国家总体对广州的贸易结合度为2.39，表明广州与这些国家的进出口贸易联系均较为紧密。

以国别来看，34个国家中，广州对其中19个国家的贸易结合度大于1，并有15个国家对广州的贸易结合度大于1，可以看出广州与海上丝绸之路沿线国家普遍贸易关系较为紧密。商品进出口是对外贸易最为基本和主要的贸易方式，广州与海上丝绸之路沿线国家商品进出口贸易情况良好，为进一步深化双边经贸往来提供了较好的基础。广州对其贸易结合度较高的10个国家有：斯里兰卡（17.66）、吉布提（9.44）、坦桑尼亚（4.39）、文莱（3.81）、马来西亚（2.89）、柬埔寨（2.76）、越南（2.17）、肯尼亚（2.13）、苏丹（2.11）、孟加拉（2.09）。对广州贸易结合度较高的10个国家有：南非（9.58）、日本（4.60）、韩国（4.22）、巴基斯坦（4.11）、马达加斯加（3.64）、莫桑比克（3.47）、印度尼西亚（3.31）、菲律宾（2.83）、马来西亚（2.57）、泰国（2.47）。

（2）广州与海上丝绸之路地区的贸易结合度呈现地域特征。

从地区来看，东盟地区和非洲东海岸地区与广州的双向贸易结合度均较为紧密。东盟地区和非洲东海岸地区与广州的产业间互补性较强，东盟地区和非洲东海岸地区的农产品、特色产品、初级产品在广州市场上有一定的价格优势，而广州的纺织品、机电产品、电子产品等高附加值产品在东盟和非洲的市场上也有较大的市场份额，双方形成了较好的垂直分工局面。

广州对西亚地区的贸易结合度较高。长期以来，珠三角的加工工业产品，尤其是纺织品，经由广州大量地出口到西亚地区，产品质量、设计等都得到西亚市场的较好认可。西亚地区是广州产品较为稳定的出口市场。

东亚地区和南盟地区对广州的贸易结合度较高，尤其是东亚的日韩等国，对广州市场具有较高的依赖度。日本是广州传统的主要贸易伙伴之一，韩国完成产业结构的调整升级后也扩大了对广州市场的进军力度。日韩的机电产品、高新技术产品在广州都具有较高的市场地位。相对而言，广州近年来虽然大力推进产业技术升级和结构调整,但是在高附加值产品制造上始终比日韩略逊一筹,尚未成功站稳日韩市场,双方在产业结构类似、经济发展水平差距逐步缩小的情况下,如何推进产业内的互补贸易和水平分工,是未来加强经贸合作需要探讨的问题。

表4 2013年广州对海上丝绸之路沿线地区贸易结合度指数(按地区)

排序	地区	贸易结合度指数	排序	地区	贸易结合度指数
1	东盟地区	1.66	4	东亚地区	0.95
2	西亚地区	1.33	5	南盟地区	0.76
3	非洲东海岸	1.33			

表5 2013年海上丝绸之路沿线地区对广州贸易结合度指数(按地区)

排序	地区	贸易结合度指数	排序	地区	贸易结合度指数
1	非洲东海岸	6.17	4	南盟地区	1.52
2	东亚地区	4.42	5	西亚地区	0.40
3	东盟地区	1.94			

2. 广州对海上丝绸之路国家的贸易结合度与广州对主要对外贸易伙伴的贸易结合度的比较

港澳地区、美国、日本、欧盟、东盟是广州传统的五大贸易伙伴,其中,除欧盟与广州的双向贸易结合度均偏低外,其他四个国家和地区与广州的贸易联系均较为紧密。

广州对34个海上丝绸之路沿线国家总体贸易结合度为1.22,低于港澳地区、东盟和美国,高于日本和欧盟,处于中等水平,表明广州对海上丝绸之路沿线地区的出口贸易有较好的基础。

34个海上丝绸之路沿线国家总体对广州的贸易结合度为2.39,仅次于日本,而远高于东盟、美国、港澳地区和欧盟,表明海上丝绸之路沿线国家对广州市场具有较高的依赖度。这与广州作为"中国南大门"的区位和经济地位是密不可分的。

表6 2013年广州与主要对外贸易伙伴的贸易结合度指数

贸易伙伴	广州对各主要贸易伙伴贸易结合度	各主要贸易伙伴对广州贸易结合度
欧　　盟	0.44	0.39
日　　本	1.08	4.60
美　　国	1.46	1.25
东盟10国	1.66	1.94
港澳地区	6.63	0.78

五　广州与海上丝绸之路沿线国家和地区对外贸易存在的问题与不足

（一）广州与海上丝绸之路沿线国家和地区的贸易发展水平较全国水平并不突出，与国家中心城市地位不相符

广州与海上丝绸之路沿线国家和地区的外贸发展水平虽高于广州整体外贸发展水平，却落后于全国平均水平。2009～2012年，中国与海上丝绸之路沿线国家和地区进出口贸易额平均年增速为14.9%，高出广州1个百分点。广州作为国家对外开放的门户城市之一，与海上丝绸之路沿线整体的过往贸易水平并未显示出较为明显的优势。在建设21世纪海上丝绸之路的大背景下，全国各地都将发展与海上丝绸之路沿线国家和地区的经贸关系作为外贸工作的重要组成部分，广州将面临来自国内同类城市的更为激烈的竞争，在暂时落后的局面下需要积极思考赶超策略。

（二）广州与海上丝绸之路沿线国家和地区的贸易水平尚不稳定

2010年，中国—东盟自由贸易区的建成和广州亚运会的成功举办表现出极强的带动作用，广州对海上丝绸之路沿线国家和地区的贸易量增幅达49.4%，而2011年开始增幅又回落到与广州整体外贸进出口增幅持平。

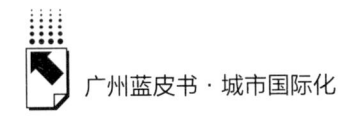

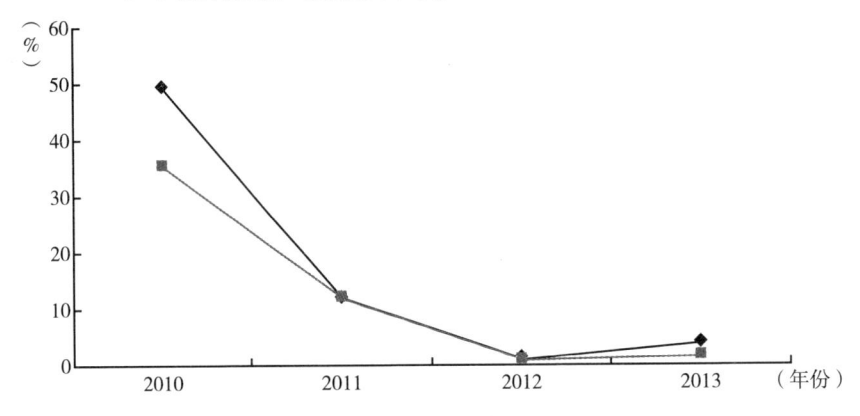

图3 广州与海上丝绸之路沿线国家和地区进出口贸易走势

（三）广州与海上丝绸之路沿线国家和地区贸易开始加速，对相关市场的配套重视程度有待加强

近年来，受到发达经济体的经济持续低迷、国际贸易向新兴经济体寻求新的贸易机会等国际市场变动的影响，广州与海上丝绸之路沿线国家和地区的进出口贸易发展也开始呈现出一定的上升势头，2009年以来年均增速略高于广州总体进出口贸易水平，但是与国家重要的对外开放门户城市地位明显不符。

（四）海上丝绸之路沿线国家和地区的贸易发展水平不均，部分区域发展潜力有待发掘

海上丝绸之路沿线国家和地区众多，途经东亚地区、东盟地区、南盟地区、海湾地区和非洲东海岸地区，各个地区经济发展水平不一，政治环境变化情况不一，外贸政策不能一概而论。对广州贸易结合度较高的非洲东海岸地区、东盟地区和海湾地区，都是近年崛起的新兴经济体，经济总量尚不高，具有较大的发展潜力。

六 广州与海上丝绸之路沿线国家和地区加强经贸合作模式探讨

广州与海上丝绸之路沿线国家和地区的经贸合作模式丰富多样，但实际上推动双方开展经贸合作的所有模式都可以从发挥市场无形的手的拉动作用和政府有形的手的推动作用展开，政府与市场在不同模式中发挥的作用有所差异。有的模式由市场起决定性作用，比如双方的贸易往来、资本投资等；有的模式由政府起决定性作用，比如建立友好城市推动经贸合作等；有的模式以政府和企业为双主体推动的特征较为明显，比如产业园共建、合作建设基础设施等。无论是以市场为主导的模式，还是以政府为主导的模式都是开放性的，会随着客观环境和条件的变化而变化。当前，广州与海上丝路沿线国家和地区的经贸合作模式如图4所示。

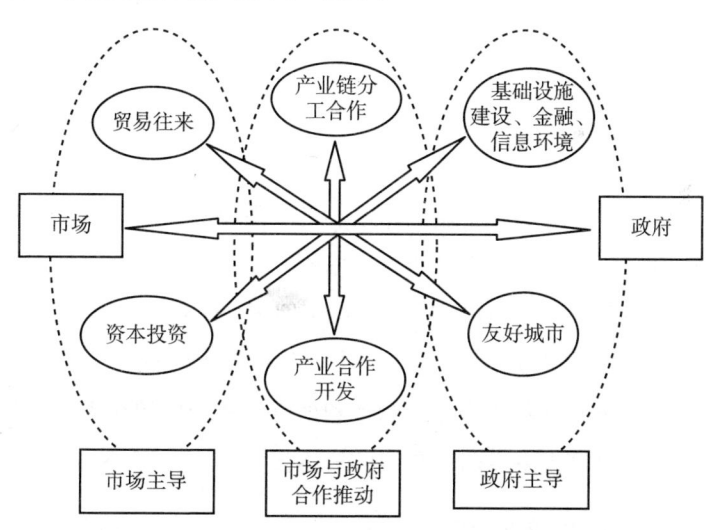

图4 广州与海上丝绸之路沿线国家和地区的经贸合作模式

（一）产品贸易合作模式

产品贸易是最原始、最直接的经贸合作模式，这种合作模式主要以市场为主导，政府的干预较弱。广州与海上丝绸之路沿线国家和地区，特别是与东盟地区的贸易往来历史悠久，东盟已成为广州对外贸易的四大主体之一。据外经贸部门资料，2013年广州与排名前五的东盟各国进出口贸易总额为125.6亿美元[1]，其中排名前五的分别是液晶显示板4.69亿美元，自推进的隧道掘进机1.26亿美元，机动多用途船1亿美元，棉制针织或钩编的女式上衣9952.24万美元，机动船舶9699.84万美元。广州与海上丝绸之路沿线国家和地区，特别是东盟地区的经贸往来既是以往双方最重要的合作模式之一，也是当前和今后未来很长一段时期重要的经贸合作模式，随着双方合作意愿和需求的与日俱增，以及电子商务平台的发展，双方的贸易往来将更加紧密，贸易总额将不断增大。

（二）资本投资合作模式

产业国际化的基本路径一般是产品首先走出去，接着是企业走出去，然后是资源国际化，利用国外人力资源和国际资本。[2] 资本投资是国际经贸合作的普遍模式。可以说，与贸易来往相比，资本投资是更高层次的国际经贸合作，资本投资主要包括投资设厂，对外资本重组、并购等，资本投资也主要是企业的行为，市场占主导地位。资本投资是广州与海上丝绸之路沿线国家和地区经贸合作的重要模式之一，目前不少广州制造性企业到东南亚各国投资设厂，也有一些房地产企业到印尼、马来西亚等东南亚国家开展滨海旅游度假投资项目。在对内资本投资上，韩国、新加坡等国家纷纷到广州开展资本投资，比如2006年6月，全球最大的TFT-LCD生产商之一——韩国LG飞利浦公司在广州开发区投资设立乐金飞利浦液晶显示（广州）有限公司。随着广州与海上丝绸之路沿线国家和地区经贸合作的深入，合作模式将从贸易往来的初级模式逐步向更高级的资本投资模式转变。

（三）产业对接合作模式

目前，广州与海上丝绸之路沿线国家和地区产业对接合作模式主要有产

---

[1] 资料来源：《广州统计年鉴2013》。
[2] 梁琦：《关于我国优势产业国际化的思考》，《开发研究》2009年第4期。

业链分工合作和产业联合开发两种，无论是产业链对接还是产业联合开发，主要都还是企业的行为，但政府在其中的作用也较为明显，属于在市场与政府双重推动下进行。

一是产业链分工合作。在经济全球化、一体化背景下，产业链在全球范围内的布局已成常态，国际经贸合作带有明显的产业链分工合作特征。近年来，广州政府大力推动产业转型升级，着力构建现代产业体系，鼓励产业链环节向外转移，一些制造业企业将产业链低端环节向泰国、越南等沿线国家城市进行梯度转移并展开配套合作，也有些服装、家电、轻工与建材等传统优势产业进入越南、柬埔寨、老挝和缅甸。广州与海上丝绸之路沿线国家和地区产业链的分工合作仍处于起步阶段，未来仍有较大的发展空间。

二是产业联合开发。产业联合开发主要表现为共建产业园、互市贸易区，合作开发旅游资源、矿产资源等。比如广州与新加坡合作建设广州中新知识城，中国和马来西亚探索采用的"两国双园"模式等均属于产业园共建合作模式。合作开发海上丝绸之路沿线旅游资源、合作开发矿产资源等，均可归纳为产业联合开发模式。预计未来，广州与海上丝绸之路沿线国家和地区的这种合作模式将更加频繁、更加深入。

（四）政府和企业双主体合作推动模式

政府和企业双主体合作推动模式与产业对接模式相比，尽管产业对接模式也是由政府和市场力量推动，但政府和企业双主体合作推动模式又有所不同，其独特之处在于，政府和企业双主体合作推动模式离开政府和市场任何一方，合作都难以进行。比如海上丝绸之路沿线高铁、港口等基础设施建设，以及金融环境营造、信息平台打造等均由政府和企业双主体推动进行，这些既要政府着力去推动，实际执行还要依靠企业的力量，两者缺一不可。从这种模式合作内容的重要性来看，可以说，高铁、港口等基础设施建设，金融环境营造和信息平台打造等是深化双方经贸合作的基础和平台，是必须着力推进的重要环节。目前，广州与海上丝绸之路沿线国家和地区在这方面的合作还不够深入，而在国家大力推进21世纪海上丝绸之路建设的背景下，

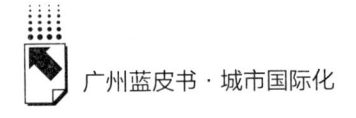

广州在这方面的发展迎来了重要的历史机遇，广州应抓住这次重要机遇，大力建设港口基础设施，着力打造自由宽松的金融环境和完善的信息平台，鼓励企业到东南亚等国家建设高铁等设施，将广州与海上丝绸之路沿线国家和地区的经贸合作推向新的高度。

（五）中心城市合作带动模式

中心城市合作带动模式主要以政府为主导，通过政府推动建立城市之间的合作关系，进而以城市合作推动双方经济、科技、文化等各方面合作。从广州实际情况看，广州政府在推动与海上丝绸之路沿线国家和地区方面已探索出了较为成熟的模式，主要是以建立友好城市或国际友好合作交流城市模式带动经贸合作。目前，广州已和东盟国家的6座城市结为国际友好城市或国际友好合作交流城市，从长远看，广州将会也应当与更多的沿线国家和地区中心城市建立起友好关系，并以此推动双方的经贸合作。

七 广州与海上丝绸之路沿线国家和地区加强经贸合作的对策建议

应立足于广州与海上丝绸之路沿线国家和地区加强经贸合作的现实基础，着眼于广州城市的发展规划、发展战略，本着以经贸合作促进城市发展、以城市发展带动经贸合作的循环促进理念，推动广州与海上丝绸之路沿线国家和地区加强经贸合作。在推进机制上，建议着力构建科学的统筹规划和领导协调机制；在合作模式上，建议着力推动从以产品贸易为主的合作模式向资本投资合作模式迈进，大胆采用产业对接、政府和企业双主体合作推动、中心城市合作多种模式；在战略重点上，建议通过重点建设广州新海上丝绸之路的交通主枢纽，推进一港（南沙港）一城（广州中新知识城）"两大载体"建设，着力构建金融、信息"两大支撑"，大力创建港口、产业和城市"三大联盟"，大力发展海洋和会展"两大经济"，深入开发文化和旅游"两大元素"，将广州建设成21世纪海上丝绸之路、促进区域开放合作的"桥头堡"和"龙头",借建设21世纪海上丝绸之路的契机,推进广州实现城市发展战略。

(一)着力构建科学的统筹规划和领导协调机制

一是尽快建立常态化经贸合作领导协调机制。探索成立广州"21世纪海上丝绸之路经贸合作"协调领导小组,以分管外经贸的副市长为组长,外宣、外经贸、海关、金融、财政、经信、发改、文化、旅游等部门主要负责人为成员,每年两次以上不定期召开全体成员会议,协调推进与海上丝绸之路国家和地区经贸合作工作。协调领导小组办公室设在市外经贸局,并以外经贸局为固定联络单位,加强与沿线国家和地区的驻穗领馆、投资贸易促进机构和商协会组织的合作,建立常态化的联络机制。

二是加强海上丝绸之路经贸合作工作顶层设计。尽快研究制定《广州21世纪海上丝绸之路经贸合作行动规划》,明确21世纪广州与海上丝路沿线国家和地区特别是东盟十国的经贸合作的发展定位、工作目标、实现路径和工作重点,探索双方在航运、贸易、金融、农业、文化、旅游等产业进行合作及相互投资,有计划、有步骤、多举措、全方面推进与海上丝绸之路沿线国家和地区的经贸合作。

三是找准定位,加强与深圳、珠海、惠州等周边地区的协同合作。广州应尽快根据国家和省的规划,根据自身的特色和优势,明确参与21世纪海上丝绸之路建设的角色定位,与深圳、珠海等周边城市乃至省外相关市建立起紧密的协调合作机制,既要做到错位发展、优势互补,又要力求强强联合、互利共赢。

(二)大力推动对外经贸合作模式升级

产品进出口是国际合作的初级模式,比较高级的合作模式是对外投资设厂,更高级的就是有形、无形资本输出。目前广州与海上丝绸之路沿线国家和地区的经贸合作主要以产品进出口合作模式为主,合作层次不够高,合作内容不够深入。广州应大力推动企业与海上丝绸之路沿线国家和地区经贸合

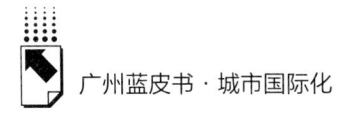

作模式升级，改变以产品进出口为主的合作局面。

一是引导和鼓励广州与海上丝绸之路沿线国家和地区企业强强联手开发地产。目前，广州有不少企业尤其是房地产企业在印尼、马来西亚等东南亚国家开展滨海旅游度假投资项目，且进展顺利，建议广州市政府以海上丝绸之路建设为契机，支持和鼓励广州越秀地产、恒大地产等地产公司到海上丝绸之路沿线国家和地区挖掘市场，与当地企业强强联合，开发滨海旅游度假投资项目。

二是与海上丝绸之路沿线国家和地区联手开发资源。东南亚国家资源丰富，由于有许多尚未开采的自然资源，一直被视为利于投资的黄金宝地。广州应大力支持和鼓励本土企业到国外与当地企业联手开发特色资源，比如开发印尼的石油、天然气，越南的铝土矿资源，泰国的褐煤、烟煤等矿产资源。

三是创新国际投资的资本形式。在输出机器设备、商品等实物资本的基础上，加强无形资产，如商标、专利的输出，进一步扩展到债券、股票、衍生证券等金融资产形式的输出，实现广州与海上丝路沿线国家和地区的经贸合作从产品贸易向资本投资的转变。

（三）加快建设广州新海上丝绸之路的交通主枢纽

大力推动广州港口、航空、高铁、运河等重大基础设施建设，疏通广州与海上丝绸之路沿线国家和地区经贸合作的交通障碍。

一是在本土海港交通设施方面，实施建设"大海港"战略，合理规划广州港各港区功能布局，积极推进南沙港区扩建工程，扩大吞吐能力。加快广州港出海航道疏浚工程建设，提高航道的通行能力。引进大型海上航运公司和物流公司，发展海铁联运、集装箱多式联运，逐步推进"区港一体化"，强化龙穴岛区域国际中转、配送和采购功能。加快建设海上邮轮码头，发展海上丝绸之路沿线旅游。

二是在本土航空运输设施方面，大力建设广州成为南中国航运中心，努力打造全国第三大航空枢纽港口。在广州白云国际机场开通或增设广州直飞新加坡、越南、泰国等东盟国家临海港口城市的航线航班。探索建设广州第二机场，重点增加广州直飞海上丝绸之路沿线航班。

三是在参与海上丝绸之路沿线国家和地区基建方面，引导广州本土企业积极参与东盟国家港口、运河基础设施建设。借鉴中国铁建与当地企业联合投标共建土耳其安卡拉至伊斯坦布尔高铁二期主体工程的经验，支持广州参与东盟国家高铁建设，谋划建设一条以广州南站为起点，经广西连接越南、泰国、新加坡的高铁线路。支持广州企业参与泰国南部克拉运河的建设、开发和管理。

（四）重点推进建设一港一城"两大载体"

"一港一城"即南沙港、广州中新知识城，是21世纪广州与海上丝绸之路沿线国家和地区加强经贸合作的两大重要载体。广州应当重点推动这两大载体建设，一方面，借助重大载体推动广州与海上丝绸之路沿线国家和地区加强经贸合作，另一方面，借助与海上丝绸之路沿线国家和地区的经贸合作促进广州南沙港自贸区建设，推进广州东进战略，提升广州城市功能。

一是将南沙打造为21世纪与海上丝绸之路沿线国家和地区经贸合作的自由贸易港。充分利用南沙保税贸易、外商投资企业外汇资本金结汇管理方式改革试点、行政管理改革、服务业准入等方面的优势，以及全球第八大港的优越条件，与海上丝绸之路沿线国家和地区深入开展自由贸易，建立以南沙港区为龙头，以新沙、黄埔港区为辅助的新格局。推进落实《广州市南沙新区条例》，加强与港澳合作，与港澳协力开展与海上丝绸之路沿线国家和地区贸易。以南沙港区为依托，规划建设21世纪海上丝绸之路经济合作区，探索建设广州南沙海洋经济合作试验区，争取将国家科技兴海综合型产业示范基地落户南沙；在海上丝路沿线国家和地区主要城市加快海外工业园区、商品展销中心布局。

二是推动广州中新知识城成为21世纪与海上丝绸之路沿线国家和地区经贸合作示范区。第一，推动广州与新加坡达成共识，力争将广州中新知识城建设成为中国第一个在知识产权保护方面的示范区。第二，探索在广州中新知识城建设"广东省知识产权交易中心""广东（南方）网上技术市场"，申请建立区域性的知识产权法院。第三，推动海上丝绸之路沿线国家

和地区特别是东盟各国到广州中新知识城共建产业园区。第四，电子信息产品、隧道掘进机、船舶工业产品是广州出口东南亚的三大类商品，建议在广州中新知识城重点建设电子信息产品、隧道掘进机、船舶工业产品的研发、销售基地，牢牢把握产业链高端的研发、销售环节。

（五）加快构建信息平台、金融支持"两大支撑"

广州与海上丝绸之路沿线国家和地区经贸合作的传统产品贸易模式不断优化升级，并从产品贸易向对外投资、资本输出转变的趋势不可逆转。信息平台、金融支持是对外投资、资本输出的"两大支撑"，其作用将日益凸显。广州推动构建信息平台和金融支持"两大支撑"势在必行。

一是构建电子商务、跨境电子商务等信息支撑平台。广州是我国第三大电子信息产品进出口城市，居北京、上海之后，是我国互联网产业和电信产业发展的重地，电子商务、跨境电子商务等互联网产业发展较快，具有发展电子商务、跨境电子商务的先天优势，理应抓住21世纪海上丝绸之路建设的契机，推动与海上丝绸之路沿线国家和地区的产品贸易模式升级，积极推进跨境电子商务物流系统和跨境电子商务云平台建设。

二是推动广州国际金融城成为21世纪与海上丝绸之路沿线国家和地区经贸合作的区域性金融中心。目前，东盟已同意开启中国－东盟自贸区升级版的谈判，且中方提出的筹建亚投行（亚洲基础设施投资银行）的倡议也得到东盟十国一致赞成，相关国家表示愿作为创始国参与筹建亚投行。建议广州以此为契机，努力推动亚洲基础设施投资银行总部设立在广州国际金融城。争取广州国际金融城作为跨境贸易本币结算试点示范区，扩大双边本币互换的规模，扩大跨境贸易本币结算试点，推进亚洲货币稳定体系，重点加强沿线地区金融合作和风险防范，降低汇率风险和结算成本。

（六）大力推进与沿线国家和地区创建港口、产业和城市"三大联盟"

一是深入推进海上丝绸之路沿线国家和地区港口联盟建设。目前，广州已与世界各国的21个港口签订了友好港口协议，广州应继续推进与海上丝绸之路沿线在广州设有总领馆的国家和地区、广州市友好城市中的港口城市和广州港航线开到的国家港口建立港口联盟，并利用广州航交所，研究出台"海上丝绸之路航运指数"，动态监测与港口联盟国家的贸易往来，采取针对性措施推动广州与港口联盟国家的互惠共赢，借助港口联盟的建设繁荣海上丝绸之路沿线国家和地区航运市场。

二是着力推进产业联盟建设。建议建立以"产业园共建、互市贸易区共建"为表现形式的产业联盟。比如广州和海上丝绸之路沿线国家和地区探索采用"两国双园"模式，在双方属地分别建立园区；研究在电子信息、新型显示等某一具体产业领域与韩国、新加坡、马来西亚建立产业联盟，发展产业集群，以产业联盟、产业集群的方式推进双方经贸合作。

三是大力推动友好城市联盟建设。深入推进与已结为国际友好城市或国际友好合作交流城市的东盟国家6座城市的经贸合作，推动与更多海上丝绸之路沿线国家和地区中心城市建立城市联盟。在推进与友好城市经贸往来的同时，开展以民间交流和文化交流为重点的友好往来。通过开展国际科技合作、设立面向沿线国家和地区的教育培训中心和留学生基地等，扩大教育、卫生、科技、文化、体育等领域的全方位交流合作。

（七）全力打造广州海上丝绸之路海洋和会展"两大经济"

广州较早提出发展海洋经济，但截至目前，广州海洋经济特色不鲜明、优势不明显，对于如何推动广州实施海洋经济发展战略仍有待深入研究。建议广州借21世纪海上丝绸之路建设之契机，从如下方面加强与海上丝绸之路沿线国家和地区经贸合作，以发展广州海洋经济。

一是大力推动与东南亚等海上丝绸之路沿线国家和地区的机动多用途船、救生船、划艇等装备的出口贸易。与东盟等大部分海上丝绸之路沿线国家和地区相比，广州在船舶制造方面有明显优势，2013年广州出口东盟的机动多用途船金额为10049.92万美元、未列名机动船舶（包括救生船，但划艇除外）9699.84万美元①，分别居第三、第五位。广州应加大对船舶装备研发、制造的扶持力度，推动船舶制造成为与海上丝绸之路沿线国家和地区经贸合作、共同发展海洋经济的支柱产业。

二是鼓励和引导广州企业积极参与印尼、越南等国家的渔业综合基地改造。印尼、越南等海上丝绸之路沿线国家的海洋养殖基地、渔业综合基地等的技术水平和层次都比较低，目前国内一些公司纷纷到这些地区参与渔业综合基地改造，广州应抓住机遇，引导和支持企业走出去争取分一杯羹。

三是推动广州企业发展远洋渔业，与海上丝绸之路沿线国家和地区合作建设远洋渔业产业园区、渔业产业及渔业产品交易平台等。

广交会既是广州与海上丝绸之路沿线国家和地区开展经贸合作的重要名片，又是重要平台。广州应着力做好广交会这篇大文章，既要以广交会为平台推动双方的经贸合作，又要以深化与海上丝绸之路沿线国家和地区的经贸合作为契机，发展提升广州会展经济。一是要在每年春秋两次广交会期间设立广交会"海上丝绸之路"专馆，或每两年举办一次海上丝绸之路沿线国家和地区专题展览会，轮流开展东盟各国主题日活动和各类论坛，举办"中国（广东）21世纪海上丝绸之路博览会"。二是推动国家、省在广州白云国际会议中心举办海上丝绸之路沿线国家和地区经贸合作论坛、21世纪海上丝绸之路建设高端论坛等大型会议。三是将广州建设成为中国与海上丝绸之路沿线国家和地区会谈、对话的南中国重点基地。推动中国在广州建立与海上丝绸之路沿线国家和地区进行经贸合作、航线安全、打击海盗、反恐等问题的磋商与对话平台。

（八）深入开发文化和旅游"两大元素"

民亲则经达，文化与旅游是促进广州与海上丝绸之路沿线国家和地区加

---

① 黄小晶：《广州建设21世纪海上丝绸之路的战略思考》，城市发展网，http://www.chinacity.org.cn/csfz/fzzl/173391.html，2014年7月29日。

强合作，推动经济发展的两大关键元素。广州要谋划做好文化和旅游两篇文章，一方面，要借21世纪海上丝绸之路建设契机，加强与海上丝绸之路沿线国家和地区文化、旅游合作，以文化促进旅游，以旅游带动文化发展，发展壮大广州文化、旅游产业；另一方面，也是更重要的就是凝聚广州海上丝绸之路文化元素，打造广州海上丝绸之路东方起航之都，提升广州国际知名度，利用城市知名度光环效应推动广州与海上丝绸之路沿线国家和地区其他领域的经贸合作。具体可从以下方面突破。

一是引导和鼓励企业筹建海上丝绸之路文化元素的主题公园。提炼"哥德堡号"、黄埔古港、"十三行"、南越王墓等，以及最能凸显广州海上丝绸之路沿线各地文化底蕴的元素，筹建高规格、国际一流的"中国海上丝绸之路主题公园"。

二是在广州黄埔古港或南沙港定期筹备举办"中国海上丝绸之路国际旅游文化节"。利用文化节为平台，既重点宣传广州的城市名片，又兼顾在广州推介海上丝绸之路沿线国家和地区的旅游景区景点，达到合作双赢的目的。

三是谋划开发从广州起航的"海上丝绸之路"复古旅游线路。在广州南沙港探索建设国际油轮客运港，开通南沙通往东南亚、日本、韩国等旅游目的地的航线，让游客从南沙港口出发，前往东南亚国家旅游观光。广州市应加强海上丝绸之路黄金线路及港口等基础设施建设，与海上丝绸之路沿线国家和地区共推精品旅游线路，并在协调大型油轮、旅行社等机构的建设方面给予大力扶持，力促广州与海上丝绸之路沿线国家和地区的旅游合作。

四是充分发挥华人华侨经贸合作的桥梁纽带作用。加强与华侨华人的沟通联系，通过召开多层次多形式的交易会、恳亲会、联谊会等，积极组织、引导华商和侨资企业、海外华侨华人专家学者回乡开展经贸、科技和文化等多方面的交流合作；发挥华侨华人桥梁纽带作用，为广州企业走出去牵线搭桥，通过华侨的努力，使海上丝绸之路沿线国家和地区人民了解中国，了解我国现行政策，从而营造有利于合作共赢的环境。

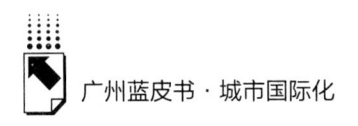

参考文献

徐德志等：《广东对外经济贸易史》，广东人民出版社，1994。

广州市国家历史文化名城发展中心：《论广州与海上丝绸之路》，中山大学出版社，1993。

黄启臣：《广东海上丝绸之路史》，广东经济出版社，2003。

《联合国教科文组织海上丝绸之路综合考察学术研讨会论文集》，《中国与海上丝绸之路》，福建人民出版社，1991。

周羲：《海上丝绸之路的研究开发》，中国评论学术出版社，2006。

黄启臣：《海上丝绸之路与广东古港》，中国评论学术出版社，2006。

陈炎：《海上丝绸之路与中外文化交流》，北京大学出版社，1996。

大卫·李嘉图：《政治经济学原理及赋税原理》，商务印书馆，1981。

Chenery, Hollis and Strout W.. "Foreign Assistance and Economic Development." *American Economic Review*. 1996.

亚当·斯密：《国民财富的性质和原因的研究》，商务印书馆，2002。

伞锋：《试论我国三大地区的对外开放度》，《国际贸易问题》2002年第4期。

Robert M. Solow. *Growth Theory：An Exposition*. London：Oxford University Press. 2000.

任剑涛：《重新嵌入世界城市体系——从广州的世界贸易史地位看其当代城市定位》，《学术研究》2012年第1期。

B.3
21世纪海上丝绸之路建设与广州企业"走出去"战略研究

陈 峰*

摘　要：	"21世纪海上丝绸之路"战略是我国立足实际、着眼世界、站在历史的高度，以实现"两个一百年"为目标提出的面向未来的时代抉择。近年来，特别是2008年国际金融危机以后，广州企业开始加速"走出去"，融入国际市场，充分利用国内外"两个市场、两种资源"，拓展对外合作空间，不断增强全球资源配置能力和自主发展能力。广州企业正迈入跨国经营快速发展的新阶段。"21世纪海上丝绸之路"沿线国家和地区在经济发展水平上存在鲜明的层次性，它们在资源禀赋、经济结构、发展需求方面的差异性给广州企业"走出去"参与国际经济合作提供了广阔空间。
关键词：	海上丝绸之路　广州　企业"走出去"

一　21世纪海上丝绸之路建设的时代背景

建设21世纪海上丝绸之路，是我国立足实际、着眼世界、站在历史的

---

* 陈峰，广州市社会科学院产业经济与企业管理研究所副研究员。

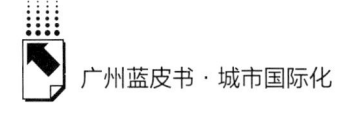

高度,以实现"两个一百年"为目标提出的面向未来的时代抉择,也是推进我国进一步对外开放的战略。

(一)海上通道通畅越来越关乎中国经济安全

作为世界第一贸易大国,我国早已跻身于中等贸易依存度国家行列。2014年我国对外贸易依存度为41.53%,其中进出口货运总量的约90%都是利用海上运输的。南海、印度洋"海上大通道"是中国通向东南亚、南亚、西亚、非洲和欧洲的交通、贸易、能源通道,中国进口原油的80%左右必须通过印度洋、南海"海上大通道"才能运抵中国沿海,而通过马六甲海峡的船舶中,60%开往中国。随着中国海外利益的进一步扩展和经济对外依存度的增加,海上通道安全通畅问题,已经成为掣肘中国经济发展、影响中国经济安全的关键问题。

(二)中国经济的持续发展需要拓展更大的外部空间

自2008年美国次贷危机爆发以来,在世界金融危机、欧洲债务危机、日本经济低迷的持续影响下,中国的外部经济环境发生了巨大变化,欧、美、日等发达经济体消费需求疲软、经济复苏之路艰难,导致中国对发达经济体出口压力增大;而这种压力也衍生出越来越多的贸易、技术和知识产权摩擦,这些极大地掣肘了长期受惠于外向型经济拉动的中国经济。与此同时,新兴市场国家群体性崛起,在世界贸易中所占的份额迅速提高(2011年占世界贸易总额比重达到38%),发展与新兴市场国家的经贸关系成为中国拓展外部经济发展空间的重要方向。

(三)国际发展格局重新洗牌,中国需要成为制定国际规则的参与者

进入21世纪,全球化加速向纵深发展,世界范围内资源、市场、技术等方面的竞争日益激烈,世界主要大国竞相争夺未来发展主动权和国际关系主导权,发达国家试图继续主导世界经济发展,新兴大国则致力于建立国际

经济新秩序，推动构建新的国际规则。作为具有全球影响力的新兴国家，中国对世界经济社会的发展负有责任，中国必须由过去的国际规则的接受者变为规则制定的参与者，需要在新的起点上谋划中国走向未来的全球战略，以积极的姿态参与全球治理，在国际发展格局重新洗牌中抢占制高点。

（四）区域经济合作已成为国家和地区参与经济全球化进程的必然选择

自20世纪90年代末以来，新一轮区域经济合作以前所未有的速度向前推进，几乎覆盖了所有国家和地区，区域经济合作浪潮已成为当今世界经济贸易发展的新特征。在由多边贸易体制所主导的世界贸易自由化范围持续扩大与程度日益加深的影响下，世界各区域经济体内部经济贸易政策的调整、经济结构的变化、区域经济的合作领域和合作层次也在逐渐扩大和深入，区域经济合作的形式与机制更加灵活多样，区域经济合作与多边贸易体制关系日益密切，双边或多边自贸区（FTA）成为区域经济合作的主流。新一轮区域经济合作所呈现出来的新变化正在对全球经济运行机制和发展格局产生显著而深远的影响。

二 "21世纪海上丝绸之路"沿线区域投资环境分析

（一）中国至东南亚航线

该航线节点国家包括越南、菲律宾、马来西亚、新加坡、印度尼西亚、柬埔寨、泰国、文莱、缅甸9个东盟国家。老挝作为东盟唯一的内陆国家，虽然航线不直接抵达该国领土，但仍能受惠于该段航线的辐射。从区域经济合作的角度来看，我们将整个东盟纳入中国至东南亚航线国家。东盟十国总面积约448.07万平方公里，2012年人口约6.86亿人，GDP为2.32万亿美元。中国与东盟国家山水相连、血脉相亲、经贸关系密切，中国-东盟自由贸易区、中新自由贸易区、中国-东盟自由贸易区升级版、2+7合作框架

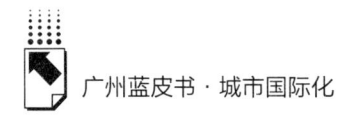

等是中国与东盟共建"21世纪海上丝绸之路"的基础。未来一段时期,东盟将是我国"21世纪海上丝绸之路"建设的优先方向,将是基础设施互联互通、双边贸易便利化、金融合作等方面的重要区域。

(二)中国至南亚及波斯湾航线

该航线节点国家包括印度、孟加拉国、斯里兰卡、巴基斯坦、伊朗、伊拉克、科威特、沙特阿拉伯、卡塔尔、巴林、阿拉伯联合酋长国、阿曼等12个国家,区域面积855.35万平方公里,2012年人口约17.48亿人,GDP为4.54万亿美元。我国与南亚之间的合作基础早已形成:印度洋是我国重要的出海通道;我国劳动力成本快速上涨、用工紧缺,而南亚国家拥有丰富的青壮年劳动力资源,人口红利尚未达到峰值,可以承接我国劳动密集型产业的转移;中国与南亚之间呈现梯度发展态势,有利于双方在市场、资金、技术方面的垂直交流。此外,中国与南亚经贸关系日趋紧密,双方发现并开始重视与对方的关系,实现中国与南亚合作的常态化和机制化已成为各方共同的目标。海湾国家是西亚地区中与中国贸易额最大的经济体,是中国第七大贸易伙伴,与中国有着不断增长的共同利益,并准备与中国签订自由贸易协定,双方经贸关系将提升到从未有过的高度。2014年第六次"中阿合作论坛"的数据显示,2004~2013年,中阿贸易额年均增长25%,2013年已达2390亿美元。同时,中国从该地区的石油进口从200万吨增长到了1.33亿吨,年均增长12%;承包工程额从26亿美元增长到290亿美元,年均增长27%;来自中国公司的直接投资从1700万美元增长到20亿美元。

(三)中国至红海及印度洋西岸航线

该航线节点国家包括也门、埃及、苏丹、厄立特里亚、吉布提、索马里、肯尼亚、坦桑尼亚、莫桑比克9个国家。该航线区域面积714.85万平方公里,2012年人口约2.75亿人,GDP为4507.72亿美元,经济发展相对落后。航线虽然抵达这9个国家,但它辐射的是整个非洲。近年来,中非贸易仍然呈持续较快的发展态势。目前中国已成为非洲最大的贸易伙伴国,非洲则成为中国重要的进口来源地、第二大海外工程承包市场和第四大投资目的地。

表1　"21世纪海上丝绸之路"区域基本情况

航线	辖区面积（万平方公里）	2012年人口（百万人）	2012年GDP（亿美元）	GDP区域占比(%)	人均GDP（美元）	2007~2012年GDP年均增长率(%)
合　计	2018.28	2708.92	73126.07	100.00	—	—
东盟航线	448.07	686.13	23233.78	31.77	835~51709	6.72~22.83
南亚及波斯湾航线	855.35	1747.66	45384.57	62.06	818~99731	6.81~18.81
红海及印度洋西岸航线	714.85	275.13	4507.72	6.16	504~3256	5.27~18.59

说明：人均GDP、GDP年均增长率取各国从小到大的区间值。
资料来源：根据各有关国家网站数据整理；见陈万灵、何传添《海上丝绸之路的各方博弈及其经贸定位》，《改革》2014年第3期。

三　广州企业"走出去"的现状、特点及问题分析

近年来，特别是2008年国际金融危机以后，广州企业开始加速"走出去"，融入国际市场，充分利用国内外"两个市场、两种资源"，拓展对外合作空间，不断增强全球资源配置能力和自主发展能力。广州企业正迈入跨国经营快速发展的新阶段。

（一）总体概况

作为珠江三角洲经济圈的核心城市，广州与世界经济的联系十分紧密，广州许多企业也具备了对境外投资、开展跨国经营的能力。随着全球化的深入和区域经济一体化的推进，我国与世界经济的融合度进一步提高，广州企业到境外投资开始进入快车道。

2008年国际金融危机爆发后，国际国内经济环境发生了巨大变化，一

方面，美贷危机、欧债危机，美、欧经济低迷，全球对外直接投资乏力，大多数发达国家、发展中国家非常欢迎中国资本进入以提振本国经济，并对中国资本采取了更加开放的政策。另一方面，国内投资环境，尤其是制造业环境不是特别好，人工成本快速上涨、外需乏力等，使得很多企业热衷到海外投资创业。此外，人民币升值也使企业出去投资的成本大大降低。这些国内外环境的变化，为广州企业海外投资提供了绝好的机遇。2008~2012年，广州企业境外投资实现了迅猛增长，五年累计投资（中方投资额）17.94亿美元，年均增长127.74%。截至2013年底，广州市累计协议总投资额近59亿美元，核准办理境外投资企业近600家。从区域分布情况看，广州企业境外投资分布于世界六大洲、60多个国家和地区，占全球国家和地区的近28%。从行业分布看，对外投资贸易类项目占主导地位。2012年，广州市企业对外投资贸易类项目有73个，占全市境外投资项目总数的61.3%。从企业经营类型上看，广州境外独资经营企业占绝大多数，2012年，广州新增境外企业97个，其中独资经营企业84个，占比为86.6%。2013年广州办理境外投资项目116个，派出劳务人员11282人（次），协议总投资额20.02亿美元，同比增长181.25%，占全省份额的1/3。

（二）主要特点

1. 对外投资规模持续扩大，广州进入境外投资快速增长期

统计数据显示，广州企业对外投资额从2007年的767万美元增长到2012年的46990万美元，总量增长60多倍，年均增长127.74%，高于全国和全省的增幅。2013年1~10月，广州企业办理境外投资项目共计91个，协议总投资额达17.07亿美元，同比增长178.05%，中方协议投资额达16.17亿美元，同比增长171.85%，高于全国和全省的增幅，也高于上海、深圳等先进城市。广州企业境外投资开始进入一个快速增长的时期。

2. 对外投资领域不断拓展，贸易类投资项目比重较大

近年来，广州对外投资领域不断拓展，主要涵盖资源开发、工程承包、医药境外研发、展销展示平台、仓储物流、货运代理、农业合作、有线电

视、软件、文化等行业。其中，建立品牌专卖店、生产企业和技术研发逐渐成为企业新的选择，矿产、林业、原油等资源开发和金融租赁、地产服务以及跨国并购成为广州企业"走出去"的新亮点。另外，贸易类境外投资项目占据较大份额。2008~2012年统计数据显示，在广州企业对外投资项目数中，贸易类项目数比重逐年上升，2009~2012年，贸易类项目占比从33.78%上升至2012年的64.95%，每年以10个百分点递增。2013年1~10月的数据显示，贸易类投资项目仍占主导地位，共有49个项目，占比达到53.84%。对外投资大项目主要是资源开发、地产开发和金融租赁。

3. 民营企业在境外投资中占主导地位，境外投资保持活跃态势

民营企业在境外投资项目中占主导地位。根据2008年、2009年、2011年、2012年四年的数据统计，广州民营企业对外投资项目总计222个，占全市境外投资项目总数的66.87%。此外，广州民营企业境外项目投资额占比也逐渐增大。2008年广州民企境外投资项目投资额占比不到25%，2011年已达到84%，2012年有所回落，也达到55.3%。2013年1~10月，广州民营企业对外投资共有71个项目，同比增长18.3%，占项目总数的78.02%，中方投资额达12.29亿美元，同比增长近3倍。民营企业境外投资生力军的作用日益明显，境外投资持续呈现活跃态势。

4. 境外投资大项目明显增多，单个项目规模持续扩大

2008~2012年，投资额500万美元以上的项目从2008年的2个，上升到2012年的41个。每年对外投资的大项目数量快速增加，呈现加速增长的趋势（见表2）。

表2　2008~2013年1~10月广州境外投资大项目构成

单位：个

项目类型	2008年	2009年	2010年	2011年	2012年	2013年1~10月
500万美元以上的项目	2	20	28	23	41	36
1000万美元以上的项目	0	7	7	9	—	—
9000万美元以上的项目	—	—	—	—	—	8

说明：2013年1~10月对外投资项目平均每个项目超过1800万美元。

资料来源：《广州年鉴》（2009~2013年）。

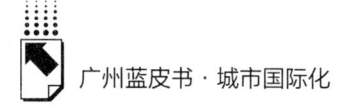

2013年1~10月对外投资项目，平均每个项目超过1800万美元。其中，投资额500万美元以上项目共有36个，占项目总数的40%；投资额9000万美元以上大项目共有8个，占项目总数的8.1%，中方投资额共计11.3亿美元，占比68.5%。

（三）存在的问题

1. 对外直接投资规模偏小，与自身经济实力不相称

根据英国雷丁大学邓宁教授对发展中国家提出的"投资发展周期理论"（Investment Development Cycle），处于不同经济发展阶段的国家（或地区），在所有权、内部化和区位方面拥有的优势是不一样的，由此决定了发展中国家（或地区）对外直接投资的能力、倾向和地位。

2008年，广州市人均GDP超过1万美元（1.1696万美元），进入"上中等收入经济体发展阶段"；2014年，广州市人均GDP跨进2万美元大关，正式进入发达经济体行列。对照"投资发展周期理论"所描述的四个阶段，广州2008~2014年是从新型工业化经济体向发达经济体迈进的阶段，这期间国际直接投资的流入量和流出量都应该达到较大的规模。数据显示，2008广州企业对外投资额从2007年的767万美元增长到2012年的46990万美元，总量增长60多倍，年均增长127.74%，高于全国和全省的增幅。虽然广州对外投资增速较快，但规模仍然偏小，与广州整体经济实力不相称。2008~2014年，广州地区生产总值（GDP）在全国的占比基本稳定在2.6%~2.8%，但对外直接投资在全国的占比大多年份保持在0.5%左右，远低于地区生产总值（GDP）在全国的占比。

2. 广州对外投资企业竞争力较弱，国际化水平有待提高

国际领先企业凭借其所有权优势和内部化优势在对外直接投资和全球产业布局中占据主导地位。广州缺少具有国际影响力和行业领先地位的大企业是广州对外投资的短板，广州进入世界500强的企业仅2家，进入中国细分行业10强的企业10家，其中有5家均集中在房地产行业。广州的对外投资企业，其企业规模、资金实力、品牌知名度、行业影响力、管理能力、技术水平都与国际跨国公司存在较大差距。此外，由于尚处于对外投资的初始阶段，广州对外投资企业的领导团队全球化程度还是相当低的，具有国外教育背景、国际工作经验的高管缺乏，领导团队的国际化视野、全球化合作氛围、能力和文化相对全球化比较成熟的企业还有相当大的差距，国际化水平有待提高。

3. 对外直接投资企业呈现"单兵作战"状态，尚未形成集群效应

广州房地产、装备制造、精细化工、汽车制造、化工建材、服装皮具等行业在国内处于领先地位，在国内市场呈现出产业集聚发展的态势，但这种集聚发展的态势并没有随着对外直接投资复制到境外，许多"走出去"企业呈现单兵作战、单打独斗的状态，没有形成集群效应。由此产生两方面影响。一方面，单个企业势单力薄，在争取当地政策优惠、应对当地政府投资管制以及解决劳务纠纷等方面难以形成合力；另一方面，由于孤零零一两个企业走出去，未能形成配套产业链，所有配套还得靠进口，成本相对提升，也就失去了比较优势。此外，不同类型企业在整个供应链中缺乏整合，彼此难以实现在信息、资本、市场、生产、技术资源上的共享与协同，进而影响到对外投资企业的竞争力。

4. 对外直接投资以绿地投资为主，投资方式有待多元化

通过对外直接投资进入境外市场主要有两种方式：绿地投资和并购。绿地投资又称创建投资，早期跨国公司对外拓展境外业务基本都采用这种形式。绿地投资的优点在于投资企业对新建企业的操控很大程度上掌握着主动权，创建新企业可直接为当地带来新增投资、税收和就业机会，更易于为当地所接受；其弱点在于建设周期长，速度慢，不确定性较大。相比之下，跨国或跨地区并购的目标企业在当地一般都有比较成熟和丰富的资源，包括成熟的销售网络，既有的专利权、专有技术、商标权、商誉等无形资产，稳定的原材料供应保障体系，成熟的管理制度，既有的人力资源，成熟的客户关系网。这些资源可以使并购方绕开初入境外市场的种种困难，快速投入生产经营。从全球范围看，跨国或跨地区并购投资额在对外直接投资总额中的比重已经占据绝大部分。从中国对外投资看，跨国或跨地区并购已逐渐成为中国企业对外直接投资的重要方式。在广州企业国际化过程中，现阶段独资和合资仍然是广州企业对外直接投资的主要方式，运用并购方式进行对外直接投资的案例尚少。

四 推进21世纪海上丝绸之路建设背景下，广州加快实施企业"走出去"战略的机遇与条件

（一）广州企业"走出去"面临重大机遇

1. 国家推进21世纪海上丝绸之路建设，为广州企业"走出去"提供了重大战略机遇

推进21世纪海上丝绸之路建设，进一步扩大对外开放，为广州企业"走出去"提供了前所未有的重大机遇。广州企业要紧紧抓住21世纪海上丝绸之路建设的重要战略机遇，充分借助背靠珠三角和泛珠三角经济圈、面向南海、毗邻东盟的区位优势，以沿线国家和地区为重点，紧跟国家21世纪海上丝绸之路建设的推进步伐，加快实施"走出去"战略，积极参与国际合作与竞争，带动国内产业结构升级。

2. 国际分工和产业布局面临重大调整，为广州加快全球产业链布局提供了有利时机

当前，世界经济仍然处于深度调整期，虽然在缓慢复苏，但基础不稳、动力不足、速度不均。国际产业分工面临重大调整，产业布局将发生巨大变革。发达经济体受债务危机影响，实体经济和金融部门出现紧缩，急需更多外资流入摆脱危机，稳定经济增长和就业。一些企业甚至跨国公司出现资产负债表恶化、流动性不足和经营困难等情况，希望通过外来投资注入流动性以渡过难关。在这种情况下，境外资源价格大幅下降、企业资产估值锐减、周边国家和地区货币贬值，不少国家在重点领域放宽了投资限制，对外资进入和并购的阻力有所缓解。这将有助于广州企业实现较低成本扩张，在全球范围内加快完善产业链布局，控制源头和占领技术制高点，加快广州产业升级

和经济转型。

3. 新兴市场国家快速崛起，为广州企业参与境外基础设施建设、加快产能转移提供了合作空间

近年来，21世纪海上丝绸之路沿线的新兴市场国家顺应经济全球化深入发展和国际产业分工转移的趋势，经济发展迅速，逐渐成为世界经济增长的重要引擎。这些国家的普遍特点是劳动力成本低，资源丰富，市场潜力巨大，发展的内生动力不足，城镇化进程加快，电子、公路、桥梁、码头等基础设施相对落后，因此对技术、资本的需求迫切，与我国合作的愿望强烈。结合广州市的产业优势，通过加强投资合作，不仅可以提高广州企业的国际影响力，还能带动国内设备、劳务和技术输出。此外，新兴市场国家低廉的劳动力成本和较强市场需求也将为广州企业转移优势产能、开拓国际市场带来难得的发展机遇。

（二）广州参加21世纪海上丝绸之路建设，加快企业"走出去"的基础条件

1. 广州作为海上丝绸之路的重要始发港，与沿线国家和地区积累了深厚的商贸、文化、人缘关系

海上丝绸之路，作为古代沟通东西方的远洋航线，兴起于秦汉、盛极于唐宋。从公元3世纪30年代起，广州凭借天然的地理优势，一直充当着海上丝绸之路的主港角色。至唐宋时期，已经赫然成为中国第一大港。由广州经南中国海、印度洋到达波斯湾各国的航线，是当时世界上最长的远洋航线。明清实行海禁，基本上是广州长期"一口通商"。广州作为海上丝绸之路的重要始发港，与丝路沿线国家和地区保持着持续长久的经贸人员往来，积累了深厚的商贸、文化、人缘关系。

2. 广州经济持续快速发展，为"走出去"奠定了坚实的基础

改革开放三十多年来，广州经济快速稳定增长，经济实力显著增强，经济增长质量、结构和效益稳步提高。从经济规模看，2013年广州全市GDP达到15420.14亿元，人均GDP 120104.84元（折合19393.02美元），经济

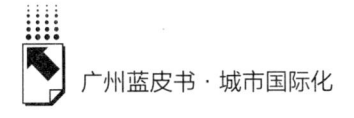

总量连续24年列全国城市第三位，预计2015年广州GDP将超过香港，重归"华南经济龙头"地位。从产业体系看，广州基本形成了基础雄厚、门类齐全、承载能力较强的现代产业体系，产业比较优势明显，具备了参与国际竞争的实力和能力，为企业开展国际合作、进行境外投资和开展跨国经营打下了坚实基础。

3. 多年以来的探索创新，为"走出去"积累了丰富的经验

经过多年的探索和实践，广州形成了从经济到科技、文化、教育等领域的全方位、多层次、互动发展的开放型经济发展格局。广州企业加快融入国际化进程，积极参与国际分工合作。通过不断扩大利用外资和对外贸易实践，引进了国际先进的装备和技术，培养了一批熟悉国际经济贸易规则、具有较强管理能力和专业技能的人才。在"走出去"方面，越来越多的企业开始通过新建、并购、参股、合作等形式在全球整合产业链，加快学习掌握境外先进技术，提升国际化水平。"走出去"先行一步的企业，在境外投资实践中，积累了丰富的经验和教训。这些经验和教训将为后来企业提供有益的借鉴，成为广州在更宽领域、更高层次参与国际分工合作的宝贵财富。

五 广州加快实施企业"走出去"战略的政策建议

在建设21世纪海上丝绸之路背景下，企业"走出去"战略的实施主体依然是企业，但政府在其中扮演着重要的角色。政府的支持和推动，可以降低广州企业境外投资的风险，加快"走出去"的步伐。

（一）简化境外投资审批程序，加快推进投资便利化

随着经济转型和产业升级，近年来广州企业"走出去"的热情增强，但现行的境外投资行政审批程序烦琐，牵制了企业"走出去"的步伐。虽然国家发展与改革委员会和商务部逐步下放了审批权限，但重复审批的问题存在，且相关的审批范围、办法没有根据境外投资的形势变化做出及时的调整，企业在申报过程中，不得不层层解释、多头汇报，导致效率低下，贻误

了商机。被赋予先行先试权的广州，可以在简化境外投资审批程序方面尝试突破，除特殊领域和项目以外，对外投资以备案制代替审批制，以备案为主，核准为辅。

（二）加大支持力度，健全支持体系

1. 强化境外投资的金融支持

境外投资是一种风险较高的经济活动，广州企业尚处于"走出去"初期，资金实力以及抗风险能力较弱，因此对"走出去"企业提供金融支持十分必要。应积极争取国家外汇储备中心和对外合作基金对广州"走出去"企业的资金支持；加强政府部门、融资企业和金融机构的沟通与协调，联合商业银行、境外投资企业共同出资组建境外投资发展基金，支持金融机构创新金融产品，对境外投资项目进行项目增信和资金支持。

2. 加大财税政策支持力度

根据广州企业对外投资的增长趋势，相应增加本级财政支持企业"走出去"的专项资金。积极帮助企业争取国家有关鼓励企业"走出去"的相关资金支持。加强"走出去"企业的税收政策宣传与辅导，认真落实有关双边、多边税收协定和境外所得税抵免政策。积极争取中央关于鼓励企业"走出去"相关税收优惠政策在广州先行先试。

3. 建立境外投资咨询服务体系

建立跨部门协作机制，有效整合政府、行业、企业资源，由政府出面建立或民办官助NGO方式组建服务企业的境外投资咨询服务中心。紧紧围绕企业"走出去"与"一带一路"的战略实施，通过整合政府部门、高校、研究机构、行业商会、专业中介服务机构（如法律、会计、金融、知识产权认证等）等各方面资源，向"走出去"企业提供面向全球市场的全过程投资咨询服务。

（三）培育与外聘相结合，实施国际化人才战略

1. 培育引进国际化高端人才

广州企业走出去，最缺的是具有全球视野和懂得国际运营规则的高端管

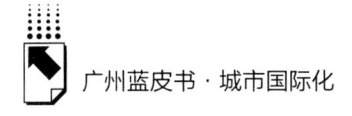

理人才。一方面，要做好现有企业高级管理人才的国际化培训工作，支持各大高校管理学院、商学院与企业对接，开设专门课程，对企业高级管理人员进行培训。另一方面，鼓励企业面向全球引进高级管理人才，在引进人才的生活、待遇等方面给予相应的便利与支持。

2. 全球配置人力资源

应鼓励广州境外投资企业在当地聘用外籍管理人才以及企业员工，一方面，当地管理人才熟悉当地市场、商务规则、文化等，有利于企业尽快融入当地的市场，打开局面；另一方面，为当地提供就业岗位，实现本土化运作，有利于企业的长远发展。对于高端、专业市场，鼓励企业外聘国际化、专业化的人才，或者项目管理团队，从商务、法律、文化、技术等方面与国际接轨。

参考文献

章骞：《海权与海上丝绸之路》，《经济观察报》2014年12月9日。

陈万灵、何传添：《海上丝绸之路的各方博弈及其经贸定位》，《改革》2014年第3期。

耿昇：《2001年海上丝路研究在中国（上、下）》，《南洋问题研究》2003年第1期。

张华、赵逸民：《南海击波丝路论道——"南海海上丝绸之路学术研讨会"会议综述》，《海南师范大学学报》（社会科学版）2012年第1期。

赵春晨：《关于"海上丝绸之路"概念及其历史下限的思考》，《学术研究》2002年第7期。

冯定雄：《新世纪以来我国海上丝绸之路研究的热点问题述略》，《中国史研究动态》2012年第4期。

肖利秋：《广州企业"走出去"的现状、问题及对策研究》，《南方金融》2010年第10期。

李罗莎：《新时期中国企业加快"走出去"的途径与对策建议》，《全球化》2013年第5期。

中华人民共和国国务院新闻办公室：《中国与非洲的经贸合作（2013）》，2013。

B.4

21世纪海上丝绸之路建设背景下南沙新区高端航运服务发展优势与瓶颈分析

覃 剑 葛志专 白国强*

摘　要：	高端航运服务业是国际航运中心巩固和增强综合竞争力的关键。本文通过引入钻石模型，从生产要素、需求条件、相关产业及支持产业、外部竞争、政策环境、外部机遇等六个方面分析南沙新区发展高端航运服务业面临的优势条件和瓶颈因素，并以此提出破解生产要素瓶颈、拓展市场需求空间、夯实产业基础、转化调整竞争劣势、优化提升服务环境等建议，以期为广州加快建设国际航运中心提供参考。
关键词：	高端航运服务业　钻石模型　发展优势　发展瓶颈

一　前言

高端航运服务业是航运服务的上游产业，主要包括航运金融、海上保险、航运交易、航运信息、航运咨询、航运组织、海事法律等知识密集型高附加值产业。世界著名国际航运中心如伦敦、新加坡以及中国香港地区等均把发展高端航运服务业作为持续提升竞争力的关键。南沙新区地处大珠江三角洲地理几何中心和珠江出海口，毗邻港澳、辐射内地，港航条件优越，是

---

* 覃剑，广州市社会科学院区域经济研究所副研究员、博士；葛志专，广州市社会科学院区域经济研究所助理研究员；白国强，广州市社会科学院区域经济研究所所长、研究员、博士。

珠三角地区首个获批的国家战略新区和我国南方重要的对外开放门户，以南沙港为核心组成部分的广州港已经跻身全球十大港口之列，发展高端航运服务业具有一定的基础优势。在"一带一路"战略背景下，广州作为历史上"海上丝绸之路"的始发点，也是新丝绸之路的重要战略区域，将在新时期国家构建全方位开放格局中发挥主力军的作用。因此，重新梳理和思考南沙新区发展高端航运服务业的有利条件、瓶颈因素，克服"木桶效应"、创造"鲶鱼效应"，加快华南地区高端航运要素及资源的集聚，打造企业成群、产业成链、要素成市的航运产业集群，不仅有助于南沙新区建设成为现代产业新高地、世界先进水平综合服务枢纽，也有利于提升广州国际航运中心综合竞争力、强化广州国家中心城市集聚辐射影响力、培养珠三角经济的新增长极。

二 优势和瓶颈：钻石模型的分析

1990年，美国哈佛商学院战略管理学家迈克尔·波特出版《国家竞争优势》一书，提出著名的国家竞争优势模型——钻石模型。该模型后来被广泛运用到产业竞争力研究当中，即通过研判生产要素、需求条件、相关产业及支持产业的表现、企业战略与结构和竞争对手，以及政府和机遇两个辅助因素，可以大致得出某一地区某一产业的发展条件和发展前景。引入钻石模型，可对南沙新区高端航运服务业发展基础、瓶颈和潜力进行较为系统的分析和评价。

（一）南沙新区高端航运服务业发展的生产要素

1. 人才智力资源

从国际航运中心的发展经验来看，航运人才的储备和培养是高端航运服务业发展的重要前提，如伦敦的秘诀之一就是拥有健全的海事知识教育和人才培训机制体系，其输出的人才遍布全球各地。与此相比，我国高端航运人才普遍缺乏。世界著名航运与交通咨询机构FISHER的调查研究显示，全球

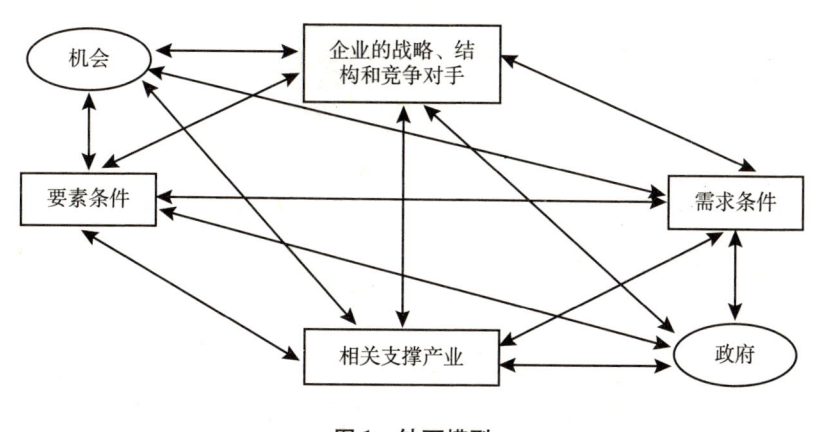

图1　钻石模型

航运服务业高端人才数量前八位排名依次为伦敦、挪威、香港、新加坡、比雷埃夫斯、纽约、法兰克福、上海，其中上海航运服务业高端人才总数仅为伦敦的1/3。根据上海社会科学院发布的《2012年浦东新区人才紧缺指数报告》，新兴航运服务业人才重度紧缺。目前，广州和南沙新区虽然尚未对高端航运服务业人才数量进行统计，但是其规模应落后于上海和浦东新区。由此可见，现阶段南沙新区发展高端航运服务业的人才资源储备面临极大挑战。

2. 地理区位资源

南沙是珠江三角洲的地理几何中心，距广州市中心50千米，距香港38海里，距澳门41海里，以南沙为中心在60千米半径范围内有广州、佛山、深圳、珠海、澳门、东莞、中山等14个大中城市。处于21世纪海上丝绸之路的中段，拥有海上、陆路和空中构成的立体式交通枢纽体系，沟通南北、承东启西、联通陆海的区位优势明显，是珠三角西线经济走廊和大珠三角世界级城市群通向海洋、走向世界的最具潜力的门户。南沙港区、万顷沙枢纽、庆盛枢纽、南沙客运港和正在争取的南沙商务机场，将进一步巩固南沙区域交通枢纽地位。区内建港岸线资源充足，人口密度小，历史包袱轻，可供利用土地储备充裕，拥有海洋、沙滩、湿地、森林等多种生态资源，建成区绿化覆盖率超过40%，人居环境优美。总之，南沙新区拥有发展高端航运服务业所需投入的土地资源、环境资源和区位资源。

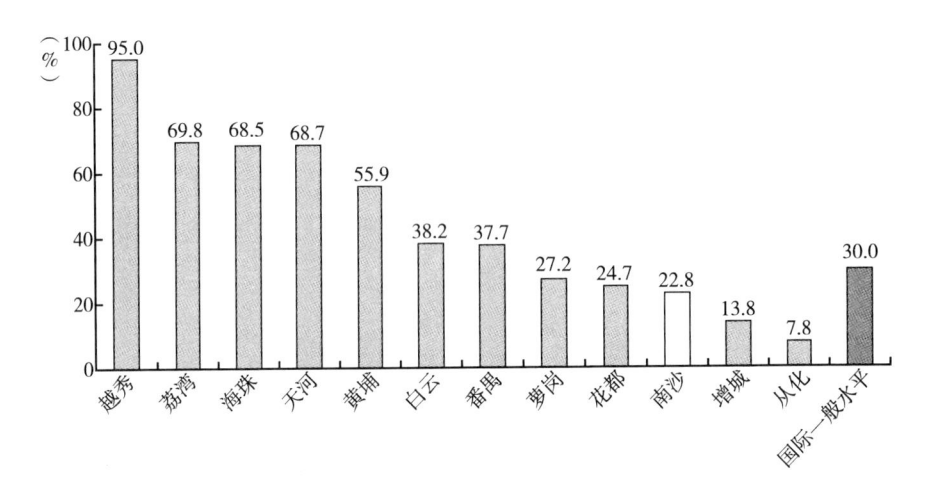

图2 2011年广州各区土地开发强度比较

越秀95.0 荔湾69.8 海珠68.5 天河68.7 黄埔55.9 白云38.2 番禺37.7 萝岗27.2 花都24.7 南沙22.8 增城13.8 从化7.8 国际一般水平30.0

3. 科技知识资源

围绕打造广州－深圳－香港创新轴重要节点和华南科技创新中心新高地的目标，南沙新区先后引进澳大利亚卧龙岗大学、德国拜罗伊特大学、加拿大滑铁卢大学、香港科大霍英东研究院、中国科学院南海海洋研究所、中山大学、兰州大学、中科院软件研究所、深圳先进技术研究院、沈阳自动化研究所、华南理工大学等国内外知名高校及科研院所开展产学研及创新平台建设合作，科技知识综合实力不断增强。2013年，全区财政共投入科技三项经费4815.02万元，区内高新技术企业已达44家，专利申请量达1433件；获得国家支持科技项目4个，获得省市支持科技项目35个，共获得上级科技部门支持经费4278万元。然而，目前南沙新区引进和储备的科技知识资源主要集中在电子信息、新能源、新材料等第二产业领域，投入到现代服务业的科技知识资源无论在存量和增量上的增长速度都较为缓慢。高端航运服务业是典型的知识密集型产业，需要投入大量复合化和专业化的知识资源。因此，南沙新区发展高端航运服务业的科技知识积累仍显不足。

4. 资金资本资源

高端航运服务业是资本密集型产业，尤其是产业发展前期需要大量的引导资金投入。当前，南沙新区开发建设尚处在起步阶段，大规模基础性建设需要政府投入大量的财政资源，且公共财政支出具有明显的刚性增长，导致"花钱"快过"赚钱"。从图2可以看出，近年来南沙新区财政赤字呈现不断扩大趋势。2013年，全区公共财政预算收入52.58亿元，增长13.9%；一般预算支出57.88亿元，增长36.97%；民生支出占本级预算支出总额从2010年的77%增长至2013年的84.48%。财政赤字的持续存在以及民生支出的刚性增长将会使得财政奖励经济发展支出和土地收储开发支出空间不断被挤压，运用财政政策刺激高端航运服务业发展的能力被削弱。

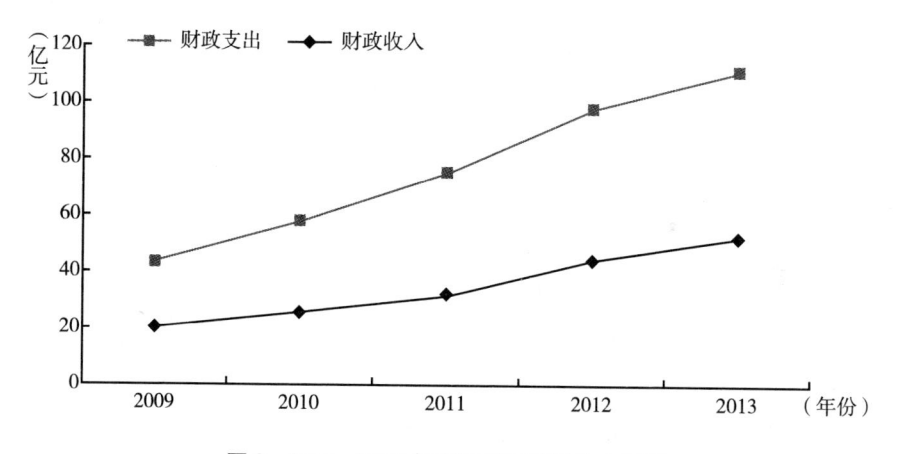

图3 2009~2013年南沙新区财政收支情况

资料来源：南沙新区国民经济与社会发展统计公报（各年）。

当然，拥有国家级新区以及自贸区体制机制创新优势的南沙新区存在通过制度创新缓解财政资金经济支出压力的空间。根据《广州市南沙新区条例》，南沙新区国有土地使用权出让、租赁的收益全额留存南沙新区，按照国家规定扣除、计提有关税费和政策性资金后，作为南沙新区建设发展资金。南沙新区可以通过风险投资、股权投资、设立创业投资引导基金等方式支持中小企业技术创新和促进创新企业的设立。另外，南沙新区还在金融业

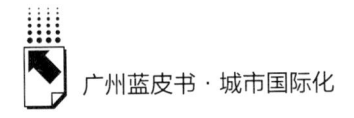

发展方面拥有诸多先行先试政策。这些政策将使南沙在发展高端航运服务业方面有更多的金融刺激手段可以选择。

（二）南沙新区高端航运服务业发展的需求条件

立足于广州国际大都市，依托大珠三角逐渐形成布局合理、相互衔接、四通八达的海陆空全方位发展的立体化、国际化交通格局，南沙新区高端航运服务业发展需求潜力不断得到释放。

广州作为国家中心城市和历史悠久的港口城市，已经连续24年保持我国第三大经济中心城市地位，服务业约占经济总量的65%，是知名的国际商贸城市，国际营商环境排名多次位列全国第一。2013年，广州港货物吞吐量增加到4.73亿吨，高居全球港口第五位；集装箱吞吐量1550万标准箱，其中南沙港区完成1036.33万标准箱，跻身世界单一港区集装箱吞吐量前列。广州地区拥有水路运输及辅助企业667家，其中水路运输企业153家，国内船舶管理企业8家，国际船舶管理企业13家，国际船舶代理企业87家，无船承运企业256家，国内外营运船舶1300艘。[①] 依托中船龙穴造船基地、广州中船大岗船舶配套产业基地、广船国际工业园区、黄埔造船工业园区、广州船舶制造及配套产业基地的建设，广州造船业基础雄厚。广东省把船舶制造业作为先进制造业的五大重点产业之一加以扶持和培育，未来以广州为主的珠江口地区将建设成为全国三大造船基地之一。较为发达的港航产业和船舶制造业的发展将对船舶融资租赁、航运经纪、航运交易、航运咨询等高端航运服务业产生极大需求。

通过航线连接，以南沙港为核心的广州港已经与国内外诸多地区建立港口运输联系，为高端航运服务业发展提供了更为广阔的市场需求空间。2013年，广州港区拥有集装箱班轮航线108条，通过46条外贸航线，广州港已与国外20个港口缔结友好港或建立友好合作关系，与世界100多个国家和地区的400多个港口有海运贸易往来，市场范围包括美洲、欧洲、澳洲、非洲、地

---

① 《2014广州航运发展报告》。

中海、红海沿岸及韩国、日本、东南亚等国家和地区。[①] 通过62条内贸和沿海航线，广州港不仅与港澳及珠三角地区港口群关系紧密，而且通过广东省内各港口以及珠江水系影响辐射泛珠三角地区；同时，广州港还开通了至黄埔、珠海、云浮、肇庆、东莞、顺德、佛山及广西贵港等周边主要中小码头的穿梭巴士服务航线，不断强化广州港的华南地区枢纽港和干线港地位。

（三）相关产业及支持产业的表现

围绕《广州南沙新区发展规划》提出的目标定位和重点任务，依托以明珠湾区起步区为核心的"1+12"重大发展平台，南沙新区全方位争取国家、省市政策支持，联合港澳，集中资源、加大力度、提速发展，产业规模不断跃上新台阶。2013年全区地区生产总值达到908.03亿元，汽车制造、海洋工程、重大装备制造等先进制造业和港口物流、金融服务、旅游休闲等现代服务业快速发展。

表1　南沙GDP及占全市比重

单位：亿元，%

2005		2010		2013	
GDP	占全市比重	GDP	占全市比重	GDP	占全市比重
132.91	2.6	488.25	4.5	908.03	5.9

资料来源：《广州统计年鉴》。

1. 航运物流产业

南沙港是广州市未来重点发展的"三大港"（深水港、航空港、信息港）中的深水港，也是广州市重点建设的四个物流中心之一。依托龙穴岛航运物流服务集聚区、小虎－沙仔岛能源保障和物流（汽车）基地、南沙保税港区的建设和发展，南沙新区航运物流基础设施不断完善，龙穴岛港区已建成10个15万吨级集装箱泊位，在建6个15万吨级集装箱泊位，现有

[①] 《2014广州航运发展报告》。

仓储设施 23 万平方米，在建 8 万平方米，保税仓库、恒温仓、冻库、钢铁专业仓库一应俱全。

截至 2013 年末，南沙新区拥有集装箱班轮航线 57 条，其中国际航线 42 条，国内航线 15 条，相继有马士基航运、中海集运、中远集运、达飞海运、地中海航运、韩进海运、阿拉伯航运、高丽海运、长荣海运、美国总统轮船、太平船务、大新华物流、新海丰等中外班轮公司开辟国际航线或开展国际航运业务。2013 年南沙港口完成货物吞吐量 2.05 亿吨，集装箱吞吐量 1036.33 万标准箱，全年累计航次达到 2.27 万次。南沙保税港区进出口货物总值为 493.51 亿美元，物流企业和机构近 200 家，合捷、天运、南沙国际物流、江海联运码头公司等物流企业投资额超过亿元。

表 2　2008~2013 年南沙港区发展基本情况

年份	港口货物吞吐量（亿吨）	集装箱吞吐量（万标准箱）	国内航线（条）	国际航线（条）	累计航次（万次）
2008	1.01	648	11	19	—
2009	1.11	664	10	18	—
2010	1.23	725	13	26	4.87
2011	1.47	892	13	35	5.88
2012	1.56	961	10	35	6.28
2013	2.05	1036.33	15	42	2.27

资料来源：《南沙新区国民经济与社会发展统计公报》（2008~2013 年）。

2. 金融服务业

南沙新区各类银行、保险类分支机构日渐增多，中国银行、中国工商银行、中国建设银行、中国农业银行、交通银行、中国邮政储蓄银行、光大银行、招商银行、广发银行等全国性银行以及广州农村商业银行、广州市农村合作联社等区域性银行均在南沙设有支行；中国人寿、中国人民财产保险、平安财险、平安人寿、太平洋财产保险、安邦联合财险等保险公司均在南沙设有支公司或营销服务部。粤海（广州）投资有限公司、广州金骏投资控股有限公司、广州金域投资有限公司、广州鸿业信用担保有限公司、广州市南沙百汇小额贷款有限公司已在南沙注册开业。

然而，与国内外先进航运中心和金融中心相比，南沙新区在发展金融尤其是航运金融方面仍然存在若干差距。首先，区内金融业基础薄弱，金融机构存在种类少、规模小、功能欠完善等问题，证券、期货、信托、融资担保、融资租赁等业态和机构很少。现有银行、保险类金融机构均为非法人机构，属支行、支公司，甚至是分理处、营销服务部一级，层次低、权限小、额度缺，难以满足产业经济发展的融资需求。[①] 虽然南沙新区已经在部分金融领域获取了先行先试的权力，但是具体的配套措施还未能及时跟进，导致南沙新区金融业已经远远落后于上海浦东、天津滨海、深圳前海、珠海横琴等国家级新区。此外，在南沙新区区内从事经营的港航企业大多不在南沙注册，马士基等国际班轮公司融资需求和金融服务由境外金融机构提供，中石化、广州港等国内企业的银行账户不在区内开设，其资金结算也在区外进行，导致对航运金融发展带动作用不大。

3. 海洋产业

南沙新区是珠三角海洋经济优先发展区，是广州三大现代海洋产业组团的重要组成部分和粤港澳海洋经济合作圈建设的重要平台，被赋予共同打造国际高端现代海洋产业基地、建设优质生活湾区的使命。2012年，南沙新区海洋产业增加值为390.3亿元，占本区GDP的比重达到64.41%，占广州海洋产业增加值比重达到22.30%，俨然成为广州海洋经济的关键组成部分。

表3　南沙新区海洋产业增加值及其占GDP比重

单位：亿元，%

年份	海洋产业增加值	GDP	占GDP比重
2010	247.80	488	50.78
2011	364.64	571	63.86
2012	390.30	606	64.41

资料来源：《南沙新区海洋产业集聚发展研究报告》。

---

① 《南沙新区金融发展战略规划研究（2012—2020年）》。

南沙新区龙穴造船基地是我国第三大造船基地，占地面积5.85平方千米，设计年造船能力为350万吨载重。基地已经集聚海洋船舶与海洋工程产业29家，2012年船舶制造业产值达77.34亿元，其中广州中船龙穴造船有限公司、中船澄西远航船舶（广州）有限公司、广州黄船海洋工程有限公司、中船华南船舶机械广州有限公司、广州广船大型机械设备有限公司5家船舶大型工业企业合计实现产值37.58亿元。龙穴造船基地产业链广泛分布于全球各地，部分生产线来自境外，部分上游生产资料及生产设备来自长江三角洲等地区，研发服务及配套服务来自广州等地，产品内销并出口，对高端航运服务业有很大需求。

4. 其他航运服务及配套服务业

近年来，南沙新区航运服务业得到一定发展，十大国际班轮公司均已在南沙开设航线，从事运输、货代、船代、报关等服务企业和机构数量逐渐增多。2013年广州航运交易所船舶交易与服务不断发展，通过6个服务网点初步形成以广州为核心、覆盖珠三角地区的船舶交易服务网络，全年船舶交易305艘次，船舶交易额达到10.01亿元。[①] 同时，积极拓展延伸船舶交易业务链条，开展船舶评估业务，通过网上或现场组织竞拍船舶18艘；航运融资与保险服务、港航技术咨询服务初见成效，航运交易信息平台功能不断完善。

自2013年10月启动跨境电商业务以来，南沙新区已累计引进19家企业，南沙跨境电子商务公共服务平台也将成立。以明珠湾起步区建设为引擎，南沙新区商贸、房地产、酒店餐饮、旅游等生活配套和公共服务业得到较大发展，金融、会计、保险、法律、咨询、会展、信息服务等生产性服务业项目也持续入驻，发展高端航运服务业的配套环境得以改善。

然而，南沙新区服务业发展仍然十分滞后，2013年全区第三产业增加值仅为187.34亿元，占GDP的比重仅为20.63%。国际金融贸易和信息服务、临港服务经济等高端服务业发展长期滞后于港口业务发展。港口服务业市场发展水平不高，尚处于自发发展阶段，港口各项服务业（主要包括货

---

① 《2014广州航运发展报告》。

运代理、船舶代理、拖轮服务、船舶港口服务、集装箱拖车服务等）规模小、市场秩序有待完善，总体尚处于低端水平和传统经营阶段，无法形成规模优势，有相当的港航服务活动仍然是由异地、境外的服务企业完成的。航运服务及配套服务产业发展落后，将不利于高端航运服务业的培育和发展。

表4 南沙新区三次产业增加值及其占GDP比重

单位：亿元，%

年份	增加值			占GDP比重		
	第一产业	第二产业	第三产业	第一产业	第二产业	第三产业
2010	10.33	217.66	19.81	4.17	87.84	7.99
2011	11.55	321.82	31.27	3.17	88.26	8.58
2012	12.01	288.26	90.03	3.08	73.86	23.07
2013	45.95	674.74	187.34	5.06	74.31	20.63

资料来源：《南沙新区国民经济与社会发展统计公报》（2010~2013年）。

（四）同类地区高端航运服务业竞争发展

高端航运服务业具有垄断性，先发地区一旦抢占高端航运服务业发展制高点就容易形成垄断优势，给后发地区带来一定制约。随着信息技术的发展以及跨国公司的全球布局，地理空间的限制已经变小，高端航运服务业分离性趋势日益凸显，即在全球范围内港航中心并不一定同时是航运服务中心，某个港口城市可能从区域乃至洲际范围内特定的航运服务中心获得服务支撑。高端航运服务业的垄断性和分离性特征使其竞争地域范围更广、强度更大。因此，南沙新区要发展高端航运服务业，直面国内外其他地区的竞争不可避免。

1. 新加坡

新加坡注重政府主动服务，通过有针对性的政策鼓励、基金计划等举措，吸引高端航运服务业的转移和入驻。新加坡已建立瑞士式金融中心，吸引了诸多世界著名银行财团设置分行或者亚洲区/东南亚区总部，航运金融辐射整个东南亚地区。2011年航运保险毛保费3.89亿美元，离岸保险毛保费12.08亿美元。航运咨询既有来自新加坡四大高校的研究室和教授，也有国际航运咨询公司在新加坡设立的分支机构。新加坡是亚洲地区仲裁的首选，拥有30家海事律师事务所、45位国际性仲裁员，国际著名的仲裁机构和设施设备俱全。新加坡设立了诸多相关的奖励和基金，依托四大高校及各大学设立研究机构推进海事教育与培训。在船舶经纪和交易方面，几乎所有的伦敦船舶经纪企业都在新加坡设立了办事处或分公司，新加坡已经和香港、东京一起成为亚洲三大二手船舶买卖中心。为减轻航运企业经营负担，新加坡对经营船舶收入征收18%所得税，并规定满足AIS的外籍船免税，出售船舶、出租船舶所得免税等。展望未来，新加坡将以建设全球海洋知识枢纽（Global Maritime Knowledge Hub）为目标，大力集聚航运要素，推动航运产业集群发展壮大。

2. 香港

香港是世界第三大金融中心，全球最自由经济体，通过坚持不懈营造自由、公平、开放的金融贸易环境，推动高端航运服务业发展。目前，香港已经成为亚洲区域航运资金结算中心和融资中心，香港、中国内地、亚洲和欧洲的大型金融机构，都纷纷在此登陆。2013年在香港注册的船舶保险承保人达51家，海外注册32家，全球船舶保险承保人注册总数为83家，货运险87家，2012年毛保费17.94亿港元。2011年承担海事仲裁案件104起，拥有船舶经纪公司41家。在香港，实施的是第三方船舶管理制度，船东只要具有管理旗下船舶和为其他船舶提供服务的能力，就可以成立相应的船舶管理公司。香港所实施的仲裁法、海事法、商业法等法律法规都与国际法高度接轨，诸多国际海事律师事务所纷纷在港设立办事处，其聘用的海事法律师基本上都通晓中英双语，并且非常熟悉国际航运事务，可以为航运企业提供船舶注册、船舶租赁、船舶买卖和船舶融资保险等服务。香港国际仲裁中心完全独立运行。为减轻航运企业经营负担，香港对来源于香港部分的船舶经营所得征收16.5%的税收，其余均免税。

3. 上海

自《关于推进上海加快发展现代服务业和先进制造业建设国际金融中

心和国际航运中心的意见》（国发〔2009〕19号）下发以来，上海高端航运服务业就步入了快速发展阶段。2013年，上海各主要银行业金融机构对上海航运产业的授信总额达1984亿元，授信客户总计1200多户；航运相关企业的贷款余额为955亿元，融资租赁余额为183亿元，经营租赁额为13.7亿元，其他融资方式为206亿元。上海自贸区内已设立了8家单船融资租赁项目公司，船舶租赁金额共计9.4亿元。[1]依托上海海事大学、上海航运交易所、上海国际航运研究中心和国外咨询机构，上海航运咨询创新能力和国际影响力正逐步提高。海事仲裁能力逐步增强，中国海事总裁委员会上海分会2012年受理案件共计53件，争议标的为11.33亿元，涉外案件20件，涉及丹麦、德国、荷兰、泰国、日本以及中国香港等国家和地区的当事人。[2]上海国际航运仲裁院共受理仲裁案件51起。船舶交易也走在全国前列，2012年船舶交易鉴证286艘，船舶交易金额超过18亿元。

浦东新区作为上海发展高端航运金融服务业的高地，充分借助国际航运发展综合试验区和自贸试验区航运政策创新优势，先后引进波罗的海航运公会、波罗的海交易所、国际海事教师联合会、全球第一大穿梭油轮公司帝凯集团、美国保赔协会管理公司、中外运长航集团航运事业部、上海亚洲船级社中心、中国贸促会上海海损理算中心等一批国际知名航运服务企业和机构落户。自贸试验区已经向外资开放船舶管理业务，新加坡上市企业——扬子江船业所进驻并设立上海润元船舶管理有限公司，成为全国第一家外资国际船舶管理企业。通过与波罗的海国际航运公会、英国皇家特许经纪人协会等国际高端航运机构合作，浦东新区不断探索建设亚洲航运学校、全球航运商务培训等示范项目，努力解决高端航运服务业人才不足的问题。

4. 天津

天津围绕建设北方国际航运中心的目标创新发展高端航运服务业取得了一系列重要的成效。2009年，天津设立了我国第一只规模为200亿元的船

---

[1] 《上海国际航运中心建设蓝皮书2014》。
[2] 《海仲上海分会2012年工作通报》。

舶产业投资基金。根据《天津北方国际航运中心核心功能区建设方案》（国函〔2011〕51号批复），东疆保税港区获得了国际航运税收、国际船舶登记、航运金融和航运租赁业务四个方面的创新试点支持政策。东疆保税港区还率先在国内开展飞机融资租赁业务。未来，天津东疆保税港区将加强国际尤其是欧洲在航运金融创新、航运市场开拓、船舶交易市场等三方面开展合作对接，积极吸引欧洲的股权投资基金和航运金融机构参与金融创新和金融体系建设，支撑航运金融产业发展创新。此外，天津市还提出要将基金、租赁、银行、保险、保理、学会、论坛、教育、仲裁和交易所的建立和发展等10件工作加以整合推进，构建完备的高端航运服务体系。

5. 宁波

宁波相继颁布《加快发展海洋经济的意见》《关于推进宁波现代港航服务业发展实施意见》《宁波市人民政府关于加快宁波航运交易所建设的若干意见》，高端航运服务业逐渐步入快速发展期。2011年11月，宁波航运交易所成立，到2013年初船舶交易注册用户已达275家，船舶交易市场完成交易船只99艘，交易总额超过11.96亿元；航运人才企业注册用户355家，航运人才交易次数达到3050人次。2013年9月7日，宁波航运交易所率先推出"海上丝路指数之宁波出口集装箱运价指数"，并于2014年9月正式与波罗的海交易所签订战略合作协议。宁波国际航运中心已设立口岸通关业务审批窗口170个，汇集了几乎所有的口岸服务功能，不仅吸引了各类大型航运公司及港航、船代、货代、报关等窗口企业进驻航运中心开展办公，还吸引了中国人保、海泰律师事务所等专业从事海事金融保险、法律服务的高端航运服务企业进驻开设服务窗口，其在区域内的强力吸附作用日益显现。航运服务发展重点区域江东区则已经吸引韩国船级社、挪威船级社、美国船级社等3家世界排名前10位的船级社，汉堡南美、地中海航运、日本邮船等10家排名世界班轮前20强企业也已经入驻。

6. 青岛

青岛在《山东半岛蓝色经济区发展规划》（国函〔2011〕1号批复）的指导下，全力打造国际航运枢纽城市。航运服务集聚区市南区汇聚了全市

80%以上的航运企业,其中,物流企业3146家,马士基、青岛远洋、中外运、中远物流等国内外知名航运企业均在此设立分部。山东出入境检验检疫局、山东船检局、山东海事局和青岛海关等航运行政部门均在此集中办公。中国船级社、山东货代协会等重要航运组织也纷纷以市南区为基地扩大对区域航运服务的范围。2013年7月10日,市南区在全国范围内成立了第一家航运服务业协会,其会员包括9家世界500强企业、行业100强企业以及相关央企等,浦发银行、中信银行、海事法院、山东省船员协会和保险协会等机构则作为理事单位。在市南区香港路、东海路,分布着众多航运企业和与航运功能有关的机构,被称为"航运大道"。展望未来,市南区提出率先发展船舶经纪产业、航运总部经济、海洋和航运知识产业、船舶管理服务等四大重点产业,着力构筑现代化航运服务产业体系,打造成为服务山东、辐射周边、面向世界的东北亚国际物流中心。

(五)21世纪海上丝绸之路建设的发展机遇

1. 有利于加快与港澳合作步伐

香港是著名的国际金融、贸易、航运、物流、高增值服务中心,澳门是世界著名的旅游休闲中心,两者作为全球开放、自由经济体的代表,与世界各国经贸往来十分密切。在推进21世纪海上丝绸之路建设过程中,港澳必然会成为联结我国大陆与丝绸之路沿线国家和地区的重要枢纽。南沙新区毗邻港澳,是我国深化粤港澳全面合作、对外开放的重要窗口,肩负连接港澳、服务内地、面向世界的战略重任。在21世纪海上丝绸之路建设的要求下,南沙新区与港澳服务贸易自由化进程将加快,为南沙新区对接国际营商规则、引进香港高端航运服务机构带来刺激作用。

2. 有利于集聚高端航运要素资源

建设21世纪海上丝绸之路,必然会推动基础设施互联互通,促进交通网络的衔接和匹配。通过南沙港及其航线,南沙新区可望与雅加达、曼谷、胡志明、岘港、马尼拉、孟买等海上丝路沿线国家和地区重要港口城市建立联系与合作。通过高速铁路南沙可大大缩短到泛珠三角地区的距离,与珠

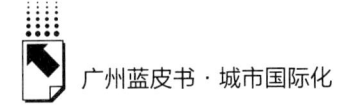

江-西江流域经济带建立更紧密关系,并可通过泛亚铁路网进入东南亚国家。通过空中交通更是可达全球各地。通过完善的海陆空综合立体的集疏运体系,南沙新区发展高端航运服务业的腹地将得以大幅度拓展,在珠三角、华南地区、东盟、南亚及印度洋周边国家和地区等更广阔的范围内集聚高端航运服务资源,促进高端航运服务业迅速发展。

3. 有利于开拓产业市场空间

推动实施21世纪海上丝绸之路发展战略,将更有效加快我国对外开放合作步伐,促进与东盟国家的经贸、文化、人员、资本流通。目前,21世纪海上丝绸之路沿线国家和地区如马来西亚、文莱、泰国、菲律宾、印尼、柬埔寨、越南、缅甸等基本属于中低收入国家,服务业发展相对落后,产业结构以中等技术及资金密集型产业和自然资源及劳动密集型产业为主,尤其煤炭、木材、天然橡胶、矿产资源、大米、水果、成品油等大宗商品资源丰富。因此,南沙新区发展高端航运服务业,其市场范围将可以辐射并覆盖到广大的21世纪海上丝绸之路沿线国家和地区。

(六)政府及政策环境

作为国家级新区,南沙享受国家一类对外开放口岸、粤港澳人才合作示范区以及经济技术开发区、高新技术产业开发区、保税港区等国家级特殊经济功能区政策,在产业发展、社会管理、人才管理、对外贸易、金融创新、口岸通关等方面拥有特殊的优惠政策。作为广东省构建开放型经济战略平台和推进粤港澳合作重点区域,南沙被列为广东省实施CEPA先行先试综合示范区、广东海洋经济综合试验区和申报中的广东自由贸易园区重要组成部分加以支持。作为广州国家中心城市建设的"一号工程"——南沙新区被提升到打造新型城市化典范的高度加以扶持,并出台了《广州市南沙新区条例》,拥有市级规划权、土地审批供应权、三旧改造项目审批权等重要权限。近年来,南沙新区根据发展新形势和现实需要,也逐步建立了相应的金融、科技、产业、土地、人才等配套政策体系。

即便如此,相比较浦东新区、滨海新区、前海新区、横琴新区以及国内其他城市和地区，南沙新区发展高端航运服务的政策环境还较为滞后，政策创新程度较低；出台和制定的一些政策仍然较为笼统和宏观，难以落到实处；许多政策还没有与国际接轨。

（七）钻石模型分析结论

1. 发展优势

通过运用钻石模型对南沙新区高端航运服务业的各要素进行分析，发现南沙新区高端航运服务业的竞争优势主要体现在以下几方面。

（1）生产要素方面，南沙新区毗邻港澳，位于大珠三角几何中心，地理区位优越。区内可供发展高端航运服务业的土地资源和生态环境资源相对丰富。

（2）市场需求方面，大珠三角地区已经形成日渐完善的港口群，区域经济基础雄厚、外向型经济发达，还是我国第三大船舶制造业基地，对高端航运服务业具有极大的需求潜力。

（3）相关产业及支持产业方面，南沙航运物流产业和海洋经济产业已初具规模，金融服务业也得到一定发展，广州航运交易所落户南沙，商贸、房地产、酒店餐饮、旅游等生活配套和公共服务业以及金融、会计、保险、法律、咨询、会展、信息服务等生产性服务业得到较快发展，为高端航运服务业发展奠定了一定基础。

（4）发展机遇方面，21世纪海上丝绸之路建设将会推动南沙新区与沿线国家和地区基础设施互联互通、增强经贸往来和文化交流，为南沙新区加强与港澳高端航运服务合作、更大范围集聚高端航运服务和更大程度集聚高端航运服务资源提供机会。

（5）政府及政策环境方面，《广州南沙新区发展规划》明确提出要发展现代航运服务业。南沙新区享受从国家到省、市的多重政策支持，政府也在积极推进一系列航运服务平台建设和招商引资，这为发展高端航运服务业提供了重要保障。

2. 发展瓶颈

（1）生产要素方面，高端航运服务业是知识密集型和资本密集型产业。南沙新区目前人才智力资源、科技知识资源和资金资本资源都不够充足，可能形成制约高端航运服务业的发展瓶颈。

（2）市场需求方面，高端航运服务业具有垄断性和分离性，因此南沙新区发展可能面临后发劣势，即虽然区域高端航运服务业市场需求潜力大，但被香港、上海乃至深圳等先发地区抢占先机并占据主动地位。

（3）相关产业及支持产业方面，南沙新区现有航运服务产业主要集中在产业链低端环节，高端航运服务业所占比重很低。另外，南沙新区服务业在经济中所占比重仅达到20%左右，显然对发展高端航运服务业的支撑能力不足。

（4）同类地区竞争方面，在亚洲，新加坡和中国香港都是著名国际航运中心；在国内，上海、天津、宁波、青岛、大连、深圳等地都纷纷加入高端航运服务业竞争之列，给南沙新区带来极大挑战。

（5）发展机遇方面，21世纪海上丝绸之路建设虽然给南沙新区带来契机，但同时也会给其他地区带来机遇，宁波甚至已经率先推出"海上丝路指数"。因此，是否能将机会化为己用，才是问题的关键。

（6）政府及政策环境方面，南沙新区以宏观性政策居多，政策创新能力落后于上海浦东等地区，集聚要素资源发展高端航运服务业的体制机制障碍仍然存在。另外政府在集聚高端航运要素的组织协调机制方面也还需进一步加强。

表5 南沙新区发展高端航运服务的优势与瓶颈

钻石模型条件	竞争优势	发展瓶颈
生产要素	地理区位资源	人才智力资源、科技知识资源、资金资本资源
市场需求	区域市场需求大	后发劣势抢占市场不易
相关产业及支持产业	航运物流、现代金融、海洋经济、船舶制造业初具规模	高端航运服务业基础薄弱，新区服务业水平整体发展滞后
同类地区竞争	—	面临激烈竞争

续表

钻石模型条件	竞争优势	发展瓶颈
21世纪海上丝绸之路建设的发展机遇	有利于与港澳合作,有利于集聚高端要素,有利于开拓市场	21世纪海上丝绸之路建设对竞争对手也是机会
政府及政策环境	拥有国家、省、市政策的叠加支持,高端航运服务业被确定为产业重点发展方向	宏观性政策居多,政策创新能力落后,集聚要素资源的体制机制障碍仍然存在,政府的组织协调机制亟待进一步加强

三 短板与跳板：发展动力的创造

当前，紧紧抓住21世纪海上丝绸之路、海洋经济强国建设和中国经济新常态发展的历史机遇，牢牢把握第四代航运中心的本质特征，借鉴国际先进港口城市的理念和做法，坚持以世界眼光、国际标准，加强与港澳航运服务合作，集聚21世纪海上丝绸之路沿线国家和地区高端航运服务要素资源，促进产业向知识密集型、高附加值的上游高端航运服务产业延伸，建立立足珠三角、面向东南亚、辐射全球的现代航运服务业体系，已经成为南沙新区未来发展的战略选择。因此，如何扬长避短，破解发展瓶颈尤为重要。

（一）破解生产要素瓶颈

1. 集聚高端航运服务人才资源

创新与英国皇家特许船舶经纪协会（ICS）[①]等国际著名航运培训组织的合作模式，开展高端航运商务管理培训系列项目，提升航运高端人才服务能级，为本地航运高端人才提供国际交流平台，拓宽和提升本土航运人才的国际化视野和专业能力。适当给予高端航运服务业高级经营管理人才个人所

[①] 英国皇家特许船舶经纪协会（ICS）成立于1911年，总部设于伦敦，是目前全球唯一被认可的有资格设立航运职业标准的国际机构。协会目前在全球主要航运国家设有25个分支机构和17个教育中心，每年为全球数千名学生提供培训教育和资格认证，在提高航运从业人员的职业素养方面，得到业界广泛的认可。

得税减免优惠，可参考香港15%税率值试行，并增加个人抵税支出项，从而吸引高素质高端人才落户。尽早出台"南沙新区集聚航运人才实施办法"，用5~10年时间面向全球引进通晓国际规则和惯例、具有丰富海外从业经历的高端航运服务业国际化人才。努力寻求与国内外著名专业性航运学校、培训机构及用人单位合作，推动航运领域的产学研合作不断迈上新台阶，加快培养适应高端航运服务业发展的紧缺航运人才。

2. 瞄准全球顶级战略资源

瞄准DNV GL Group（DNV GL集团）、ABS（美国船级社）、Class NK（日本船级社）、Lloyd's Register（英国劳氏船级社）、Rina（意大利船级社）、Bureau Veritas（法国船级社）、China Classification Society（中国船级社）、Russian Maritime Register of Shipping（俄罗斯船级社）、Korean Register of Shipping（韩国船级社）、Indian Register of Shipping（印度船级社）制定靶向招商与合作专项计划。加强与国际海事组织（IMO）、国际劳工组织（ILO）、国际海事教师协会（IMLA）、国际海事大学联合会（IAMU）、世界海事大学等国际组织和机构的合作，引进上海海事大学、上海水产大学、大连海事大学、中国水科院东海水产研究所等海事院校和相关科研院所，整合发挥广州海事培训资源，建立符合全球化发展潮流的综合性海事教育体系，全面推进海事教育产业的发展，强势培育和集聚高端航运服务智力资源。

3. 保障高端航运服务土地资源

根据有关规划，到2025年南沙新区可供开发利用的土地约为150平方公里，可建设用地是南沙新区未来开发建设最宝贵、最稀缺的资源。为促进产业发展，南沙新区必须为高端航运服务储备足够的建设用地，掌控好可利用土地开发时序。借鉴学习伦敦、新加坡、上海、天津等先进地区航运产业集聚区土地开发利用经验，增强对南沙新区高端航运服务土地供应的调控能力，以土地高效管理及持续增值来支撑航运集聚区开发建设的良好循环和综合服务功能的完善提升。编制航运服务产业准入及优惠目录，盘活现有低效存量用地，保障符合产业发展方向的大项目和好项目优先供地，促进可建设用地节约、集约和高效利用。

4. 集聚高端航运服务资金资源

依托高端航运服务产业集聚区建设，建立面向海上丝绸之路合作融资网络，鼓励和吸引海上丝绸之路沿线国家和地区采取委托管理、投资合作等多种方式，在集聚区内设立"区中区""园中园"，积极参与建设，实现优势互补、资源整合和联动发展。设立高端航运服务产业投资基金，形成以政府资金为引导、企业投入为主体、金融机构为辅助、社会资本和风险投资为方向的多元化产业投融资体系。促进航运业和金融业的结合，鼓励金融机构针对高端航运服务产业开展金融创新。支持航运物流企业加强与私人资本投资、风险投资机构、投资银行的合作，通过股权转让的方式引进财务合作伙伴或者战略投资伙伴。

（二）拓展市场需求空间

充分发挥南沙港和广州航运交易所的纽带联系作用，不断拓展高端航运服务的市场辐射范围。抓住广清一体化、珠江-西江流域经济带、高铁经济带建设的机遇，不断开拓泛珠三角地区的市场。充分依托广东海外华侨的人脉资源，建立与海上丝绸之路沿线国家和地区紧密的人际关系网络，形成与海上丝绸之路沿线国家和地区高端航运服务合作的媒介、发展交流的桥梁和要素流动的通道，提升南沙高端航运服务的影响力。以港口为节点，以航线为纽带，加强与高雄、香港、防城港、岘港、曼谷、吉隆坡、雅加达、新加坡、加尔各答等海上丝绸之路沿线主要港口城市合作，结成友好港口关系，共建海上丝绸之路航运服务大市场。推动与海上丝绸之路沿线主要国家城市工商团体、行业商业协会对接，鼓励联合成立合作同业公会，建立高端航运服务业协同互动发展机制，共同促进双向投资、双向市场开放。

（三）夯实产业基础

立足南沙新区的口岸条件、产业发展资源禀赋和优势条件，依托现代航运产业集聚区、广州航运交易所等载体建设，围绕高端航运服务核心产业，积极引入国内外具有重大影响力的企业和机构，优化提升货物运输、船舶代理、货运代理、报关服务、理货服务、船舶租赁、仓储服务等中下游产业链，促进其向产业链高端环节转型升级，推动航运总部、航运金融、航运交易、航运物流、航运经纪、船舶交易、海事教育、邮轮游艇等企业加快聚集，逐步建立起规模化、国际化的产业集群。加快推进航运信息平台和国际航运交易平台建设，完善航运服务产业链，为产业集群发展提供系统性、全方位的支撑。

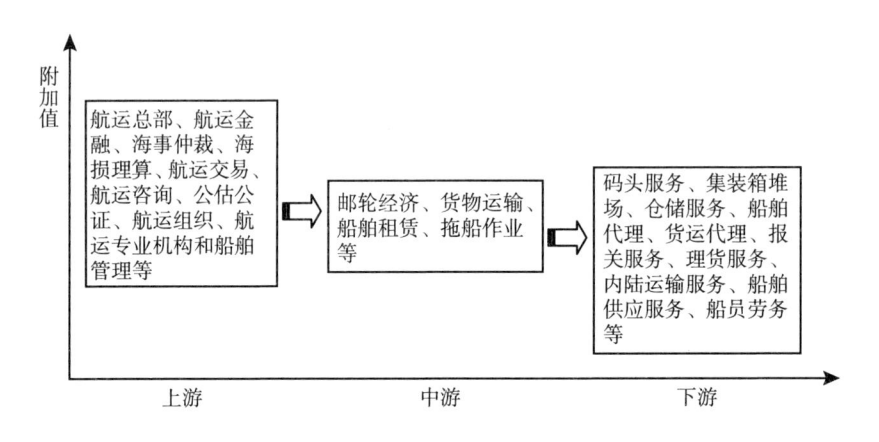

图4 航运物流产业链

（四）转化调整竞争劣势

强化区域联系与协调，化竞争为合作，最小化后发劣势。积极推进南沙港区集装箱、粮食、散货等大型专业化码头和通用杂货码头、江海联运码头等港口基础设施建设，优化港口功能布局和结构，拓宽广州港出海航道，构建高效便捷集疏运体系，提高港区国际中转和内河转关效率，不断提升南沙港的区域影响力。探索与大珠三角港口群之间形成联动发展模式，争取广东省政府支持推进珠江口港口群资源整合，支持广州港加强对珠江沿线港口进行参股投资，促进区域港口群产业分工协作和协同发展，促进各港区之间在高端航运服务开展合作分工。加强与港澳高端航运服务合作，鼓励粤港澳航运服务企业双向投资，促进港澳的管理和技术优势、航运产业优势与内地的市场优势有机整合，为港澳航运服务业向内地延伸拓展空间。依托南沙港、广州航运交易所等平台，探索与新加坡、上海、天津、青岛、宁波、大连、深圳等高端航运服务业相对发达地区的合作渠道，着力建立航运发展战略联盟。探索建立与海上丝绸之路沿线的主要港口城市建立合作机制，共同组建区域物流信息网络、产业合作网络、融资合作网络等。

（五）优化提升服务环境

一是加强对高端航运服务业的组织和领导，研究制定《促进高端航运服务业发展的若干意见》，协调落实支持高端航运服务业建设的政策措施，加强对高端航运服务产业发展的监测和分析，做好项目规划建设及招商引资等协调工作。二是提高项目审批效率，加快项目进程，提供一站式全方位服务，对从项目的核准、审批、登记到土地证和税务证办理、工商行政注册以及人员招募、本地供应商推介等方面提供不间断服务，营造更好的引商、安商、扶商环境。三是成立南沙新区高端航运服务协会，搭建航运企业和政府之间沟通的桥梁，指导行业转型和提升。四是在航运现代服务集聚功能区配套成立相对应的运行管理机构，强化航运产业发展力度，促进体制机制创新。五是建立联席会议制度，推动航运业界和金融业界的联系沟通。

参考文献

任声策、宋炳良：《航运高端服务业的内涵及其发展启示》，《中国水运》2009年第9期。

谢燮：《航运服务业发展的国内外经验借鉴》，《水运科学研究》2011年第1期。

上海海事大学、上海市政府发展研究中心：《上海集聚高端航运服务要素的瓶颈分析与对策研究》，《航运评论》2014年第2期。

包凌雁、宋兵：《宁波高端航运服务业"渐入佳境"》，《宁波日报》2013年3月11日。

王建高：《打造航运服务业"升级版"》，《科技日报》2013年11月6日。

对外交流篇

Foreign Exchange

B.5
新媒体平台上广州国际形象对外传播策略[*]

李秀芳　蔡晓诚[**]

摘　要：城市国际形象是国外受众对这座城市的民众、历史、政治、经济、文化、自然资源、生活方式等方面的综合印象。本文通过对境外的新媒体用户进行广州城市形象问卷调查，呈现广州在国际民众中的城市形象，从而提出广州国际形象对外传播策略。

关键词：广州　新媒体　城市国际形象

---

[*] 本文受"广州市哲学社会科学发展'十二五'规划课题基金项目"资助。项目名称：新媒体外交平台上"美丽广州"对外城市形象传播策略研究（项目编号：14Q04）。
[**] 李秀芳，广州大学新闻与传播学院副教授、博士；蔡晓诚，广州大学新闻与传播学院学生。

城市国际形象是国外受众对这座城市的民众、历史、政治、经济、文化、自然资源、生活方式等方面的综合印象。良好的城市国际形象能形成一股强大的凝聚力、辐射力，不仅有助于提升城市综合竞争力，成为吸引海外投资与旅游者的"金字招牌"，而且有助于振兴本国经济、推动本国对外交流，是加强本国软实力建设的有力途径。当前发达国家借助全球化的进程和先进的传播技术，迅速打造出具有世界知名度的"全球城市"，如纽约、伦敦、东京等。它们凭借自身的城市魅力和"磁力"，在聚集全球的资金流、信息流和人才流方面凸显优势，大大加强了城市综合实力和本国的软实力。在新的城市对外传播浪潮中，广州应把握机遇，通过打造使得本就具有实力的城市转型为"全球城市"。

广州，中国第三大城市，中国的南大门、国家中心城市，国务院定位的国家三大综合性门户城市之一，国际大都市，世界著名港口城市，中国南方的金融、贸易、经济、航运、物流、政治、军事、文化、科教中心，国家交通枢纽，社会经济文化辐射力直指东南亚。有着两千多年历史的广州，是中国最大、历史最悠久的对外通商口岸，海上丝绸之路的起点之一，有"千年商都"之称。作为中国对外贸易的窗口和国家门户城市，外国人士众多，被称为"第三世界首都"，是全国华侨最多的城市。笔者曾在《卫报》、《华盛顿邮报》和《悉尼先驱晨报》等三大报的官网上，对北京、上海和广州在2012年1月至2014年12月期间所做的报道进行比较分析，研究发现北京与上海在三大报官网上的报道率差距不大，分别为37.2%和33.5%；但广州的外媒关注度最低，仅占29.3%。作为中国三大经济辐射点之一的广州，却在境外国际形象上远逊于北京和上海这两大城市，这对于国家的文化和经济输出将造成极大的不利影响，特别是珠三角一带的广州经济辐射圈将不能得到长足的全面的发展。因此，描绘一个有足够清晰轮廓的广州，对外阐述一个与众不同的、广州独有的关键词，已成为当务之急。

一 以往研究中呈现的广州国际形象

广州在国际社会上具有一定的知名度，商业特色明显，人文特色不足。

根据2012年9月的一份"外国人眼中的广州城市形象"调查报告显示：有2/3的在穗外国人来穗之前均知道"广州"这个城市，受访者认为广州的国际知名度与莫斯科、吉隆坡、开罗等首都城市和曼彻斯特、釜山、洛杉矶、阿雷格里港、墨尔本等重要城市相当，这表明广州在国际上享有较高知名度。在形象定位细分方面，"经济发达、商贸活跃"是受访者对广州印象最为深刻的方面，其次是"特色饮食"，这两点是最能突出广州城市特征的元素，但对"世界文化名城"和"世界旅游目的地"这两个细分形象认同度不高。对于构成城市总体形象的具体感知上，受访者对广州的"购物环境和服务"最为满意。[1] 结合对其他相关项目的考察，可以得知在穗外国人普遍认同广州是一个宜商城市。

广州在国际社会上虽具有一定的知名度，但美誉度较低，与其作为中国第三大城市和国际大都市的身份不相符。于2010年8月公布的"中国国际形象最佳城市排名"显示，广州位于第15名，其中上海、北京、成都、南京、杭州、宁波、西安、长沙、昆明、长春等十座城市荣膺"中国（大陆）国际形象最佳城市"。[2] 广州的国际形象排名远逊于上海、北京且落后于一批华中、华北城市（华南城市大多居后），不仅是广州自身的影响力不足，而且连带华南地区的周边城市也受到影响。再者，广州作为国际旅游市场的地域优势有可能面临被消减的态势。中国入境游市场规模经过长时间高速发展之后开始呈现放缓的发展态势。2013年，我国接待入境游客12907.78万人次，同比下降2.51%。中国入境旅游人数增长率由2001~2005年的年均7.91%，降至2006~2010年的年均2.21%，2011年的1.24%，以及2012年的-2.2%。[3] 虽然广东仍是中国入境旅游第一大省，但在中国入境游市场逐渐萎缩的态势下，地域差异化缩减的状态逐渐显现，广东尤其是广州如

---

[1] 姚宜：《广州城市国际形象及其对外传播研究》，《城市观察》2013年第6期。
[2] 《中国国际形象最佳城市排名》，http://baike.baidu.com/link?url=5p7JIX0TSQjNMBtekOO5S7UsAcRbm73OTKLS9RMhn69DWNQxts1jxkK11jPvZqHWtDm2XuUAF8Hem_ON5g37tK。
[3] 《中国入境旅游发展年度报告2014》，http://www.cnta.gov.cn/html/2014-10/2014-10-21-%7B@hur%7D-58-33499.html。《中国入境旅游发展年度报告2013》，http://news.xinmin.cn/shehui/2013/12/28/23084859.html。

何向境外游客展现新的吸引力，发掘更多的自身潜力，是接下来需要考量的问题，并需要在城市名片的书写上进行转型。

二 当前境外人士对广州国际形象的认知调研

鉴于以往有关广州国际形象的研究止于2012年，且以在穗境内的外国人为受访对象，为获得最新数据，特别是使用新媒体的在穗境外人士的数据，笔者的本次调研以境外的新媒体用户为受访对象，通过境外的Facebook发送在线问卷调查。本次调研回收的有效在线问卷190份，调查结果如下。

问题一：Have you heard of the city of Guangzhou in China（你听说过中国的广州吗）？数据显示，广州作为一个中国城市名词在海外还是享有相当不错的知名度，无论是否熟悉，几乎都听过（见表1）。

表1 问题一"你听说过中国的广州吗"调查数据

单位：人次，%

选项	小计	比例
Yes(听说过)	160	84.21
No(没有听说过)	30	15.79
本题有效填写	190	

问题二：Have you been to Guangzhou（你去过广州吗）？数据显示，来过与没有来过广州的受访者各占一半，这说明虽然广州名声在外，但是吸引力仍然有限，并不能激发绝大多数的境外人士来广州观光旅游的冲动（见表2）。

表2 问题二"你去过广州吗"调查数据

单位：人次，%

选项	小计	比例
Yes(去过)	80	50
No(没去过)	80	50
本题有效填写	160	

问题三：What is your general impression of Guangzhou（您认为广州的城市整体形象如何）？数据显示，认为广州的城市形象"不错"与"一般"基本各占一半，极小部分受访者认为"差"（仅占6.25%）。这说明境外受众对广州的印象并不算差，这对于广州新的城市名片塑造和推广提供了较好的基础条件（见表3）。

表3 问题三"您认为广州的城市整体形象如何"调查数据

单位：人次，%

选项	小计	比例
Good（不错）	80	50
On average（一般）	70	43.75
Poor（差）	10	6.25
本题有效填写	160	

问题四：What is your first impression of Guangzhou（您对广州的第一印象更偏重于什么）？数据显示，广州的第一印象仍是现代化商业城市，在历史文化、旅游方面没有很好地体现出来。这说明广州先前进行的历史文化名城的对外宣传效果不明显（见表4）。

表4 问题四"您对广州的第一印象更偏重于什么"调查数据

单位：人次，%

选项	小计	比例
Modern metropolis（现代都市）	70	43.75
Historic city（历史文化名城）	30	18.75
A business city good for investment（一个较好的商业城市）	40	25.00
Tourism city（旅游城市）	10	6.25
An average provincial city（一个普通省会城市）	10	6.25
本题有效填写	160	

问题五：What positive images do you have of Guangzhou（您对广州的总体印象如何）？ 数据显示，没有一个受访者认为广州的环境好。在中国，

雾霾环境问题一直是个大问题,大城市尤甚。因此,建设美丽广州的第一步正是生态环境的改善。强大的经济实力和独特且美味的粤菜是绝大多数人的共同印象,这也能成为宣传广州的国际形象名片。其中,独特的美食文化是广州特有而且是可以大力宣传的一个重点。

另有受访者在"其他"中写到广州是个忙碌、脏乱的城市(bustling city;fucked up city)。虽然这只是个体印象,但是当问卷数目增加到一定数量时应该会成为一个有不少人选择的选项。拥挤的城市,尚未超级发达的交通,以及非商业发达地区的脏乱差的问题,仍然是政府面临的一个对外交流难题(见表5)。

表5 问题五"您对广州的总体印象如何"调查数据

单位:人次,%

选项	小计	比例
Good environment(环境很好)	0	0
Strong economy(强大的经济实力)	110	68.75
Attractive sights and historic places(迷人的风景,悠久的历史)	50	31.25
Rich cultural heritage(丰富的文化底蕴)	40	25.00
Unique and delicious Cantonese Cuisine(独特和美味的粤菜)	110	68.75
Good quality of citizen(较好的市民素质)	20	12.50
Convenient transport(交通便利)	50	31.25
Other(such as)(其他)	30	18.75
本题有效填写	160	

问题六:What negative images do you have of Guangzhou(你认为目前的广州还存在哪些差距)?数据显示,环境糟糕仍是广州的一大难题。由于海内外外来务工人口增加,广州无论是环境、交通、治安治理都有很大的难题,加上难以避免的雾霾,广州作为一座生活城市来说会给人一种不那么美好的印象。即使吸引了第一批旅游者,也很难出现回头客。因此,改善环境仍然是首要的问题。其次,市民素质有待提高是受访者的第二大印象。有受访者在"其他"中提到广州过于忙碌与秩序混乱(busy and chaotic)、机场个别工作人员欺骗游客(some minor officials at airports cheat tourists)、工人

不稳定的就业情况（unstable employment for average workers），以及可能引发的犯罪（possible criminality）等（见表6）。

表6 问题六"你认为目前的广州还存在哪些差距"调查数据

单位：人次，%

选项	小计	比例
Culture lack for character（文化缺乏个性）	20	12.50
Poor economy（经济较差）	0	0
The quality of citizens needs to be improved（市民素质要提高）	50	31.25
Poor transport（交通较差）	10	6.25
Infrastructure needs to be improved（基础设施需要改善）	20	12.50
Poor public security（治安需要治理）	40	25.00
Tourism can be enhanced（旅游业有待增强）	40	25.00
Poor environment（环境较差）	100	62.50
Other（such as）（其他）	40	25.00
本题有效填写	160	

问题七：What approaches could be adopted to improve the brand of Guangzhou（你认为可以从哪些方面推广广州的城市品牌）？有过半数的受访者提议从特色节日、历史文化这两方面着手，加强广州的城市品牌建设。与调查预想类似。有受访者在"其他"中建议采用广州的国际大都市形象（crazy Guangdong metropolis），或美食（weird food）来对外宣传广州的形象（见表7）。

表7 问题七"你认为可以从哪些方面推广广州的城市品牌"调查数据

单位：人次，%

选项	小计	比例
Unique traditional festivals（特色节日）	80	50.00
Tourist spots（旅游景点）	50	31.25
Sports events（体育赛事）	40	25.00
Exhibitions（会展）	30	18.75

续表

选项	小计	比例
History and culture(历史文化)	100	62.50
Environment(环境)	60	37.50
Big enterprises(大企业)	20	12.50
Entertainment(休闲娱乐)	50	31.25
Films(电影)	30	18.75
Other(such as)(其他)	20	12.50
本题有效填写	160	

问题八：What are the medium that you use to know about Guangzhou（您通过什么途径了解广州）？数据显示，网络、亲身经历以及人际传播占了很大一部分，特别是口碑相传似乎比官方媒体更有作用。而传统媒体，如报纸、电视、广播和杂志所占的比例都相当低。而受访者在"其他"中注明的内容也绝大部分是从人际传播为主（如friends having visited；our company has an office there；friends' stories，documentaries；meeting people who have lived and worked there；friends）（见表8）。

表8　问题八"您通过什么途径了解广州"调查数据

单位：人次，%

选项	小计	比例
Newspaper(报纸)	30	18.75
TV(电视)	20	12.50
Books and magazines(书和杂志)	0	0
Radio(收音机)	10	6.25
The Internet(互联网)	80	50.00
Personal experience(个人经验)	80	50.00
Other(such as)(其他)	50	31.25
本题有效填写	160	

问题九：What are the Internet applications that you use to know about Guangzhou（你通过哪些网络应用工具认识广州呢）？数据显示，广州信息的传播渠道太过零碎，没有一个主导性的传播渠道，而国外常用的新媒体应用平台 Facebook 也仅占 18.75%。但因受访者的年龄层次各异，若只限制 35 岁或 35 岁以下的受访者，出现的回复或许有所不同。再者，墙外似乎对墙内的信息知之甚少。这样的信息闭塞将导致一个很大的问题，如果没有国家政府的支持，广州的形象宣传将遥遥无期。另有受访者在"其他"中注明 Google 和 Wikitravel，这说明搜索引擎的传播渠道不可忽视。

表9 问题九"你通过哪些网络应用工具认识广州呢"调查数据

单位：人次，%

选项	小计	比例
Facebook	30	18.75
Twitter	10	6.25
Flicker	0	0
Youtube	10	6.25
LinkedIn	10	6.25
Trip Advisor	40	25.00
Lonely Planet	20	12.50
Other(such as)	100	62.50
本题有效填写	160	

问题十：Could you please rank your use of the following social media applications in a descending order, Facebook, Twitter, Flicker, Youtube, LinkedIn, Trip Advisor, and Lonely Planet（请你对下列的社交应用平台，包括 Facebook，Twitter，Flicker，Youtube，LinkedIn，Trip Advisor and Lonely Planet，按你最常用的标准进行降序排列）？调查表明，最常用的三个社交媒体网站为 Facebook，Youtube 和 LinkedIn。其中，仅有一受访者回答不使用任何社交媒体网站，其年纪在 50 岁以上。

问题十一：Could you write down the websites or social media apps that you use for seeking tourism information overseas（请写下你常用于了解境外旅游信息的网站或社交平台）？调查显示，境外受访者在搜索海外旅游信息时没有出现使用较为一致的网站或社交网络，即指在境外尚未出现权威的旅游信息网站供本地受众使用，但有近一半的受访者使用 Trip Advisor 网站，再者是Google 的搜索引擎，另有少数受访者提及通过本国的旅游信息网站获取他国的旅游信息，如 expedia. com. au 和 www. smartraveller. gov. au/zw – cgi/view/Advice/China（值得注意的是，我国尚未出现有可供境外受众查访我国信息的网站）。

问题十二：Do you think that reports on Guangzhou in your country are sufficient（您认为贵国媒体对广州的报道充分吗）？有一半的受访者认为不足，仅有小部分（略高于10%）的受访者认为母国关于广州的报道充分。这说明境外媒体对广州的报道率或报道充分度实在不够（见表10）。

表10 问题十二"您认为贵国媒体对广州的报道充分吗"调查数据

单位：人次，%

选项	小计	比例
充分	20	12.5
一般	60	37.5
不足	80	50.0
本题有效填写	160	

问题十三：What would you like to learn about Guangzhou through the media（你最希望媒介提供广州哪方面的信息）？大部分的受访者对广州的文化感兴趣，占 81.25%，其次是广州的旅游与经济。至于对广州的政治、体育、环境与军事方面感兴趣的受访者极少。有受访者在"其他"中注明对广州的民生（everyday life in the city）感兴趣，以及对当地民众如何参政议政（citizens engagement with regional government and employment bodies, such as companies, institutions, corporations）感兴趣（见表11）。

表11　问题十三"你最希望媒介提供广州哪方面的信息"调查数据

单位：人次，%

选项	小计	比例
Politics(政治)	40	25.00
Economy(经济)	80	50.00
Culture(文化)	130	81.25
Sports(运动)	30	18.75
Tourism(旅游)	100	62.50
Environment(环境)	60	37.50
Military(军事)	10	6.25
Other(such as)(其他)	30	18.75
本题有效填写	160	

问题十四：Which cities would you like to travel in China（如果去中国，你会去哪个城市）？北京、上海和香港是受访者选择较多的城市，仅有一小部分的受访者选择广州（26.32%）。很明显，广州对于境外游客的吸引力不足。有不少受访者在"其他"中注明诸如南京、成都、杭州、长沙、三亚、大连、沈阳、乌鲁木齐等（见表12）。

表12　问题十四"如果去中国，你会去哪个城市"调查数据

单位：人次，%

选项	小计	比例
Beijing(北京)	120	63.16
Shanghai(上海)	110	57.89
Guangzhou(广州)	50	26.32
Shenzhen(深圳)	60	31.58
Hong Kong(香港)	110	57.89
None(不清楚)	10	5.26
Other cities(such as)(其他城市)	40	21.05
本题有效填写	190	

问题十五：What is your age（请问你是哪个年龄段的）？绝大部分的受访者的年龄在31~40岁之间。

表13 问题十五"请问你是哪个年龄段的"调查数据

单位：人次，%

选项	小计	比例
≤18岁	0	0
18~25岁	0	0
26~30岁	20	10.53
31~40岁	70	36.84
41~50岁	50	26.32
51~60岁	40	21.05
≥60岁	10	5.26
本题有效填写	190	

从以上调查问卷的结果可以看出以下几点：第一，广州仍然处于一个有声而无名的状态，虽然大家都能说出广州现代化、经济发达的特点，但是对于一个城市的文化层面的信息大家都知之甚少。第二，作为一座国际大城市，广州在发达的表面背后，还有因为人流过多导致的治安问题、城镇开发速度过快和人员迁移政策跟不上导致的城中村等问题，广州要想成为一座宜居、宜旅游城市仍有许多需要完善的地方。第三，口碑传播是目前效果比较好的传播形式，这给广州指出了对外传播渠道。同时由于广州先前在国外信息平台上的信息发布主动性过差，导致广州的很多形象传播不出去，这个需要在此后的推广中进行改善。第四，比较有旅游消费能力的人中以西方发达国家的人居多，对这些人来说，东方文化是很新鲜的事物。因此，大力发展广州的文化产业，是一个可以值得去努力的方向。

三 城市国际形象对外传播的新趋势

（一）从城市单一的景点传播转向城市立体的文化传播

景点宣传可以让很多对此景点感兴趣的游客集中到此城市，但是这样的宣传渠道过于单一，辐射面小，可以吸引的游客种类也比较单一，对周边城市的经济带动作用小，且不易产生重复消费。祖金认为城市文化的概念覆盖一座城市的所有设施，包括博物馆、剧院和音乐厅，以及传统景点和高级的文化景点，还包括流行音乐、时尚、民族风情和体育。[1] 城市文化是城市的新标识，是新兴的服务经济创新力量的委婉说法。城市文化活动已成为改善城市形象、为城市添加生活元素、加强公民对其所在城市认同感的一种有效手段。[2] 以上的城市文化理论将一座城市的形象描述为可视与可感知两个部分，分为硬件和软件。硬件如一座城市的地标、传统景点及博物馆、剧院、音乐厅等文化建筑，软件如一座城市的流行音乐、时尚、民族风情及体育。城市文化涉及城市的设施和服务，能够为城市的投资和就业创造机会。

在国外，许多旅游城市的旅游局向消费者推介的不是某个景点或某个游乐场所，他们推介的是当地的文化。以美国加利福尼亚州（以下简称加州）在中国的微博社会化营销为例，加州旅游局在中国社交媒体以"#家庭乐#（主题公园）""#阳光面对面#（沙滩和森林公园）""#文艺范儿#（博物馆和艺术文化）""#吃货游踪#（美食美酒农作物）"，以及"#奢华之旅#（购物享受）"五个文化主题作为核心支柱进行营销宣传，向消费者全面地介绍加州的家庭文化、沙滩文化、艺术文化、美食文化，以及奢华文化。[3] 五个不同的文化主题覆盖了普通消费群、中产消费群，以及高端消费群等三个不同的消费群体，消费者各取所需。通过这一系列的互动活动，让"加州"从一个词语变成了一类文化的代名词，大大吸引了其他原本不熟悉加州的消费者。

（二）从我行我素转向以受众为中心的全民传播

很多城市的对外形象都靠"宣传"：我说什么你就得听什么，我想让你

---

[1] Greg Richards and Julie Wilson. "The Impact of Cultural Events on City Image: Rotterdam, Cultural Capital of Europe 2001". *Urban Studies*. 2004. Vol. 41 (10).
[2] Greg Richards and Julie Wilson. "The Impact of Cultural Events on City Image: Rotterdam, Cultural Capital of Europe 2001". *Urban Studies*. 2004. Vol. 41 (10).
[3] 陈亮途：《加州旅游局如何通过社会化媒体吸引中国旅游者？》，http://www.socialbeta.com/articles/how-california-effectively-use-weibo-china.html。

知道什么你就只能知道什么。这种"自上而下"的、单向的、以传播者为中心的传播方式，因传播者高高在上、以自我为中心而导致宣传效果不佳，受众参与性不高。实现从"对外宣传"到"对外传播"的转变，要求传播者遵循传播规律，充分了解传播对象的诉求，采用符合传播对象接受和理解方式的传播手段开展传播活动。对外传播是一种"自下而上"的、双向互动的、以受众为中心的传播方式。

在"对外传播"理念基础上提出的"全民传播"理念，更加符合新媒体环境下的传播规律。"去中心化"是新媒体环境下传播的最大特点之一。在新媒体环境下，"人人即媒体"。受众由单纯的信息接受者转变成信息的传播者与接受者的双重身份，即每一个个体都可以发布信息，参与信息的制作与传播过程，影响传播的进程。全民传播理念在城市国际形象传播中的提出，意味着要重视城市形象传播主体向多元化趋势的转变，即城市公共部门、城市内部企业和市民、城市外部民众共同构成城市形象传播的主体，具有城市形象传播的全民化效应。这意味着在城市对外传播中，除了要重视政府传播之外，还要发动非政府组织、智库和普通民众参与传播，构建多元化的、平等的、互动的沟通机制，形成政府与非政府等多种传播渠道，营造良好的交流传播环境。

（三）从单一传播渠道转向多向互动传播的新媒体传播

为适应传播媒介多元化，以及受众接收信息渠道多元化的传播实践要求，学界和业界提出在城市对外传播上应有全民传播的理念，即要集合报纸、杂志、广播、电视、网络等多条传播渠道，建立多维的媒体传播平台，全面覆盖不同阶层和喜好的受众，让他们可以选择适合自己的媒介来接收信息并随时进行反馈与分享。鉴于新媒体公信力和权威度逊色于传统媒体，有学者提出应在传播策略上对新旧两类媒体扬长避短，形成优劣互补的媒介组合，实现最佳的传播效果。但笔者认为，在城市国际形象的对外传播策略上，应采用以新媒体传播为主、传统媒体传播为辅的传播策略。

新媒体通信技术的迅猛发展正快速地改变人们的信息传播思想与行为，引发全球对外传播格局的变革。根据美国商务科技新闻网站（Business Insider）发布的报告，目前全球互联网的使用人数已经超过了全球三分之一的人口，而且这个比例将不断地提高；2012年全球智能手机的销量已经超过了PC的销量，PC的发展开始趋于饱和，智能手机仍有巨大的成长空间；没有被移动设备所渗透到的人群是穷人和老人；人们使用移动设备主要是为了玩游戏和上社交网站，这两个是目前存在着巨大广告空间的地域，也将是新媒体传播的主要攻坚地。[1] 因此，从世界的格局上看，消费的主体已经越趋年轻化，曾经的经济消费主力已经老去，新一代的消费群体正在形成。世界的消费主力20~50岁的这批人群正在不断拥抱互联网，并逐渐向移动互联网方面靠拢，穷人和老人将不是新媒体传播平台上的消费主力人群。更重要的是，移动互联网将是未来广州进行城市国际形象传播的重点，新媒体将成为国外受众获悉中国情况的主要渠道。因此，在广州的国际形象对外传播中，除了建立传统的英文网页，设立脸谱、推特等社交媒体专页，还应主动开发并在海外推广英文主打的广州城市旅游类App，将城市有趣的话题提供给海外庞大的用户进行分享和传播。

（四）增强城市视觉辨识度的差异化

长久以来城市就以振兴本国经济、创造基础设施和举办活动来作为改善自身形象的一种手段，诸如通过举办世界贸易博览会、大型展览会、大型体育赛事等大型活动提升自身影响力。但由于全球经济日趋一体化，更多的城市被拉入竞争激烈的世界大环境中，建筑的形状、基础设施和服务的地方性差异也逐渐趋于零。"浪漫之都""山水城市""活力城市""历史文化名城""商业中心""海滨城市"等这些大同小异的城市符号已不能让一座城市在众多城市中脱颖而出。因此，城市需要找到新的方

---

[1] 《Business Insider：全球网民数据超过20亿占总人口1/3》，http://www.199it.com/archives/71995.html。

式来区分自己与竞争对手,设计城市自身的 CIS 系统,提高辨识度,打造新名片。

四 广州国际形象对外传播策略

从以上讨论可见,当前世界消费格局已经发生改变,消费的主体已经越来越年轻化,曾经的经济消费主力已经老去,新一代的消费群体正在形成。城市国际形象的对外传播必须紧跟时代,所以广州的新名片传播也应该迎合新一代消费群体的活动习惯、行为特征、思维特性,以及信息渠道。新一代的消费群体大多数生长在或者活跃在互联网的发展期,喜欢接受新事物,好奇、活跃,追求简单,讲求个性,同时接收信息的主要渠道是网络,特别是移动互联网终端。因此,广州国际形象的对外传播渠道必须以新媒体平台(以手机等移动网络终端作为载体的信息平台)作为主要的突破口,对外传播对象主要为年轻的新媒体消费群体。

广州国际形象在对外传播内容上要结合"美丽广州"的理念。"美丽广州"源自十八大报告提出的"美丽中国"理念。报告指出要把生态文明建设放在突出地位,融入经济建设、政治建设、文化建设、社会建设的各方面和全过程。围绕这一理念,广州全力推进新型城市化建设,重点打造以花城、绿城、水城为特色的生态城市,实现生态文明建设思路从"发展优先"向"以人为本"的转化,并力图从城市建设与规划、绿色科技、生产方式和产业结构等角度探讨"美丽广州"的实现路径。但域外媒体在报道广州时往往聚焦于人口混杂、治安欠佳、制假售假、空气污染、环境退化等负面议题,对广州近十年在环境治理与治安整治方面取得的成果鲜有报道。因此,当务之急是广州在对外传播内容上要力图传递"绿色、生态、友好的'美丽广州'"形象。在传播理念上,应走社会化的全民传播路线,以文化传播为载体,在国外新媒体平台上宣传"美丽广州"的新国际形象。就此笔者制定了以文化传播为主导,以"制造文化认同感—激活文化体验—刺激文化寻求"为主线的广州国际形象对外传播策略,具体内容如下。

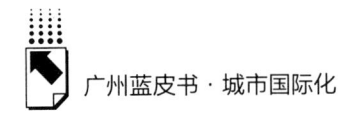

（一）制造文化认同感

在一份针对外国人媒介使用习惯的调查中发现，国外受众在到达中国之前对中国城市的认知通常是通过人际传播的方式获得的，其次是母国媒体，中国媒体的影响十分微弱。[1] 想要让人际传播这一最主要的传播渠道发挥作用，首要的就是培养一批人的文化认同感，让他们热爱广州、了解广州，并能主动去向他的亲友传播广州。在加州旅游局为吸引中国国内游客的社会化营销策略中，就是将其中的一部分目标人群锁定为喜欢在网上寻找和分享旅游资讯的人，这部分人群不仅是意见领袖，也是潜在消费者；这种宣传既可以传播口碑，也可以刺激消费。新媒体中的社交媒体具有人际传播的特点，而社交媒体的用户大部分是年轻用户。因此，首先我们要打动的就是包括在广州境内的国内外新媒体年轻用户。

（二）激活文化体验

为培养境外年轻的新媒体用户对广州的文化认同感，此次广州境外营销策略的第一步是激活境外新媒体用户对广州的文化体验。活动一：联合国内外社交媒体上的旅游达人发布"发现广州"系列专题。通过邀请或者是向国内外社交媒体上的旅游达人发布优惠信息，邀请他们来到广州进行一次自由的广州旅行探索，报销交通和住宿费用，通过一定时间的广州生活，在自己的社交圈上发布广州文化游记。然后政府通过收集这些游记进行出版或者社交传播，达成文化旅游的二次传播。活动二：与国外友好城市共推"遇见广州"活动。与海外友好城市进行合作，举办"遇见广州"系列活动，可以通过展览或表演的形式，在友好城市中或分散或集中，或在闹市区中进行广州特色的表演，吸引当地群众自发分享新鲜有趣事物。再正式举办一次大型活动，来向民众介绍广州与当地的关联之处、相同或相异的地方，激发旅游兴趣。活动三：在国内外社交媒体上发布广州CIS系统征集活动。世界

---

[1] 姚宜：《城市国际形象对外传播的策略创新》，《新闻知识》2013年第7期。

上约有1.2亿人使用粤语,粤语是美国、加拿大的第三大语言,澳洲的第四大语言。海外广东人的分布范围很广,可以通过这批人来进行社交传播。具体活动过程是先在社交媒体发布广州CIS征集活动,通过活动激发海内外广东人的共鸣,并且线上与线下结合,在适当的时机将线上征集转为线下展示,通过虚拟和现实双曝光的结合,刺激境外人士的兴趣,主动向其身边的广东人询问有关广州的细节。

(三)刺激文化寻求

当传播者产生了文化认同感,海外消费主力感受到了广州的文化魅力之后,下一步是制造一个契机刺激海外年轻的新媒体用户来穗进行文化寻求。活动一:制作与发行虚拟游戏"广州大乱斗"。即仿照"大富翁""植物大战僵尸""啪嗒砰"等机制比较简单的游戏,制造以广州文化为外表的手机游戏,通过手机游戏的形式向国内外新媒体使用者展示此前执行之后所得到的广州文化之旅的结果。活动二:与境外国际航班合作定制"广州72小时"的中转机票及广州72小时往返机票。结合现在机场的72小时免签政策,与境外航班合作,将部分中转广州的航班的中转时间改为72小时,或是增加附有往返机票的广州72小时机票套装服务,并在此航班上自动加上酒店免费预订、半价房费服务,游客下机后可以享受直达酒店的交通服务以及广州两日游的旅游指引。再通过航空公司自身的社交渠道发布"摇一摇、扫一扫赢取免费机票"的活动,通过社交媒体抽奖的形式促销此类航班的机票。

以上是针对当前新媒体环境下提出的广州国际形象对外传播策略。总之,在具体的传播方案上,传播内容应结合"美丽广州"理念,即将生态文明融入城市发展建设中,使得广州变得更加宜居,在文化上更有魅力,在经济上更加强盛,在环境上更加友好,在民生上更有保障;在传播对象上,应锁定境外年轻的新媒体用户,他们充满活力,具有不断增长的消费力,而且对世界仍然具有相当的好奇心;在传播渠道上,应选择以社交媒体和移动手机媒体为主导的新媒体平台,人际传播和全民传播相结合,让

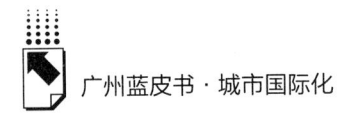

年轻的新媒体用户形成对广州的二次传播。总之，以"美丽广州"作为广州的形象名片和对外传播的内容，传播风格力求轻松、活泼、有趣、简短；以新媒体平台作为主要的传播渠道，以年轻的新媒体用户作为主要的目标传播对象；坚持双向软传播模式、政府和民间传播相结合作为传播主体，与国外民众建立持续、广泛的联系，这将更有利于对外传播广州的国际形象。

B.6
充分利用国际友好城市资源 促进广州国际化全面发展

广州市政协对外友好界别课题组*

摘　要：	利用国际友好城市资源、加强与国际友好城市合作，对推进城市国际化发展有促进作用。本文分析了广州国际友好城市的优势资源，并提出要充分利用友好城市资源，依据友城优势点、广州需求点和双方互补结合点原则，加大经贸和产业等全方位合作力度，以促进广州国际化全面发展。
关键词：	广州　国际友好城市　开放合作

广州自1979年结交第一个国际友好城市以来，至2014年共结交了36个友好城市、23个国际友好合作交流城市，分布于六大洲33国。如此丰富的国际友城资源，为广州建设国际商贸中心城市、推动城市国际化发展提供了良好机遇。

随着经济全球化的深入发展，国际上出现了许多新情况和新问题，诸如WTO功能弱化、贸易保护主义有所抬头、区域经济发展开始强化等。中国经济经过30多年的高速发展，速度调整、结构调整已成为新常态，为保持经济的持续平稳发展，中国需要更加注重奉行开放、自由的双边与多边贸易

---

* 课题组成员：平欣光，广州市政协副主席；李三建，广州市贸促委巡视员；王福春，广州市贸促委副主任；莫景洪，广州市侨办副主任；叶静敏，广州市工信委处长；王永平，广州市商务委副处长；姚健健，广州市外办处长。

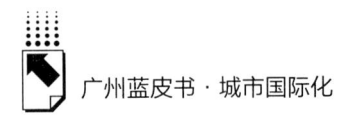

表1 广州市国际友好城市一览表（按签约时间先后顺序排列）

城市名称	国家	签约时间	国家自贸协定	目前已交流的城市项目
福冈	日本	1979年5月2日	有	
洛杉矶	美国	1981年12月8日		三城经济联盟
马尼拉	菲律宾	1982年11月5日	有	
温哥华	加拿大	1985年3月27日		
悉尼	澳大利亚	1986年5月12日		
巴里	意大利	1986年11月12日		
里昂	法国	1988年1月19日		
法兰克福	德国	1988年4月11日		
奥克兰	新西兰	1989年2月17日	有	三城经济联盟
光州	韩国	1996年10月25日	有	
林雪平	瑞典	1997年11月24日		
德班	南非	2000年7月17日		
布里斯托尔	英国	2001年5月23日		
叶卡捷琳堡	俄罗斯	2002年7月10日		
阿雷基帕	秘鲁	2004年10月27日	有	
泗水	印尼	2005年12月21日	有	
维尔纽斯	立陶宛	2006年10月12日		
伯明翰	英国	2006年12月4日		
汉班托塔	斯里兰卡	2007年2月27日		
累西腓	巴西	2007年10月22日		
坦佩雷	芬兰	2008年12月2日		
曼谷	泰国	2009年11月13日	有	
布宜诺斯艾利斯	阿根廷	2012年4月16日		
迪拜	阿联酋	2012年4月18日		
科威特城	科威特	2012年4月25日		
喀山	俄罗斯	2012年7月6日		
伊斯坦布尔	土耳其	2012年7月18日		
哈拉雷	津巴布韦	2012年9月3日		
圣何塞	哥斯达黎加	2012年9月11日	有	
登别	日本	2012年11月15日	有	
巴伦西亚	西班牙	2012年12月29日		
拉巴特	摩洛哥	2013年10月3日		
罗兹	波兰	2014年8月20日		
艾哈迈达巴德	印度	2014年9月17日		
博克拉	尼泊尔	2014年11月29日		
基多	厄瓜多尔	2014年11月29日		

资料来源：广州市人民政府外事办公室。

充分利用国际友好城市资源促进广州国际化全面发展

表2　广州市国际友好合作交流城市一览表（按签约时间先后顺序排列）

城市名称	国家	签约时间	国家自贸协定	目前已交流城市与项目
萨尔瓦多	巴西	1996年4月9日		
胡志明市	越南	1996年4月14日	有	
大分	日本	1997年10月9日	有	
哈巴罗夫斯克	俄罗斯	1997年10月15日		
关岛	美国	2002年3月28日		
墨尔本	澳大利亚	2003年4月9日		
亚历山大	埃及	2003年7月17日		
巴塞罗那	西班牙	2003年10月29日		
比什凯克	吉尔吉斯	2004年12月1日		
哈瓦那	古巴	2005年6月15日		
杜塞尔多夫	德国	2006年7月25日		
墨西哥城	墨西哥	2010年11月19日		
休斯敦	美国	2012年4月9日		
圣地亚哥	智利	2012年4月13日	有	
米兰	意大利	2012年7月25日		
布拉格	捷克	2013年4月25日		
平阳(省)	越南	2013年8月22日	有	
科英布拉	葡萄牙	2013年10月20日		
仁川	韩国	2013年12月6日	有	
金边	柬埔寨	2013年12月13日	有	
圣彼得堡	俄罗斯	2014年1月12日		
第比利斯	格鲁吉亚	2014年1月13日		
波士顿	美国	2014年8月28日		

资料来源：广州市人民政府外事办公室。

体制。在国内，继建立上海自由贸易区后，中国又相继批准建立广东、天津、福建3个自由贸易试验区。在国际上，中国与瑞士、冰岛等国以及东盟等相继签署了自由贸易协定并开始实施，与韩国、澳大利亚等国的自由贸易协定已结束实质性谈判，"一带一路"、亚太经合组织（APEC）、金砖国家等经贸合作与发展框架也正如火如荼地建设，中国的对外开放呈现新的发展趋势。

作为改革开放前沿的广州，在新的国内国外经济形势下，经济发展同样面临新的机遇与挑战。市委、市政府高瞻远瞩，坚持"以外经外贸为导向"

的发展战略，持续加大招商引资力度，成立了全市招商引资工作联席会议，全力推动广州对外经贸发展。为此，建议在国际经贸等领域的交流合作中，充分利用友城资源，推动广州经贸等领域的国际化发展。

一是充分利用友城资源开展全方位交流与合作。友城资源是多元化、多层次的，涵盖城市发展的各个方面，广州在经济、科技、教育、文化、卫生等各个领域都有和友城合作的巨大空间。为了更好地通盘布局，建议未来明确由市领导牵头，成立由市人大、市政协外事委员会，以及市外办、市商务委、市工信委、市贸促委、市侨办、市文广新局、市教育局及旅游等部门组成的"广州国际友好城市工作联席会议"，办公室设在市外办，定期和不定期召开会议，统筹友城工作，为各机构搭建联系沟通平台，让友城工作形成常态化机制。要明确分工，具体工作由组长单位市外办牵头，副组长单位市商务委、市贸促委全力配合，充分利用友城资源及广州市华侨众多的优势，成立各部门友城工作组，挖掘与友城的合作点，形成定期沟通与对接的机制。

二是梳理友城资源，精准对接各领域产业合作。将友城资源分类，按照不同领域、不同行业、不同专业建立友城动态优势产业库，根据"友城优势点、广州需求点、双方互补结合点"原则，有序地推动广州和友城之间在重点领域的精准合作，积极实施广州市的"走出去、引进来"战略。

第一类是科学技术先进、资本高度集聚的城市，如洛杉矶、里昂、布里斯托尔、坦佩雷等，建议发展成为广州实施"引进来"战略、高新技术产业合作和引进外资的主要对象。结合广州实际情况，引进国际领先的产业技术和雄厚的资本，如洛杉矶的信息技术和娱乐业，里昂的纺织、生物医药和机械制造业，布里斯托尔的工程和航空业，坦佩雷的纺织业和金属业等，都处于世界一流地位，值得学习、借鉴和引进。

第二类是互补性很强的双向合作对象，如德国的法兰克福、瑞典的林雪平、澳大利亚的悉尼等城市，可利用其产业优势及发展需求，实施"走出去"与"引进来"并举战略。以法兰克福的会展业为例，全球每年举行的150个国际专业展会中，有2/3是在德国举办的，而法兰克福更是自1948

年以来一直被全球会展界公认业绩最佳的城市之一，由政府全资持有的法兰克福展览有限公司是全球最大规模的展览会主办单位之一，在全球设有28家子公司，业务覆盖150多个国家及地区。广州市作为全国三大会展城市之一，可以在鼓励、带领企业"走出去"到世界舞台上参展的同时，深入探索与法兰克福合作办展、交流办展机制，并借鉴天津引进夏季达沃斯会议的先进经验，争取将法兰克福的先进展览会和大型国际会议"请进来"到广州。

第三类主要是东南亚、南美和非洲的一些经济尚在起步阶段，但市场潜力巨大、土地供应量充足、人力成本和投资准入要求相对低的友好城市，利用广州商贸业和工业相对发达的优势，一方面在那里开发"广货"新兴市场，另一方面帮助广州企业"走出去"投资设厂、开展贸易等，推动广州、经济"走出去"发展。

第四类是对一些暂时经贸交流还不活跃的城市，如意大利的巴里、南非的德班、日本的大分等，应保持联络渠道畅通，查找原因，寻找合作的突破口。

表3 广州友城产业优势一览表

序号	城市	优势产业
北美洲		
1	洛杉矶（美国）	飞机、汽车、造船、钢铁、建筑、石油、化工、科学研究和开发、电影业
2	温哥华（加拿大）	林木业、港口、旅游业、电影业
大洋洲		
3	奥克兰（新西兰）	旅游、会展、造船、畜牧、文化、体育、创意
4	悉尼（澳大利亚）	金融保险、财产及商业服务、零售业、电子设备等制造业、健康及社会服务业
南美洲		
5	阿雷基帕（秘鲁）	矿产、纺织（美洲驼绒纤维）
6	累西腓（巴西）	纺织、制糖、食品、烟草、化学、玻璃、冶金、IT通信、旅游、农业
7	布宜诺斯艾利斯（阿根廷）	机械制造、农牧加工、金融、矿产、旅游
8	圣何塞（哥斯达黎加）	纺织、制革、制鞋、烟草
9	基多（厄瓜尔多）	金银工艺品、木器雕刻、教育业、旅游

续表

序号	城市	优势产业
欧洲		
10	里昂(法国)	纺织、机械制造、重型车辆制造、电子电器、化学、制药
11	坦佩雷(芬兰)	金属、纺织品、机械工程、信息技术、通信设备、文化、教育和科研
12	法兰克福(德国)	会展、化工、机械、汽车、医药、金融、文化
13	伯明翰(英国)	汽车、机床、电器、飞机零件、化工
14	布里斯托尔(英国)	纺织、工程、航空、电信、农业
15	巴里(意大利)	食品加工、石油化工、建筑材料、橡胶制品、电气机械、汽车零配件
16	巴伦西亚(西班牙)	汽车、机械、食品加工、石化、造船、轻工纺织、农业
17	林雪平(瑞典)	高科技、航空、新型材料、医学
18	维尔纽斯(立陶宛)	机械制造、纺织、木材加工、食品
19	叶卡捷琳堡(俄罗斯)	冶金、机械、电器电子、化工、橡胶、食品
20	喀山(俄罗斯)	机械、飞机制造、石油化工、轻工、食品
21	罗兹(波兰)	纺织、制造、教育、文化
亚洲		
22	迪拜(阿联酋)	非石油贸易、港口
23	艾哈迈达巴德(印度)	棉纺织业、纺织机械、电工器材
24	登别(日本)	旅游、温泉
25	福冈(日本)	金融、信息、设计
26	光州(韩国)	汽车、机械、电器、电子、光产业、设计
27	科威特城(科威特)	石油化工、化肥、建筑材料
28	马尼拉(菲律宾)	纺织、水泥、制革、橡胶、医药、汽车装配、石油加工、制糖、椰油、卷烟、食品、锯木、造纸等初级产品加工
29	曼谷(泰国)	炼油、汽车装配、纺织
30	泗水(印尼)	食品、橡胶、石油等大宗原料进出口、港口纺织、化工、玻璃等工业制造
31	汉班托塔(斯里兰卡)	食品、旅游、港口
32	博克拉(尼泊尔)	旅游业、酒店业
33	伊斯坦布尔(土耳其)	港口、纺织、食品、玻璃、机械、汽车制造、船舶修造
非洲		
34	哈拉雷(津巴布韦)	铬矿、金矿、烟草
35	德班(南非)	会议、旅游
36	拉巴特(摩洛哥)	纺织业和手工业(毛毯、地毯和皮革)、食品工业

资料来源:广州市工业和信息化委员会。

表4　广州友好合作交流城市产业优势一览表

序号	城市	优势产业
北美洲		
1	波士顿（美国）	高等教育、医疗保健、科研、金融、航运港口、生物工程
2	休斯敦（美国）	石油工业、石化工业、航天工业、航运业
3	墨西哥城（墨西哥）	社会治理、公共交通、文化产业、交通运输
4	哈瓦那（古巴）	旅游、社会保障、文化遗产保护、医疗卫生、高等教育、手工业（烟草制糖）
大洋洲		
5	墨尔本（澳大利亚）	旅游、会展、造船、畜牧、文化、体育、创意
6	关岛（美国）	旅游观光
南美洲		
7	萨尔瓦多（巴西）	纺织、陶瓷、汽车、化工、冶金、造船
8	圣地亚哥（智利）	贸易投资、金融、矿产、农业
欧洲		
9	哈巴罗夫斯克（俄罗斯）	机械制造、采矿、木材加工及造纸
10	巴塞罗那（西班牙）	旅游业、工业设计、创意产业、化工、精密仪器、纺织品、船舶
11	杜塞尔多夫（德国）	创意产业、广告、服装、展览业、通信业、钢铁产业
12	米兰（意大利）	时尚产业、教育、纺织、皮革、出版业、航空、冶金、化学工业
13	布拉格（捷克）	运输机械（汽车、机车和车辆）、机床、电机、矿山机械、建筑机械、农机、化工、纺织、皮革、印刷
14	科英布拉（葡萄牙）	教育、医疗卫生、羊毛加工、陶土工艺
15	圣彼得堡（俄罗斯）	金融、造船、工业
亚洲		
16	胡志明市（越南）	空港海港等物流、旅游业
17	大分（日本）	环保产业、农业、旅游业
18	比什凯克（吉尔吉斯斯坦）	机械制造业、金属加工业
19	平阳（越南）	加工业
20	仁川（韩国）	文化创意、空港海港等物流（管理权限在中央）
21	金边（柬埔寨）	旅游
22	第比利斯（格鲁吉亚）	食品加工（葡萄酒、油脂等）、旅游业
非洲		
23	亚历山大（埃及）	海运、造船

资料来源：广州市人民政府外事办公室。

三是由政府与商协会结合开展经济文化交流活动，形式多样化、灵活化。依据友城动态优势产业库，分领域、分行业开展各类有针对性的经贸交流会、产业对接会、行业推介会等多种形式的经贸交流活动。而且，要有别于正式的外交活动，企业间的经贸活动本来就带有民间性质，完全可以采取更加灵活、民间化的商会合作模式，引入两国企业、商会的资金支持，减少西方国家民众对于公共财政支出的疑虑。建议在友好城市的基础上，通过友城政府穿针引线，对应开展"友好商会"结盟工作，加强商会间的合作和企业间的沟通。在广州，市贸促委属于市政府直管的群团组织，同时又拥有广州国际商会的名号和职能，在对外商事交往中有较高的认可度，又有较丰富的国际活动组织经验。因此，友城的经贸类交流可由市商务委等政府部门与市贸促委共同牵头，全力开展。

四是以广州为连接点，探索建立多城经济联盟。以互惠互利为原则，推广广州与美国洛杉矶、新西兰奥克兰建立"三城经济联盟"的经验和模式，推动更多的互为国际友城或 UCLG 会员城市，以广州为纽带整合各城市的产业优势和需求，探索建立多城经济联盟，以优势互补的方式促进多方经济共同发展。

五是利用自贸协定签署和实施的大好时机，更好地开展友城经贸合作。更好地利用广东建立自由贸易试验区，以及中国与广州友好城市所在国，如东盟诸国、韩国、澳大利亚、新西兰、秘鲁等国签署和实施自贸协定的大好时机，加大宣传和推广力度，进行动态政策与实务对接，促使广州企业与外方企业更深入了解自贸协定及相关协定的内容与政策，更好地推动广州经贸等领域"走出去"与"引进来"互动发展，包括服务手段和贸易的便利化，更多地实施国民待遇、最惠国待遇，以及货物贸易的优惠包括零关税等等。

六是加强与驻穗领事馆商务处、境外驻穗商协会的合作。广州友好城市所在国，很多都在广州设有领事馆，友城所在国的贸易机构和商协会也在广州设有代表处。建议加强与驻穗领事馆商务处、境外驻穗商协会的合作，包括定期或不定期举办联席会议及跨国投资论坛，组织企业直接对接和互访，充分利用所能利用的资源，更多、更好地及时了解和相互利用资源，促进多边经贸合作发展。

七是从广州经济发展优势出发，有选择地缔结新的国际友好城市和国际友好合作交流城市。包括与经济发达、发展水平高的美、欧、日等发达国家城市建立友好城市关系，加大招商引资力度，提升广州国际化水平。如美国加州的圣何塞市，是硅谷的中心所在，与广州大力发展信息产业有很大的合作空间，有与广州加大合作交流的愿望，可以加强联系与合作，争取发展成为友好城市。同时，与非洲、东南亚等投资贸易市场国家城市建立友好合作关系，推动广州企业"走出去"，积极开拓新兴市场。

B.7 广州城市多边外交实践的机遇与挑战

广州市外办多边合作工作组

摘　要： 本文介绍了广州在世界大都市协会、世界城市和地方政府组织中的多边交往历程，分析了当前广州城市多边外交实践的机遇与挑战，提出在整合、盘活现有多边合作平台方面，进行创新多边交往工作途径和方式的有益探索。

关键词： 多边交往　城市　世界大都市协会　城地组织　广州

2014年10月6～10日，世界大都市协会（Metropolis）第十一届世界大会在印度第六大城市——海德拉巴举行。会议期间，选举产生了协会新一届领导层。广州市与西班牙巴塞罗那、德国柏林、南非约翰内斯堡、巴西圣保罗、加拿大蒙特利尔共同当选世界大都市协会首任联合主席城市。会议同时决定，由广州市承担协会亚太地区联络办公室职责，负责统筹和支持协会亚太地区会员城市参与各项工作与活动，并推动和加强协会在该地区的国际影响。

世界大都市协会成立于1985年，是随着国际城市多边交往而兴起、发展起来的面向全球大型城市的国际性组织。协会目前共有139个会员城市，分布在世界各国，均是人口超过100万的大型城市。协会致力于解决城市问题和促进城市的可持续发展，并代表各会员城市开展与有关国际机构和团体的对话与合作，为全世界的大型城市搭建经验交流与资源共享的国际平台。

这是继广州连续三届担任世界城市和地方政府组织（简称城地组织，UCLG）联合主席之后，再次进入国际重要多边组织的核心领导层，并首次担任国际组织的地区枢纽，可以说是广州近年来探索城市多边外交实践的又一次有益的尝试，其意义主要体现在以下三方面。

第一，提升广州的国际区域中心城市辐射作用。在世界大都市协会的139个会员城市中，67个来自亚太地区，其中不乏曼谷、首尔、悉尼、雅加达、吉隆坡等首都城市和国际知名城市。借助协会在亚太地区的会员与合作伙伴网络，以广州为核心，将大大提升广州在该地区的辐射作用，使广州有机会借助世界大都市协会的平台，扩大国际交往网络。尤其是亚太地区作为全球战略发展的新兴重要地区，集中了大量海上丝绸之路沿线国家，大力加强与该地区城市的务实交往与经贸合作，对于广州市配合中央总体战略部署，推动城市双边外交具有促进意义。

第二，提升广州的全球城市创新引领作用。近年来，通过广州国际城市创新奖（简称"广州奖"）在全球范围的全面推广，"城市创新""创新城市"已逐步成为广州在城地组织和世界大都市协会平台上的一张闪亮名片。海德拉巴大会期间，世界大都市协会面向全球发布《市长之声》文集，首批收录包括广州市市长陈建华在内的13位全球知名城市市长的署名文章。文章各自围绕一个主题，以第一人称叙述经验，交换城市管理不同领域的成功范例。广州以"创新型城市"为题，就全面加快广州国家创新型城市建设提出了思考和建议。据悉，逐步完善的《市长之声》文集将于2016年在联合国第三次人居大会上正式向联合国提交。

第三，提升广州城市治理的国际参与度。在全球城市化浪潮方兴未艾之际，城市在发展过程中深受"城市病"的困扰，而且，城市所面临的许多困难和问题都带有浓厚的普遍性和全球性色彩，如经济问题、资源问题、环境问题、公共服务问题等，一个城市在某一发展阶段面临的挑战，往往可以在其他城市的发展路径中找到答案。

以城地组织（UCLG）和世界大都市协会为代表的国际地方政府组织一直致力于围绕城市治理、社会融合、城市创新等主题，通过交流与服务，促进城市的全面、和谐、可持续发展。在广州的积极参与下，世界大都市协会采用项目组（Metropolis Initiatives）的模式，由会员城市与合作机构共同发起，学术专家和研究机构参与，围绕具体项目进行定时、定期、定任务的国际项目合作。项目内容涉及社会人居环境改善、城市创新能力建设、创新项目及资源分享平台、绿色经济、基础设施建设融资等方面，并通过世界大都市协会平台获取资金支持和专家支持。与此同时，协会的妇女联盟（旨在提升妇女的社会地位）、青年联盟（旨在推动青年领导力建设）、国际培训中心（专题高级国际培训）等项目，都具有非常高的国际关注度。广州市进入协会领导层，将广泛利用协会的会员城市及合作伙伴网络，通过在亚太地区会员中宣传推广协会专题工作，真正参与国际组织的核心决策，大大提升广州参与全球治理的国际视野和参与国际多边交往与合作的能力与实力。与此同时，广州在城市治理方面，有很多领域已经走在了世界前面，我们可以通过国际组织平台把优秀经验介绍出去，提升广州的国际影响力，并把有能力和有经验的国际专家请回来，为广州的发展建言献策。

一　史无前例的机遇

广州自1993年加入世界大都市协会以来，经过二十多年在城市多边外交领域的大胆创新、实践探索和稳步发展，我们正面临前所未有的机遇，同样也面临着如何与时俱进的深刻挑战。

机遇一：多边交往的众多平台前所未有

2014年6月，城地组织执行局正式委托广州市牵头建立"城地组织城市创新专业委员会"，这是广州首次在国际组织框架下建立专门工作机构，委员会致力于借助广州奖所凝聚的城市创新资源和价值，围绕城地组织的战略重点，广泛汇集和传播城市创新智慧，服务城地组织会员城市创新发展，同时促进包括城地组织会员在内的全球城市和地方政府结合自身发展特点，开展经验交流与项目合作。

目前，广州在城市多边外交领域已经逐步形成了"国际领导（城地组织联合主席+世界大都市协会联合主席）—国际奖项（广州国际城市创新奖)—国际会议(广州国际城市创新大会)—专业机构(城地组织城市创新专业委员会)—专业智库(广州国际城市创新研究会)—信息平台(国际城市创新数据库)—区域中心(世界大都市协会亚太地区联络办公室)"多位一体、相互关联、相互支撑的主题鲜明的实践体系,这在国内城市外交实践史上也无疑是一次创举。

机遇二:与城地组织、世界大都市协会等国际组织的熟悉和默契程度前所未有

世界城市运动发源于欧洲,城地组织、世界大都市协会等当前最具影响力的地方性国际城市组织也大多起源于欧洲,其运作的特点也自然离不开西方思维、法则与模式的深厚影响。然而,近几十年来亚太地区尤其是中国城市逐步崛起,在国际社会中的地位日渐提高。城地组织、世界大都市协会等国际组织不得不越来越审慎地面对崛起的中国,并以更加尊重的姿态倾听我们的诉求。经过最近十余年的磨合,作为一线的亲历者,我们确切地感受到双方的沟通越来越顺畅,交流越来越合拍,彼此建立起基于理解和信任的友谊,逐步熟谙彼此的文化特点、行事风格和切实需求,形成了前所未有的默契。

机遇三:逐步丰富的多边网络,逐步积累的专家资源

除了城地组织和世界大都市协会,近一阶段,我们广泛开拓和积累多边合作的网络资源,先后与联合国人居署、环境署、减灾署以及世界卫生组织、C40城市气候领导联盟、世界城市和区域电子政府协议组织(WeGo)、倡导地区可持续发展国际理事会(ICLEI)、城市联盟(Cities Alliance)、联合国可持续发展行动网络(SDSN)等具有重要影响的国际组织建立了良好的沟通机制。与此同时,以广州奖评审委员会成员为基础,以广州国际城市创新研究会(以下简称研究会)及其国际合作伙伴为渠道,以广州奖国际顾问团队为补充,围绕城市创新范畴,逐步积累起一批具有国内和国际声望的城市问题专家,其背后的理论研究实力和潜力巨大。

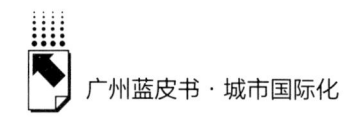

机遇四：两届广州奖汇集的案例成果和调研成果的价值不可限量

首届广州奖，153个城市255个项目参评；第二届广州奖，177个城市报送259个项目参评。不仅数量令人叹服，其积累的推广价值更是不可估量。研究会以国际城市创新数据库为平台，汇总以上城市创新的优秀实践案例，将为全球的城市管理者、城市问题研究者提供重要的启发和灵感源泉。目前，据了解，此类汇总城市创新实践案例的网站数量为数不少，但广州奖最为难能可贵的是，依靠其背后研究会的专家力量，针对广州奖的优秀案例，通过实地走访、文献研究、数据统计、比较分析、逻辑推演等多种方式开展工作，力求能为世界各地城市创新发展提供更为清晰的启示和借鉴，强化国际城市创新成果的学习和交流。2014年，城地组织城市创新委员会和广州国际城市创新研究会已牵头完成首届广州奖12个优秀案例的调研工作，并编撰了研究报告汇编。2015年针对第二届广州奖优秀案例的实地调研活动也已制定了计划，将有条不紊地开展，并邀请城地组织城市创新委员会的广大会员共同参与，通过分享、交流和学习，将个案的实践变成普适的范例。

二 与时俱进的挑战

历史将发展的机遇摆在我们面前，需要我们克服重重挑战，稳步前行。我们究竟面临怎样的现状和桎梏？如何才能与时俱进地予以化解？

挑战一：全市范围内对多边合作的参与度和认知度低，整体国际化视野不够开阔

全民外事是一个城市走向国际化的基础。在西方，多数城市的外事部门都是以市长国际关系顾问的角色存在，统筹全市各职能部门的外事资源和国际交流渠道。各个部门不仅有负责对外交流的专职人员，更关键的是部门上下都有非常强烈的国际合作意识和对外交流愿望。政府部门较好的整体国际交往水平带动了整个城市的国际化水平,从而形成了良好的国际合作氛围和国际形象。相比而言,广州各职能部门的整体国际交流意识还不强,并且由于方方面面的制约和约束,无法开展深层次的国际交流。一个城市的国际化,靠的是实实在在的项目落地,靠的是扎扎实实的交流渠道,靠的是全体政府部门的全力配合。全民参与、提高认知、开阔视野是城市国际化的基础。

挑战二:全市国际组织和多边合作相关领域的人才培养与储备尚需加强

随着我国国力的不断提升,各个城市的对外交往日趋频繁,懂外语的人员也逐渐增多。但真正了解国际交往规则,懂得谈判技巧,在国际会议上能灵活运用语言表达我方立场的人才少之又少。也因此,很多人把国际会议看成是"神仙会",被动听懂会议、保住阵地已属不易,何谈广泛交流、挖掘有利资源为我所用?从去年起,外交部已经提出多边国际交往人才培养和储备战略。广州作为改革开放的前沿,除两个国际组织的联合主席和50多个友好关系城市的国际交往,还承担着外经外贸、科技合作等各方面的国际合作,外事人才缺口可想而知。自2006年起,广州市外办已经有计划地在广州高校建立和培养外事志愿者。从长期来看,高素质的外事人才队伍和城市的国际化进程是相辅相成、缺一不可的。着眼政府部门,培养一些有国际合作意识和眼光的专业人才,借用现有的国际组织平台,积极参与专业领域的国际合作,取长补短,对于现阶段提升整个广州的城市国际形象有很深远的意义。

挑战三:本土市场和社会力量的成熟度和参与度相较国际通用水准尚存差距

一个综合的治理体系,是政府、市场与社会三大力量的系统协调的治理。出席过国外组织的国际会议的亲历者都有同感,对于政府人员来说,办会似乎没有我们那么辛苦,其中一个原因,是因为其具体的会务组织工作,都由一个专业得力、具备国际水准的会务服务公司团队独立完成。推而广

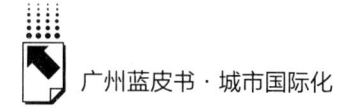

之，以世界大都市协会的项目组为例，几乎所有政府主导的国际项目的实施背后，都有社会组织、研究机构、学术机构等社会力量，以及私营部门、投资者、开发商等市场力量在各出其力，各取所需。我们本土的社会力量和市场力量正在日益蓬勃发展，但在参与国际合作，尤其是在多边框架合作中的成熟度和参与度，还存在差距。政府正在推行职能转变，社会结构也在经历深刻变革，积极的转型正在发生。

三　共同探索创新转型之路

整个社会都在进行积极的转型，而广州在整合、盘活现有多边合作平台的过程中，也正在大胆地探索转型的道路。

转型一：逐步由通过领导人身份带来国际地位，向切实参与规则制订转型

广州多年来一直担任城地组织联合主席城市，一直是组织的核心领导和决策层成员。相较于城地组织的政治倡议，世界大都市协会更加着力于务实性的地方合作和项目平台推广。同时在两个组织中担任联合主席，广州在国际地方政府舞台的地位达到了一个前所未有的高度。在参与两组织内部核心决策的同时，借助两个组织的平台资源，广州已能相对独立地推进工作，切实参与规则制订。例如，广州在城地组织框架下牵头设立的城市创新专业委员会，将代表城地组织相对独立运作，围绕主题、结合案例，通过设计策划，面向全球城市和地方政府开展经验交流与项目合作。作为世界大都市协会亚太地区联络办公室，广州需要亲自参与协会的实质性管理，以及战略重点和工作计划的制订。这些为广州带来的国际影响，将不仅仅只是一个身份。

转型二：逐步由以立足本土为基础向尝试盘活国际资源、自信开拓全球空间转型

吸引国际目光和关注，使世界发现新广州、了解新广州，对于广州的整体发展至关重要。而在立足本土、广纳关注的同时，围绕城市创新研究会、委员会等多个平台的建立和广州奖案例实地调研的进一步开展，我们可以把越来越多的资源用于全球共享，邀请其他城市及专家共同参与。以城地组织城市战略规划委员会的导师计划为例，会员城市可以借助该平台，寻找某一专题的"导师城市"，结合自身发展问题进行实地指导。再以世界大都市协会"城市综合治理——成功政策的转移"项目组为例，该项目基于互动平台，建立专家库，组织相关领域专家和已有成功实践的城市，在某地进行实地调研和研讨，推广成功案例，加强能力建设。把会办到国外去，将是未来创新委员会盘活资源，开拓空间必须迈出的脚步。

转型三：逐步由以政府为主导的合作参与，向打造以城市为依托的国际性战略平台转型

城市参与国际合作的初衷和最终落脚点，终究是为了借鉴经验，发展自身。在多种多样的路径中，广州正探索这样一条新路：最初，以政府为主体，加入国际组织，参与国际研讨，展示自身成就，学习他人经验；到如今，逐步将自己打造以广州奖和委员会为代表的国际战略平台，依托广州，点题创新，通过融合与发展，逐步开阔眼光。自己搞国际组织，反过来为自身城市发展提供给养。

今年，适逢世界大都市协会成立20周年、城地组织成立10周年。而广州的多边合作实践，从1993年加入世界大都市协会，到2004年城地组织成立，经历了10年摸索；从2004年以创始会员身份加入城地组织，到2014年实现多位一体的多边合作立体网络，经历了10年发展；2014~2024年，将是10年创新与转型，与整个世界、整个国家、整个社会、整个城市共同探索，共同创新，共同成长。

对外合作篇
Foreign Cooperation

B.8
广州与东南亚各国基础设施互联互通建设研究

周晓津　张　强*

摘　要： 民航是广州与东南亚旅客直飞和高附加值商品直达的关键渠道，海运是广州与东南亚商品流通的低成本之选，高铁和高速公路是广州与东南亚全方位联通的陆路必选。在建设21世纪海上丝绸之路的国家战略背景下，广州与东南亚互联互通建设的关键是内拓外延。内拓的重点一是利用以广州为中心的高铁网络和民航线路拓展广州的客源纵深，二是利用以珠三角为中心的高速公路网络打造广州的物流枢纽地位。建设广州邮轮港口和创新基础设施互联互

---

* 周晓津，广州市社会科学院经济研究所副研究员、博士；张强，广州市社会科学院经济研究所副所长、副研究员。

通融资模式则是广州与东南亚互联互通建设创新的重要领域。

关键词： 21世纪海上丝绸之路　基础设施互联互通　广州

一　广州与东南亚基础设施互联互通建设具有重要意义

中共十八届三中全会提出，加快同周边国家和地区基础设施互联互通建设，推进丝绸之路经济带、海上丝绸之路建设，形成全方位开放新格局。2014年4月10日，在博鳌亚洲论坛会议上，中国提出的共建跨亚欧"丝绸之路经济带"和21世纪"海上丝绸之路"的构想被认为是亚洲经济合作的最新亮点，受到与会国家的广泛关注。该构想的主要目标是经营中国与周边国家之间的关系，把沿线各国的国家利益通过这一构想形成命运共同体，一起应对风险和挑战，促进区域的和平稳定，实现共同发展。中国国务院总理李克强在开幕大会上发表主题演讲时提出，构建融合发展的大格局，形成亚洲命运共同体。实现亚洲共同发展，根本出路在于经济融合，而基础设施互联互通是融合发展的基本条件。地区各国应携起手来，加快推进铁路、公路、航空、水运等基础设施建设。

东南亚国家是海上丝绸之路沿线的重要国家，与广州有着深厚的历史渊源和人文联系，经贸往来密切，是广州走出去的重点区域。广州拥有海、陆、空等较齐全的立体交通方式及完备的国际航线网络，综合交通实力仅次于上海，即使与国际大都市相比也差距不大。从实际看，是中国的"南大门"，近期又被国家定位为综合性门户城市，各种交通方式齐备，拥有一批高等级、大容量、国际化的重大交通设施。广州港已建成华南地区最大国际贸易中枢港，白云国际机场已成为我国三大枢纽机场之一，广州南站是亚洲规模最大的铁路客运站场，而以广州为中心的高速公路网和高速铁路网也已经逐步建成。在新的历史时期，广州应着力做好"东盟"和"海洋"两篇大文章，深化广州城市、珠三角区域及与东南亚国家之间的经贸合作，支持和推动中国－东盟自贸区升级版建设，把东南亚国家作为广州参与建设21世纪海上丝绸之路的重要施展空间。广州应重点利用其国家交通枢纽中心优势，加快推进以海上通道、民用航空和高速铁路的互联互通，积极参与东南亚国家港口、机场和铁路等重大基础设施建设；挖掘广州南沙港口、新白云机场和高铁广州南站的国际交通枢纽功能，提高港口、机场和高铁站的客运及货物运输能力，形成广州海陆空客流与物流中心地位，并据此增强辐射能力，带动中国与东南亚国家的贸易投资，推动广州城市转型升级，大力提升广州的城市国际竞争力。

二 广州与东南亚国家民航基础设施的互联互通情况

民用航空高效长距运输的特点改变了世界交流沟通的途径和范围，国际航空枢纽也成为国家综合交通体系全球化的关键节点，也是广州与东南亚城市基础设施互联互通建设的重点。机场旅客吞吐量（见表1）、货邮吞吐量和飞机起降架次最能反映一个城市与其周边区域的交流程度和活动水平。整体上看，香港与东南亚国家交流日久弥深，每年与东南亚国家通过民航交流往来的旅客为广州的10倍以上，排名我国第一位。其次是广州、深圳，两市与东南亚国家的民航联系处于同一水平，每年往返东南亚国家的国际旅客为200万人次；北京、上海两大城市的民航旅客吞吐量相差不大，两市与东南亚国家的民航联系程度也差不多。在中国中西部机场崛起的背景下，北、上、广作为中国大陆三大枢纽机场的地位呈现微弱的下降，2012年三大城市机场旅客吞吐量占全国比重为29%，2014年下降到28.32%。随着印度经济增长进入快车道，成都、重庆、昆明等城市机场与东南亚、南亚国家的民用航空互联互通的能力将进一步增强。

表1 2014年中国机场群旅客吞吐量

单位：人次，%

机场	名次	2014年	占全国比重	2013年	2014年比2013年增速
中国大陆合计	—	831533051	100.00	754308682	10.2
北京/首都	1	86128313	10.36	83712355	2.9
北京/南苑	38	4929241	0.59	4455263	10.6
中国香港赤鱲角机场	—	63370000	7.62	59610000	5.8
广州/白云	2	54780346	6.59	52450262	4.4
上海/浦东	3	51687894	6.22	47189849	9.5
上海/虹桥	4	37971135	4.57	35599643	6.7
成都/双流	5	37675232	4.53	33444618	12.6
深圳/宝安	6	36272701	4.36	32268457	12.4
昆明/长水	7	32230883	3.88	29688297	8.6
重庆/江北	8	29264363	3.52	25272039	15.8
海口/美兰	19	13853859	1.67	11935470	16.1
西安/咸阳	9	29260755	3.52	26044673	12.3
杭州/萧山	10	25525862	3.07	22114103	15.4
厦门/高崎	11	20863786	2.51	19753016	5.6
长沙/黄花	12	18020501	2.17	16007212	12.6
武汉/天河	13	17277104	2.08	15706063	10.0
青岛/流亭	14	16411789	1.97	14516669	13.1

资料来源：《2014年全国民航机场生产统计公报》，中国民用航空局网站。

按照国际民航协会测算，枢纽机场可以为周边区域创造巨大的经济效益及大量直接或间接的工作岗位。大型枢纽机场每100万旅客会产生经济效益18.1亿元，解决5000人的就业问题。2013年广州白云机场旅客吞吐量超过5200万人次，庞大的客流意味着将产生936亿元的经济效益，提供超过25万个就业岗位。近年来，以白云机场为核心的包括航空物流、航空金融、航空维修、高端商业、飞机及其零部件制造等空港产业集群正在形成，其发展延伸出的临空经济圈效应和资源集聚效应也正在显现。

广州白云国际机场2014年底开通国际和地区航线120多条，预计2015年白云机场国际航线可达到130条左右，有望与香港机场国际航线数持平。随着白云机场72小时过境免签等政策的落地，国际中转旅客开始不断增长，其中白云机场的国际和地区旅客吞吐量在2013年已达950万人次左右，占比高达18.5%。2014年广州白云机场实现旅客吞吐量5478万人次，与2013年同期相比增长4.4%。在开拓国际航空市场方面，2014年白云机场新增13条国际航线，其中客运9条，货运4条，新增纽约、伊尔比尔（伊拉克）、巴格达、维也纳、冲绳、甲米（泰国）、清州（韩国）和旧金山等8个通航点。截至2014年底，共有70家国内外航空公司通航白云机场，航线网络通达全球五大洲近200个通航点，形成了覆盖东南亚、连接欧美澳、通达内地主要城市的"空中丝绸之路"。2014年广州与东南亚民航通航点近40个（见表2），国际旅客超过200万人次。广州与东南亚地区航空中心城市曼谷、新加坡的联系最强。

表2 广州白云国际机场－东南亚国际客运航线

航空公司	目的地
中国南方航空(CZ)	香港、曼谷－素万纳普、河内、暹粒、仰光、吉隆坡、亚庇、槟城、新加坡、胡志明市、雅加达－苏加诺哈达、马尼拉、巴厘岛 季节性包机航班：浮罗交怡、苏拉塔尼、普吉岛
埃塞俄比亚航空(ET)	曼谷
肯尼亚航空(KQ)	曼谷
马达加斯加航空(MD)	曼谷
泰国亚洲航空(FD)	曼谷－廊曼
泰国国际航空(TG)	曼谷－素万纳普
斯里兰卡航空	曼谷－素万纳普、科伦坡
新加坡航空(SQ)	新加坡
捷星航空(3K)	新加坡
欣丰虎航空(TR)	新加坡
马来西亚航空(MH)	吉隆坡
亚洲航空(AK)	吉隆坡
印度尼西亚鹰航空(GA)	雅加达－苏加诺哈达
巴达维亚航空(Y6)	雅加达－苏加诺哈达、万鸦老
越南航空(VN)	河内、胡志明市、岘港
缅甸国际航空(8M)	仰光
菲鹰航空(2P)	宿务
宿务太平洋航空(5J)	马尼拉

在货物联系方面，以世界四大快递巨头之一的联邦快递公司亚太转运中心落户广州，以及"白云机场国际1号货站"正式启用为标志，白云机场的物流运输得到空前的大发展。仅"白云机场国际1号货站"，自2013年底启用以来，货邮总量已达9.6万吨，比2013年同期增长37.13%。2014年广州白云机场实现货邮吞吐量147.2万吨，与2013年同期相比增长11.2%，高出旅客吞吐量增幅6.8个百分点，表明国际快递巨头对增强广州国际物流枢纽地位的作用十分明显。2014年广州与东南亚的国际货邮航线与国际客运航线基本相同（见表3），国际货邮吞吐量超过30万吨且增长迅速。

表3 广州白云国际机场-东南亚国际货邮航线

航空公司	目的地
中国南方航空（CZ）	香港、曼谷-素万纳普、河内、暹粒、仰光、吉隆坡、亚庇、槟城、新加坡、胡志明市、雅加达-苏加诺哈达、马尼拉、金边、巴厘岛（即将开通）等 季节性包机航班：浮罗交怡、苏拉塔尼、普吉岛等
港龙航空（KA）	香港
泰国国际航空（TG）	曼谷-素万纳普
泰国亚洲航空（FD）	曼谷-廊曼
新加坡航空（SQ）	新加坡
捷星航空（3K）	新加坡
欣丰虎航空（TR）	新加坡
马来西亚航空（MH）	吉隆坡
亚洲航空（AK）	吉隆坡
印度尼西亚鹰航空（GA）	雅加达-苏加诺哈达
巴达维亚航空（Y6）	雅加达-苏加诺哈达、万鸦老
越南航空（VN）	河内、胡志明市、岘港
宿务太平洋航空（5J）	马尼拉
菲鹰航空（2P）	宿务
缅甸国际航空（8M）	仰光
斯里兰卡航空	科伦坡、曼谷-素万纳普
埃塞俄比亚航空（ET）	曼谷
肯尼亚航空（KQ）	曼谷
马达加斯加航空（MD）	曼谷

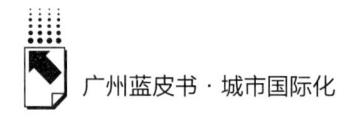

根据最新的广州空港经济区规划，未来城际轨道、城市轨道、新型公交、高速公路等将构成丰富的交通网络，实现20分钟直达中心区，1小时覆盖珠三角，3小时覆盖南中国。届时白云机场将成为汇集航空、公路、轨道交通、高速铁路等多种交通方式的交通枢纽和换乘中心，成为珠江三角洲地区2小时交通圈的空港核心。目前，白云机场二期扩建工程正在进行，未来产能将得到更大释放，届时可以满足50万架次、8500万旅客量和200万吨货邮量的运营需求。白云机场将借助政府和市场的双重力量，为广东经济社会发展提供更好更有力的保障。依托广州白云机场综合保税区（一期）正式封关运作、白云机场新科宇航项目的建设投产、南航加大广州货机运力等利好消息，一个全新的空港经济圈正在悄然崛起。预计至2015年，白云机场旅客吞吐量将达到6500万人次，货运邮吞吐量将达到180万吨，两项指标均进入世界机场前10位，国际航线总数超过125条。届时，机场国际中转航线网络基本完善，世界级航空枢纽基本形成。

三 广州与东南亚国家港口基础设施的互联互通情况

广州的港口地位与广州在国内的经济地位有着强烈的相关关系。1981～1988年，广州作为中国贸易的南大门，其集装箱年吞吐量仅次于上海和天津，居全国第三位。1989年和1990年，广州港先后被青岛港和大连港超越；1992年和1994年，广州港先后被珠海和厦门两个港口超越，广州退居全国第七位。1995年广州重夺第四位，1996年广州又被后起的深圳超越。2008年以来，东亚与东南亚在世界集装箱港口排名中地位稳固，日本集装箱港口在亚太区域中的地位迅速下降。除韩国釜山港和新加坡港是广州的较强对手外，国内的宁波、青岛等港口也是广州的主要竞争港口。香港－深圳港口合并后列入第一阵营，而广州位列第二阵营中。

2013年全球十大集装箱港排名座次中（见表4），包括香港港在内的中国港口共包揽七席，余下的第二、第五、第九名分别由新加坡港、韩国釜山

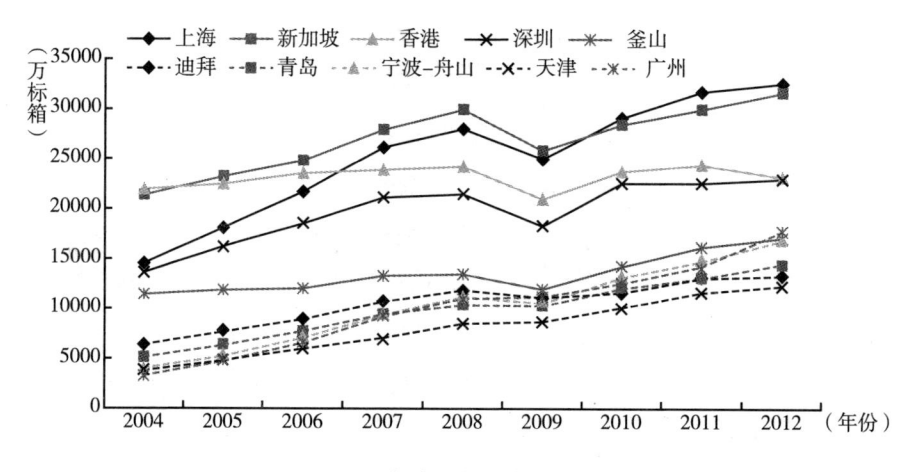

图1 全球十大集装箱港口

港、阿联酋迪拜港（西亚）摘得。2013年全球十大集装箱港口依次为上海港、新加坡港、深圳港、香港港、釜山港、宁波-舟山港、青岛港、广州港、迪拜港、天津港。受珠三角外贸出口下滑的影响，广州港排名由2008年的第五位降至2013年的第八位。

表4 2013年全球主要集装箱港口

单位：万标箱，%

排名 2013年	排名 2012年	走势	港口名称	2013年	2012年	增长率
1	1	→	上　海	3362	3253	3.35
2	2	→	新加坡	3258	3165	2.94
3	4	↑	深　圳	2328	2294	1.48
4	3	↓	香　港	2229	2312	-3.59
5	5	→	釜　山	1768	1705	3.70
6	6	→	宁波-舟山	1735	1617	7.30
7	8	↑	青　岛	1552	1450	7.03
8	7	↓	广　州	1531	1455	5.22
9	9	→	迪　拜	1350	1328	1.66
10	10	→	天　津	1300	1230	5.69
11	11	→	鹿特丹	1162	1187	-2.11
12	12	→	巴　生	1023	1000	2.30

续表

排名			港口名称	2013年	2012年	增长率
2013年	2012年	走势				
13	17	↑	大　连	1002	806	24.32
14	13	↓	高　雄	994	978	1.64
15	14	↓	汉　堡	921	894	3.02
16	15	↓	安特卫普	858	864	-0.69
17	19	↑	厦　门	801	720	11.25
18	16	↓	洛杉矶	790	810	-2.47
19	18	↓	丹戎帕拉帕斯	747	749	-0.27
20	22	↑	长　滩	673	605	11.24

广州港口国际地位的增强与中国加入WTO之后的珠三角外贸大幅增长密切相关。2008年全球金融危机之后，珠三角产业转移加快，同期东南亚地区和中国中西部地区则进入快速发展阶段，广州港口的地位面临下降威胁。东盟在2012年出现了一个互联互通的热门项目，即东盟航运业。2011年东盟国家之间贸易额占东盟总贸易额的27%，2012年进一步提高至29%。由于区域内贸易增长，东南亚港口将继续保持世界货运主要枢纽港的战略地位，东盟内部以及国际市场的航运业，都将得到更大的发展空间和机会。新的发展机遇以及东盟区域内贸易的快速增长，要求东盟航运业加快互联互通，在投资600亿美元的"东盟连接"工程中，海运基建项目占有重要地位。

2012年，部分东盟国家主要港口的扩建工程已陆续启动。扩建工程竣工后，新加坡港2018年集装箱将增加至5500万标准箱，比2012年增加2510万标准箱，增幅高达84%；印尼丹绒布禄港2017年集装箱年吞吐量将增加至1100万标准箱，比2012年净增加510万标准箱，增幅高达86%（见图2）。

目前，广州南沙港区共有大型集装箱船深水泊位12个，能接卸目前世界上最大的装载量为1.91万个标准箱的集装箱船，世界前20名航运公司在南沙港开通了49条国际集装箱班轮航线，通达全球100多个国家和地区的

400余个港口。南沙港区三期码头工程在建10万吨级集装箱船泊位6个，2000吨级集装箱驳船泊位24个，岸线总长4178米，有望于2015年内投产，建成后将为广州南沙港新增570万个标准箱通过能力。从东亚港口发展史来看，港口产能增长类似日本—亚洲四小龙—中国经济增长序列。中国外贸和港口高速增长期已过，东南亚港口迅速发展的机遇之门已经打开，广州港口基础设施能力飞速增长的动力大为削弱，广州港口未来的发展取决于如何服务好广州腹地与东南亚在客流、物流等方面的互联互通需求。

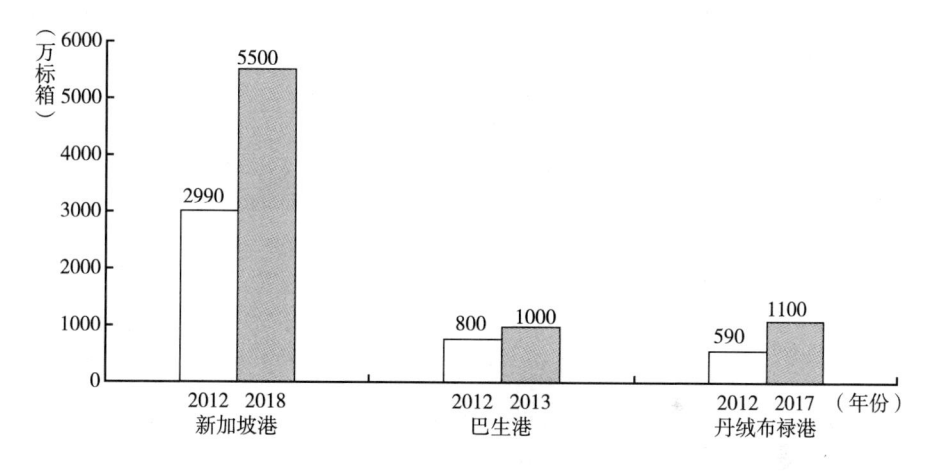

图2　东南亚集装箱大港扩建后的吞吐量

资料来源：见李国章《东盟海运物流业加快互联互通》，《港口经济》2012年第7期。

四　广州与东南亚国家陆路基础设施的互联互通情况

广州在陆路上与东南亚国家并不直接相连，但可通过高速公路、高速铁路经广西、云南与东南亚相连通。广州通过高铁与东南亚连通主要有两大通道，一是通过南广高铁（南宁-广州）与广西高铁网络相连，再经广西与越南的铁路接口连接东南亚。南广高铁是联系两广的交通大动脉、最便捷的快速通道，跨桂、粤两省区，始自广西南宁的南宁站，经贵港、梧州，广东省云浮、肇庆、佛山至广州的广州南站，线路全长577.1千米，其中广西境内349.8千米,广东境内227.3千米,全线共设车站23座。为双线电气化国家Ⅰ级铁路,设计时速200~250千米/小时,可满足开行双层集装箱列车运输的要求。南广高铁于2008年11月9日正式开工,2012年5月30日开始铺轨,2013年9月15日广西段轨道全线铺通。工期6年,2014年4月18日广西段通车,2014年11月1日开始联调联试,12月26日试营运。

广州通过高铁与东南亚连通的第二条大通道是深茂高铁。深茂高铁于2011年2月获得国家发改委立项批准。线路东起深圳北站,途经深圳、东莞、广州、中山、江门、阳江、茂名等七个地市,终点到茂名东站。在江门通过广珠货运、广珠城际引入广州枢纽,在深圳通过厦深铁路与东南沿海铁路相连,在茂名经河茂铁路、茂湛铁路与合河线、黎湛线、粤海铁路相接。项目按国家Ⅰ级铁路标准设计。深茂高铁起于深圳北站,途经广州南沙、中山、江门、阳江,终于茂名东站,东接厦深铁路、广茂铁路,西接茂湛高铁、河茂铁路,北接洛湛铁路,全长为371.73千米,按国铁Ⅰ级、双向电气化规划,初步设计时速为200千米,预留250千米,总投资458.4亿元人民币。深茂高铁建成后,广州到茂名的时间将由现在的5~8小时减少至不到2个小时,使粤西与珠三角城市之间的联系更加密切,加大珠三角对粤西和广西的辐射效能,也会使物资流、资金流、信息流西迁,成为广州与东南亚互联互通的大动脉。

2012年11月22日,《广州城市总体规划(2011–2020年)》草案(以下简称"总规")提出,优化升级都会区内的广州火车站、广州东站和广州南站综合交通枢纽;同时,加快建设外围片区的北部空铁联运综合交通枢纽(白云机场和广州北站)、东部(新塘)综合交通枢纽、南部(万顷沙)综合交通枢纽。确立全国四大铁路客运中心地位,成为辐射湖南、广西、贵州等泛珠三角地区的南方铁路主枢纽,国家高速铁路、城际轨道等干线铁路中心。打造以"环+放射+十字快线"为主骨架的轨道线网,2020年规划建设轨道交通线路19条,线路总长度817公里,站点383座。近期重点建设新型有轨电车海珠环岛试验线。

广州高铁基础设施完备,拥有南北两个高铁车站。广州南站总建筑面积为 61.5 万平方米，整体建筑包括主站房、无柱雨棚、高架车场（站台）、停车场等，总投资 130 亿元人民币。车站总用钢量达 7.9 万吨，约为中国国家体育场（"鸟巢"）钢结构的 1.7 倍，另外工程使用混凝土 150 万立方米。南广、贵广、京广、广深厦四大高铁线路日均出省旅客发送量高达 50 万人次，相当于 6 个白云国际机场的旅客吞吐量，大大增强了广州快速旅客输送能力，也极大地提高了广州对周边省份的辐射能力，可为广州源源不断地输送前往东南亚地区的客流。

五 加强广州与东南亚基础设施互联互通建设的对策建议

（一）增加民航远程航线，构建广州四小时航程中心圈

民用航空高效长距运输的特点改变了世界交流沟通的途径和范围，国际航空枢纽也成为国家综合交通体系全球化的关键节点，是广州与东南亚城市基础设施互联互通建设的重点。伦敦、巴黎、纽约、东京、法兰克福、迪拜、香港、新加坡等国际城市，都拥有一个甚至多个大型枢纽机场和大型基地网络型航空公司。相比之下，尽管我国民航快速崛起，已位列全球第二，上海、北京、广州机场从规模上来说也已经进入世界前列，但是综合实力与世界先进水平相比还有一些差距。大量中转国际客流主要经香港、上海、深圳前往东南亚国家，而前往澳大利亚等地的国际旅客则选择新加坡作为中转枢纽。但广州建设航空枢纽具有独特优势，广州拥有前往东南亚、大洋洲和南亚等区域的天然地理优势，绕航率较低，相比北京、上海两大枢纽平均节省 2 小时。

从世界经济发展序列看，中国继日韩之后快速成长已经历三十余年。伴随中国以出口为导向的增长，中国港口航运业快速发展历程也与日韩港口航运发展基本相似。随着中国经济进入新常态，那种依靠大宗物品大容量集装箱海运的港口发展模式已经转移到成本更低的东南亚。广州要成为

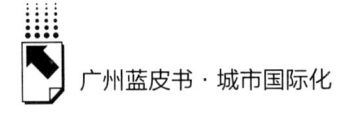

中国－东南亚的连接纽带，唯有依靠航空向东南亚运送高附加价值物品才是出路。

广州的航线网络严重不足，严重制约广州国际航空枢纽建设。广州的航空线数与同一区域内的竞争－合作城市深圳处于同一水平，总量不及另一竞争－合作城市香港的三分之一，比离东南亚距离更近的海口市多出少许，从而导致广州在与东南亚的航空互联互通的竞争中处于不利的地位。例如，国泰在香港航线网络的宽度远甚于南航在广州。相比国泰而言，南航更是一个中国的国内航空公司。航线网络的不足，使得南航不足以吸引广州及其周边地区的居民将其作为出境的首选航空公司。从航班量看，总部位于广州的南航每周在广州始发直达航班量达到1560班次，而国泰（含港龙）每周在香港始发的航班量仅有1080班次，南航比国泰差不多高50%。因此南航更有条件构造航班波。由于南航的网络缺乏宽度，缺乏足够的国际通航点，广州南航的欧洲与美国航线更是其天然的短板，分别仅通航巴黎和洛杉矶，因此，航线的延伸是广州增强与东南亚国家城市互联互通的关键工作，也是广州建设国际航空枢纽城市的必然要求。南航应该借鉴新加坡航空公司、阿联酋航空公司和国泰航空公司在航线延伸方面的经验，立足广州，着眼全球，不能仅局限于东南亚，应将眼光放在东南亚之外，以广州为中心构造航班波，将东南亚城市内置于广州四小时航程中心圈，打造世界级航空枢纽城市。

（二）拓展非航业务，增扩建机场辅助基础设施建设

机场是民航最重要的基础设施，是航班正常运行的硬件条件和基础。基本的机场设施包括跑道、滑行道、停机坪、登机桥、客运航站楼、货运大楼和地面交通系统等。机场的收入来源主要有航空性业务和非航业务。航空性业务是指机场向使用其与飞机起降有关的基础设施（主要是航站楼与跑道）的航空公司和旅客收取航空费用的业务，这使得机场具有公用基础设施属性。非航业务是指机场商用场地出租、停车场、免税店等其他辅助设施的收费业务，这使得机场具有商业经营机构属性。

商业零售面积是机场拓展非航收入的基石所在，国外发达国家的枢纽机场商业面积占航站楼面积的比重很高，由于机场具有巨大的人流，很多机场其实就是一个巨大的百货商场。以零售额计算，新加坡最大的商场是新加坡机场，这在国内是难以想象的。商业零售面积还可以通过提供更多的服务种类来增加，一方面可以更好地服务于旅客，另一方面还可以获得更多的商业面积和收入。

我国大部分机场在商业面积扩展方面还有很大的提升空间。例如，香港机场商业面积为7.8万平方米，占航站楼面积比重达到了11%；而伦敦机场的商业面积也达到了7万平方米，占航站楼面积的比重达到了10%；而国内商业零售较为成功的上海浦东机场的商业面积仅约2.8万平方米，占航站楼的比重仅为3.7%，与国外先进机场差别巨大（见图3）。虽然国外机场的商业面积占比已经很高，但很多机场仍有庞大的商业面积拓展计划：巴黎机场商业面积为5.02万平方米，其中2.18万平方米在机场的空侧（我国几乎没有哪家机场能在机场空侧投入这么多商业面积），机场还计划在2015年之前将商业面积增加到6万平方米。法兰克福机场商业面积为3.1万平方米，并计划2018年之前扩大到5.5万平方米。

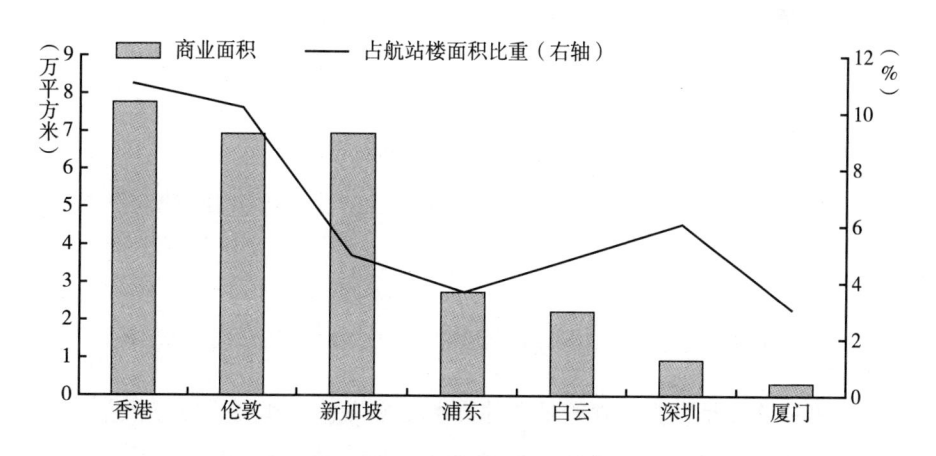

图3 2014年国内外部分机场商业面积比较

资料来源：公司公告、网络资料、国金证券研究所。

不仅国内机场商业面积与世界先进机场相比差距明显，而且国内整体消费能力也不高，这在两方面可以有所体现：一是单位商业面积所产生的收入（见图4），二是单位旅客量消费对比。法兰克福和巴黎的单位商业面积非航收入均超过1万欧元，是浦东机场的2倍、白云机场的3倍，而同处于珠三角的香港机场，这一数值也有白云的2倍多。广州白云机场由于其经营模式落后以及机场航站楼设计不太适合大规模发展商业，因此未来商业零售业务的较差表现还将持续。同一区域的深圳机场的新T3航站楼投入使用后，面积约为40万平方米，假定其中3%（现在的水平）用于商业经营，则商业面积会增加1.2万平方米，其商业经营水平原本就比较高，新航站楼投入使用后，其商业方面的收入将有更大上行空间。

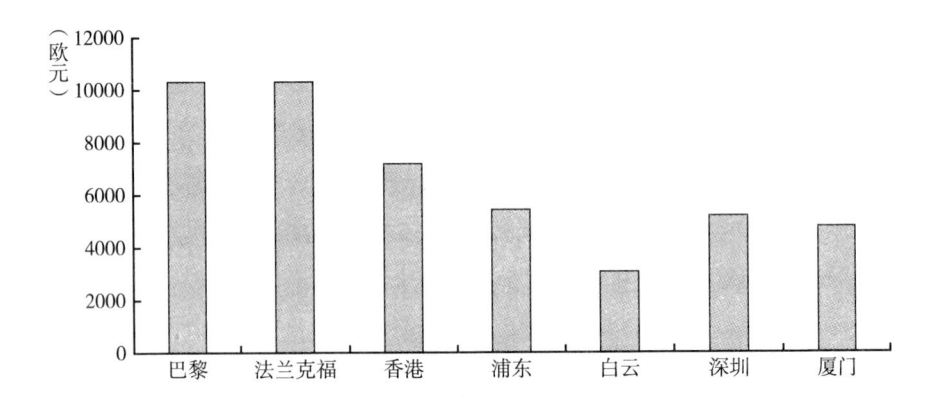

图4 单位商业面积非航收入比较

资料来源：公司公告、国金证券研究所，http://www.p5w.net/stock/lzft/hyyj/201110/P020111024503996324451.pdf。

（三）建设广州邮轮港口，加强与东南亚旅游及商务联系

北美和欧洲是世界上邮轮母港的最主要聚集地，其次是东南亚地区。主要邮轮母港包括美国的波士顿、纽约、迈阿密、洛杉矶、旧金山、西雅图，加拿大的温哥华，英国的伦敦，丹麦的哥本哈根，荷兰的阿姆斯特丹，西班牙的巴塞罗那，新加坡，中国香港以及马来西亚的吉隆坡等。随着中国外贸

出口放缓和国际出口通道的多元化，广州港口面向普通货轮和集装箱货轮的基础设施在可预见的期限内基本上可以满足需求，相应的互联互通重点在珠三角区域内的各式运输方式的联通。我们认为，广州港口的未来重点在于大力发展邮轮经济，从而加强与东南亚国家的旅游、金融和投资等商务性交流。

邮轮母港需要一系列的交通、商业和旅游基础设施。除需要十分贴近邮轮人流和物流的个性化需求的邮轮码头外，发展邮轮经济还需要下述的有利条件：一要与机场、高铁等基础设施便捷相连；二要能快速通达市中心大型购物、宾馆和餐饮集聚区；三要紧靠各种类型的旅游风景区；四要进关边检程序便捷。例如，巴塞罗那是地中海的主要邮轮母港城市，附近旅游资源十分丰富，设有6个客运码头，可同时停泊9艘邮轮。由于可通达地中海沿岸诸国，附近的旅游资源丰富，其宾馆、餐饮、交通的便利均在地中海沿岸各城市中领先，故其客流量长年不衰，国际旅客消费和邮轮业成为其主要财源。

2009年度中国乘坐邮轮出境游人数超过20万人次，增长迅速。2010年，亚洲地区邮轮乘客超过150万人次，成为全球邮轮市场增长的主力军。凭借世博效应，2010年，上海港邮轮母港航次将达66艘次，出入境旅客将超过25万人次，同比增长36%。2013年，上海港接待邮轮靠泊197艘次，是2010年的3倍，其中以上海为母港的邮轮167艘次。邮轮旅客吞吐量75.66万人次，比2012年增长1.2倍。

广州发展邮轮经济面临强大的香港竞争，如果仅着眼于珠三角核心六市，广州邮轮经济发展前景似乎过于狭窄。但以广州为中心，4小时高铁所覆盖的区域拥有3亿人口，规模超过日韩两国总人口的2倍，中产阶层人口超过5000万人。香港旅发局数据显示，香港2012年共接纳63万邮轮旅客，其人均消费高达4800元，比一般过境旅客的人均消费2000多元高出一倍。2020年中国邮轮旅客将超过300万人次，是2009年的15倍。国内其他邮轮母港情况如表5所示。

表5 国内五大邮轮母港基本情况

母港	邮轮码头	开始运营年份	邮轮母港基本情况	未来发展目标
天津	天津国际邮轮母港	2010	建筑面积:160万平方米;港口岸线:2000米。其中:码头岸线长:625米;泊位数:6个;大型国际邮轮泊位:2个;年旅客通过能力:50万人次	中国北方最大邮轮母港、邮轮母港复合产业体系
青岛	青岛国际邮轮母港	2013	建筑面积:50万平方米;港口岸线:1000米;泊位数:5个	东北亚区域性邮轮母港、海上旅游集散中心
上海	上海港国际客运中心	2007	建筑面积:6.1万平方米(客运综合大楼);港口岸线:1197米;泊位数:3个;大型国际邮轮泊位:3个(7万~8万吨级国际大型邮轮泊位)	打造适合中国游客消费习惯、有国际化体验的邮轮产品,助力上海港迈向世界邮轮母港前列
上海	吴淞口国际邮轮港	2012	总面积:160万平方米;港口岸线:1500米;大型国际邮轮泊位:6个(已有2个可同时靠泊2艘20万邮轮泊位)	专业邮轮港口综合服务区
厦门	厦门国际邮轮母港	在建	建筑面积:160万平方米;港口岸线:509.56米;泊位数:5个;大型国际邮轮泊位:1个(14万吨级大型国际邮轮泊位和4个驳船泊位)	邮轮母港规模世界第一、邮轮综合体规模世界第一、奢侈品店规模世界第一
三亚	凤凰岛国际邮轮港	2007	占地面积:36.51万平方米(一期)+46.67万平方米(二期);港口岸线:2600米;大型国际邮轮泊位:1个(10万吨级大型国际邮轮泊位);年旅客通过能力:60万人次	打造"邮轮之都"未来将建10万吨级码头1个、15万吨级码头2个、22.5万吨级码头1个

资料来源:参见周煊《国际邮轮市场东移趋势明显,催生我国五大母港大发展》,http://roll.sohu.com/20131119/n390406264.shtml。

广州要发展邮轮经济，首先必须建设贴近邮轮人流和物流的个性化需求的邮轮码头；其次，建设与机场、高铁等基础设施快速连接通道，包括在南沙建设广州第二机场，建设广州南－南沙－中山的城际轨道；再次，建设快速通达市中心大型购物、宾馆、旅游风景区和餐饮集聚区的交通线路。与此同时，还需要加强如下几方面的工作。一是降低邮轮港口的综合收费，二是增强国内自主建造邮轮的能力，三是降低邮轮运营整体税负，四是加速推进进关边检程序变革和实行更长时间的免签政策，缩短旅客进关边检时间，提升旅客体验。

（四）扩张腹地空间，增强广州高铁枢纽中心地位

凭借位于南中国的有利区位、位居全国第三的经济实力、背靠珠三角城市群和发达的交通网络，广州已经成为国内四大交通枢纽城市之一。在对外交流联络上，广州、上海、北京、成都各自都有既定的发展方向，而广州无疑是中国与东南亚互联互通枢纽城市的核心承担者。就高铁而言，广州与东南亚国家联通的意义在于为广州聚集人流、物流、信息流，而国家对高铁建设的重视无疑会增强广州的高铁枢纽地位提供了机会。民用航空领域是广州与东南亚国家互联互通的重点，在航线资源需要由国家审批的环境下，广州应当从省级层面争取民航航线资源。

构建发达的对外交通网络，是中心城市拓展腹地空间的有效途径。与广州强化腹地经济联系、深化经济合作的实际需求相比，目前这些交通网络支撑仍是远远不够的，例如，机场虽改善了境外通达环境，但对拓展距离较近的腹地空间却作用有限。广州在对外交通体系上还应强化以下几方面建设：一是进一步完善华南高铁网络，积极与铁道部门协调规划由广州到福州、赣南地区等的新高铁线路，提高对江西、福建等周边省份以及梅州地区的快捷通达能力。同时，尽快推进南沙港疏港铁路的建设与开通；二是在广东省域内，加快推进各类交通投资主体的兼并重组，以减少各类收费点，实现省域内通行效率的有效提升；三是通过实施珠三角港口联合通关及陆海空联运等系列措施，优化服务环节，提高区内外交通便捷化程度；四是广州市交通集团应主动与周边地区开展多种形式的战略合作，在利益共享的基础上推进综合交通一

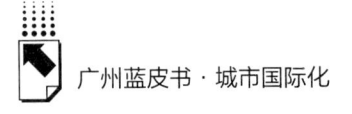

体化和交通方式的有效衔接；五是协助提升高速公路网的通行效率，切实落实国家有关高速公路管理的政策，加强与周边省区的协调，减少收费站点，进一步减少乃至取消各种不合理收费。

（五）创新融资模式，为基础设施建设提供金融支持

21世纪海上丝绸之路在中央的对外战略部署中至关重要，而交通网络的铺就对建设海上丝绸之路又有奠基性作用。只有在顺利架构交通网络的前提下，国与国之间人流、物流、资金流的有序运转才能得到强力支撑。对中国而言，借鉴国外通过开发PPP项目建设跨国铁路的经验有助于海上丝绸之路交通网的打造。

基础设施建设需要巨大的资本投入，单纯依靠政府投资存在较大的风险。不少人认为，政府拿债务资金用于基础设施建设和公共服务支出等方面，会形成很多稳健的资产，这些资产可以带来收益，从而产生现金流用来还债。短期来看，高铁、民航等基础设施建设领域尚处于相对垄断阶段，所经地区的地方政府可利用信托、理财、担保公司等"金融创新"手段筹集资金。但长期而言，这种所谓的"金融创新"，不过将风险分担给不同的金融机构，而且更加隐蔽、更难监管、更难防范。如果将银行、保险、信托等各类机构分开来看，似乎各自的风险都在可控范围之内，可是由于金融市场互联互通，单体金融机构的风险可能引发整个系统性的危机，甚至是财政风险与金融风险的交叉传染。

为推动基础设施互联互通建设，很多地方政府通过组建地方国企的形式，以地方国企为融资平台，除政府拨付少量的财政预算资本金以外，大多以低价或者无偿划拨的土地为抵押向银行获取贷款或者发行债券，同时政府提供某种形式的信用担保。从法律角度上看，政府的这种担保并不具备完备的民事法律效力，但政府无法撇清债务负担。为了还本付息，土地财政盛行，2013年来源于土地财政的收入高达5.7万亿元，占全国公共财政收入的一半。然而，土地的稀缺性和不可再生性从根本上决定了土地财政无法长期依赖。不少学者认为，未来中国还有2亿多人口需要涌入城市，从而为土地财政提供长期的支撑，但事实却是，早在 2003 年，中国的农业劳动力向非农产业转移的大潮已近结束。除一线城市和省会城市人口会继续增长以外，其他城市人口将基本稳定甚至绝对减少，大量农村房屋长期闲置、中小城市和小城镇空城范围和面积持续快速增加。随着近年来房地产政策的收紧，二三线城市地价涨幅甚微，甚至部分地区出现房价下跌、市场饱和的情况。地方政府显然无法单纯依靠卖地解决地方债问题。

由此看来，解决政府的交通基础设施建设融资和还债的关键是转变公共产品供给机制，将政府承担的一部分投融资责任转移给市场主体——社会企业，建立政府与企业的利益共享机制。让社会资本（私营企业）通过长期持有和经营交通基础设施资产，来有效平衡交通项目的短期和长期收益。从高铁、民航等交通建设投资百分比情况来看，其供电系统、通信及信号系统、飞机车辆和其他机电设备等非常适合民营资本进行建设和运营，可以将这部分资产交由企业或企业联合体运营和管理，政府型投入则以近似某种免费形式给予民营资本经营。在这种模式下，社会资本的长短期回报率都有明显的改善，其对社会资本的吸引力接近优秀水平；其次，政府的大投资零回报模式（我们称之为政府反向融资租赁或大融资租赁模式）在整体上可以大大降低政府的财政补贴压力，使单项目基础设施的实际财政支出压力大为减少。

在市场定价框架下，政府反向融资租赁模式可以解决民航、高铁、港口等交通基础设施可持续运营问题。通过在交通建设领域引入社会资本参与竞争，可以降低项目的建设成本。为营造良好的大融资租赁环境，政府可以通过相应的法律法规支持，确定项目的风险分担机制，采取企业自主定价和政府限价相结合的政策。在引入社会资本的过程中，可考虑将一部分政府性债务剥离出去，以减轻政府债务压力，并逐步强化中长期财政规划，建立资产负债管理制度。

参考文献

《中国—东盟 10 + 1 交通合作概况》，《中国远洋航务》2010 年第 8 期。

B Bhattacharyay. "Financing Asia's Infrastructure: Modes of Development and Iintegration of Asian Financial Markets". papers. ssrn. com

Banister, D. and M. Givoni. "Airline and Railway Integration". *Transport Policy*. 2006. Vol. 13 (4).

Beria, P.. "The Megaprojects' Issue. Evaluation, Policies and Decision Making of Large Transport Infrastructures". Ph. D. Dissertation, Politecnico University of Milan. 2008.

European Commission. "European Transport Policy for 2010: Time to Decide". White Paper. Brussels. 2001.

Intergovernment Agreement on the Trans – Asia Railway Network. See http://www. unescap. org /ttdw /common /TIS /TAR/text /tar_ agreement_ e. pdf.

Joint Media Statement of the 42nd AEM Meeting (InvestmentInputs), August 2010, http://www. aseansec. org/25065. htm. 2010.

L Sihombing. "Financial Innovation for Infrastructure Financing". papers. ssrn. com. 2009.

Lewis, Paul Robinson S. "Planning for a Regional Rail System: Analysis of High Speed and High Quality Rail in the Basque Region". Massachusetts Institute of Technology. 2011.

Morrison, S. A. and C. Winston. *What's Wrong with the Airline Industry? Diagnosis and possible cures*. Hearing before the Subcommittee on Aviation, Committee on Transportation and Infrastructure, United States House of Representatives. 2005.

Plassard, F. *High – speed Transport and Regional Development, in: Regional Policy, Transport Networks and Communications*. European Conference of Ministers of Transport, Paris. 1994.

Urena J M, Menerault P, Garmendia M. "The High – Speed Rail Challenge for Big Intermediate Cities: A National, Regional and Local Perspective". *Cities*. 2009 (26).

Vickerman, R., "The Regional Impacts of Trans – European Networks". *The Annals of Regional Science*. 1995. Vol. 9.

Vickerman, R. "High – Speed Rail in Europe: Experience and Issues for Future Development". *The Annals of Regional Science*, 1997. Vol. 31.

《中缅高铁意义非凡，中方开拓印度洋出海口》，凤凰网，http://news. ifeng. com/mainland /detail_ 2010 _ 11 /24 /3211645 _ 1. shtml；《中国—老挝高铁整体设计完成，老挝段4月开工》，中国新闻网，http://www. chinanews. com/cj /2011 /01 – 27 /2814463. shtml。

古小松：《中国与东盟交通合作战略构想——打造广西海陆空交通枢纽研究》，社会科学文献出版社，2010。

黄志勇、谭春枝、雷小华：《筹建亚洲基础设施投资银行的基本思路及对策建议》，《东南亚纵横》2013年第10期。

李晨阳：《中国发展与东盟互联互通面临的挑战与前景》，《思想战线》2012年第1

期（第 38 卷）。

李国章：《2015 年年底东盟经济将实现全面的互联互通》，《经济日报》2012 年 12 月 27 日。

李国章：《600 亿美元打造"东盟连接"》，《经济日报》2011 年 11 月 30 日。

马嫒：《中国和东盟互联互通的意义、成就及前景——纪念中国—东盟建立对话关系 20 周年》，《国际展望》2011 年第 2 期。

尹鸿伟：《中国高铁驶向东南亚》，《南风窗》2011 年 3 月 18 日，参见 http：//www.nfcmag.com/articles/2747。

张强、周晓津：《国内主要城市发展高铁经济比较研究》，广州市社会科学院 2013 年所立项课题。

周晓津著《高速铁路、城际轨道和城市地铁融资租赁研究》，经济科学出版社，2015。

B.9 关于广州关区小商品出口贸易情况的调研报告

广州海关风控中心小商品课题组[*]

摘　要：	本文通过剖析广州海关辖下口岸小商品出口现状、存在问题及其产生原因，就如何破解广州小商品出口发展难题进行综合分析，并对完善小商品出口业务发展、做大做强关区物流、促进广州市的外贸出口增长提出若干建议。
关键词：	小商品　出口　调研

小商品出口作为广州关区出口物流的重要业务，近年来得到长足发展，同时成为关区做大物流的重要增长点。但在业务发展的同时，遇到了一些瓶颈问题，亟待破解。为了进一步完善关区小商品出口管理，促进业务健康发展，推动关区口岸做大做强物流，本文课题组通过召开海关业务现场科长及骨干座谈会、企业座谈会、走访广东省小商品行业协会、广州市外经贸局（现广州市商务委员会，下同）、南沙港区进行调研等形式，围绕近年来广州关区小商品出口发展情况、主要特点、管理措施以及存在问题、产生原因进行综合分析，提出破解对策和建议。

---

[*] 课题组成员：周卫前，原广州海关风险管理处处长（现任西安海关副关长）；梁惠其，广州海关风险管理处副处长；徐志平，广州海关下辖南沙海关副调研员；苏小斌，广州海关风险管理处；李昭璟，广州海关风险管理处；李悦，广州海关风险管理处。

一 小商品行业定义

小商品又称简单商品，一般说来，泛指生产点多面广、品种花样繁多、消费变化迅速、价值相对较低的小百货、小五金、某些日常生活用品以及部分文化用品等。2008年，浙江中国小商品城集团股份有限公司联合中商流通生产力促进中心，在商务部、国家海关总署、国家统计局、清华大学等单位的大力支持下，依据联合国统计委员会编制的《主要产品分类》（简称CPC）的思想，依据小商品的属性把中国的小商品划分为16个大类、4202个种类、33217个细类，单品约达170万个。2008年7月3日，商务部正式批准《小商品分类与代码》于2008年11月1日实施。小商品行业是一个非常综合性的行业，与人们的生产、生活息息相关，产品覆盖了我们的衣、食、住、行、游、购、娱的每一个角落。

小商品出口业务，也称零担拼柜出口业务，主要是指国内货运代理人从市场上收集各种需要出口到同一目的港的零担货物或零散物资，通过拼箱整合成一个或数个货柜，整体运输出口，以达到减少运费、提高运输效率的物流运输业务方式。

二 广州关区小商品出口贸易基本情况

20世纪80年代末，随着"义乌小商品"的起步与发展，广东省的小商品经济也随之迅速发展，逐渐形成了以珠三角为中心的小商品行业带。相较义乌，珠三角小商品市场具有市场高度细分、各类专业市场迅速崛起的特点。资料显示，目前广州市范围内有超过3000家各类小商品专业批发市场，众多外商以人民币交易方式直接在市场采购多批次、多品种、少批量的小商品，委托物流公司以零担拼柜方式出口。

自2009年4月7日南沙海关验放第一票零担拼柜货物商品出口业务以

来，广州关区"零担拼柜小商品"出口业务发展迅速。海关统计数据显示，2013年6~12月[①]，广州关区出口小商品价值49.71亿美元，2014年这个数据已达209.63亿美元。关区开展小商品出口业务的口岸主要包括南沙新港、广州机场、番禺沙湾和内港芳村等，按货运量计分别占总体的96.5%、1.8%、0.7%和0.4%，按出口贸易额计分别占总体的78.3%、20.2%、0.6%和0.5%。鉴于开展小商品出口贸易以南沙口岸为主，下文主要以此为蓝本进行分析。

（一）南沙口岸小商品出口规模发展迅速

2014年南沙口岸小商品出口货运量约为中国小商品龙头义乌的四成半，出口值占同期广州关区外贸出口总额超过一成半。近几年来，各类小商品批发市场如雨后春笋般萌发出强盛的生命力，小商品出口外贸经济进入一个稳定较快的发展时期。南沙口岸从开展初期（2009年）月均出口值不足9000万美元，发展到2013年出口值月均6.9亿美元，2014年月均出口值再创新高，达13.68亿美元，增幅接近翻倍，月度出口规模实现大幅增长。2014年，南沙口岸累计出口小商品18.32万票、13.35万个集装箱，货运量249.96万吨，总值163.25亿美元，占同期南沙出口总值的53.8%，占广州关区外贸出口总额1038.56亿美元的15.7%。同期，杭州海关（金华、义乌）出口小商品38.64万柜、货运量560.06万吨，广州小商品出口货运量约为义乌的44.6%（见表1）。与2013年南沙出口小商品货运量为义乌的30.2%、出口总值占广州关区外贸出口总额的10.0%的数据相比，占比均有明显提高，显示南沙口岸出口小商品继续高速发展，在支撑广州关区出口外贸经济持续发展方面作用明显。

---

① 2013年6月份以前，对零担拼柜出口的小商品，由于报关单上未作标示，所以无法准确统计。本文提到的2013年小商品数据均以2013年6~12月为口径进行统计。

表1 2014年广州南沙、浙江义乌出口小商品数据对比

口岸	报关单数(万票)	自然柜数(万个)	货运量(万吨)	出口额(亿美元)
广州南沙	18.32	13.35	249.96	163.25
浙江义乌	39.28	38.64	560.06	205.37
比值(%)	46.6	34.5	44.6	79.5

（二）出口主要流向东盟、中东和非洲地区，非洲增长较快，小商品种类结构与周边货源地相符

2014年，南沙口岸小商品对东盟出口80.4亿美元，占49.1%；对非洲和中东地区分别出口62亿美元和3.2亿美元，分别占37.6%和2.0%（见表2）。对非洲新兴市场出口增速明显，所占比重从2013年的7.0%上升到37.6%，大幅提高了30多个百分点。按出口国别统计，对马来西亚、印度尼西亚、新加坡、尼日利亚、印度分别出口44.6亿美元、19.8亿美元、13.4亿美元、12.6亿美元和8.6亿美元，5国合计占同期南沙口岸小商品出口总值的60.5%。

表2 2014年南沙零担小商品主要出口市场情况

单位：万美元，%

主要出口市场	出口值	所占比重
东　盟	803997	49.1
非洲地区	615333	37.6
中东地区	32121	2.0
欧　盟	22906	1.4

小商品出口业务也成为维持以上地区航线的主要业务类型，对南沙外贸航线发挥了重要的支撑作用。据了解，目前南沙港区有外贸集装箱班轮航线37条，其中非洲航线12条，亚洲航线8条，中东、北欧航线7条，合计27条航线，靠小商品出口业务支撑的航线占南沙外贸航线总数量的

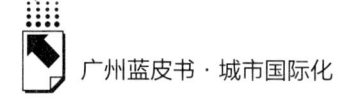

73%。

南沙出口小商品品种以家具、服装、电器、陶瓷、鞋类、塑料制品为主。其中,家具占最大头,占同期小商品出口总值的29.2%,其次是服装、鞋靴,占16.5%,电器和陶瓷产品分别占7.2%和5.8%。据了解,出口小商品的货源地主要来自周边的批发市场和商贸城,如服饰鞋类多源自广州、东莞,日化用品多来自广州,家具主要来自于佛山顺德,灯具灯饰来自于中山,瓷砖洁具多来自于佛山南海等等。

(三)从事零担小商品出口业务的经营单位将近七成是外省外贸公司

据统计,2014年南沙口岸以异地经营单位名义报关出口值约占该口岸小商品出口总值的76%,其中外省外贸公司占到69%。这一比例在2013年10月份以前更高,接近97%。关区小商品出口主要都是以"一般贸易"方式申报,报关单证经营单位、货主单位多为外省外贸公司。

据行内人员透露,报关单经营单位与真实经营主体(外商)没有实际贸易关系,使用外地经营单位报关主要是地方外贸奖励补贴差异趋利行为,同时可免除出口后办理相关手续的麻烦。小商品的贸易链条通常是外商采购–货代揽货–报关公司报关,货代揽货打包装箱后视报价确定合作的报关公司,并将货物的简要情况告知报关公司;报关公司自主决定使用企业单证,在地方外贸不景气时期,报关企业使用外地企业单证甚至可以分享部分补贴。2013年10月份以后,广州关区试行以"旅游购物商品"(0139)方式管理此项业务,在地方政策的导向下,吸引广州本地企业以"旅游购物商品"方式申报小商品出口业务。2013年11~12月以外地经营单位名义报关出口总值占比随即下降至23%。到2014年,由于地方政策延续与否存在不确定性和其他限定性条件,南沙口岸以"旅游购物商品"(0139)方式出口小商品呈现月度波动态势,个别月份甚至停止0139方式出口。年内,又回复从前的以一般贸易为主的申报模式,经营主体又多以异地经营单位为主(见表3)。

表3 2014年南沙不同贸易方式出口零担小商品情况

单位：万美元，%

出口年月	一般贸易方式(0110)出口额	旅游购物方式(0139)出口额	异地企业占比
2014年1月	99143	1885	98.1
2014年2月	18576	—	100.0
2014年3月	93919	—	100.0
2014年4月	167875	—	100.0
2014年5月	197057	3115	96.9
2014年6月	126967	34394	77.2
2014年7月	24812	159124	13.5
2014年8月	8088	150795	5.1
2014年9月	138400	12510	90.4
2014年10月	157850	71	99.9
2014年11月	127533	14	95.8
2014年12月	100015	10379	86.2
合　计	1260235	372287	76.0

（四）"旅游购物商品"（0139）贸易方式极大地推动了关区小商品出口业务的蓬勃发展，对促进外贸增长拉动作用明显

2014年广州关区出口小商品209.63亿美元，其中，以"旅游贸易方式"（0139）出口82.78亿美元，比上年大幅增长4.55倍，占小商品出口总额的39.5%，对关区外贸出口增长的贡献度达27.6%。以广州机场为例，该口岸2014年1月才开始以"旅游购物商品"（0139）这一贸易方式试行出口小商品，2014年该口岸共出口10.69万票，累计出口4.67万吨，货值42.31亿美元，占该口岸出口总值的20.4%；同期南沙口岸以"旅游购物商品"（0139）方式出口小商品37.60亿美元，也比2013年大幅增加23.28亿美元，增幅1.63倍。据统计，广州市属企业2014年旅游购物贸易方式出口额增加了72.64亿美元，对广州市出口外贸增长的贡献度为73.3%，同期一般贸易出口额增幅仅为4.1%。在主要贸易方式表现平平的情况下，旅游购物贸易方式大幅增长，成为拉动广州外贸增长的主力。

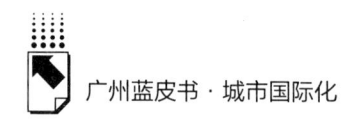

三 存在问题与原因分析

（一）货源地集中在珠三角地区，但在广州关区报关的仅占一成

据从事小商品出口业务多年的行内人士反映，如果按照关区划分，小商品出口货运量深圳海关占七成、黄埔海关占二成、广州海关约占一成。小商品出口偏好走深圳，除了港口物流运输体系优势外，据闻在深圳报关出口的小商品管理较为灵活，同时存在专业的团队代办退税等相关业务操作。其他管理部门方面，广州的外汇和国税部门对外汇核销、退税核销要全程跟踪，而在外地某些地区管理尺度宽松很多。

（二）小商品固有特点使之与海关传统的监管要求难以相适应，海关监管难度大

由于小商品固有的特点是品种繁多、包装各异、装箱通常按不同外商的货物堆放，因此出口申报商品要素不齐、准确性不高（如重量），随附单证也非原始单证，基本是报关企业根据货代提供的简要信息填制，难以反映商品及装箱的实际情况，海关靠单证审核难以发现、排除风险，监管查验难度大，出现单货不符的情况比较普遍。如果按照普通出口货物监管要求，要确定"单货是否相符"，必须耗时费力对货物进行分类核点才能查验清楚，耗费时间通常要比普通货物多几倍，南沙新港是大型国际化海港，进出口货柜数量多，查验工作负荷重，而一旦发现问题，需要查验关员根据小商品的特点独立做出判断，查验关员又要承受一定的心理压力。

（三）制度层面缺乏切实可行的指导性文件和操作规范

目前对小商品的监管，海关总署等部委仅对义乌给予了明确的政策文件支持。但在制度方面，对于小商品货物与普通货物出口的监管要求有哪些不同、如何规范申报、如何执行查验、异常情况如何处理等在总署层面目前缺

乏切实可行的指导性文件和操作规范，监管难度大，存在很大困扰。制度的缺失也客观上带来了执法难以统一的问题。

四 对策与建议

经过长期的发展，小商品行业从产品设计、生产制造、市场开拓到专业市场的发展，已经形成了一个非常强大而又成熟的产业链，特别是在配置资源、扩大内需、促进就业、引导生产、搞活流通、形成价格、推动经济发展等方面也都发挥了重要作用。促进小商品出口业务发展，有利于南沙外贸航线的稳定增长，有利于广州关区做大做强物流，对广州市的外贸出口增长也具有积极意义。南沙港区具备大型国际化海港的区位优势和一定的政策优势，2012年9月，国务院以国函〔2012〕128号批复的《广州南沙新区发展规划》中明确"支持南沙港区口岸开展零担拼柜出口业务"；2013年，在广东省申报自贸区方案中也明确提出市场采购方式适用于自贸区。随着2014年底广东前海南沙横琴自贸试验区获批设立，作为自贸试验区面积最大、被寄予更多期望的一个，南沙片区将成为广州未来发展引擎。充分利用自贸试验区先行先试的政策优势，大力发展培育南沙港区作为广州关区小商品出口贸易港口的龙头，促进小商品出口贸易健康发展正当其时。

总体管理思路：按照"风险可控、源头可溯、鼓励发展、规范管理"的原则，在建立完善小商品出口管理规范的基础上，推进出口小商品专业化口岸建设，积极推动"市场采购"试点申报工作，对经营者实施差别化管理，优化海关监管查验，突出综合管理，统一执法，努力实现"管得住、通得快"的有机统一。

（一）加强分类管理，规范报关企业行为

针对小商品出口经营主体复杂，商品种类繁多、拼柜出口等情况，要重点加强对报关企业的规范管理，探索建立分类管理模式，加强对行业及报关企业的政策宣传，引导企业守法自律，培育本地优质企业做大做强。一是落

实"由企及物"管理理念，鼓励、引导本地物流企业自营出口小商品，保证货物流与单证流一致，真实反映进出口活动，也有利于广州专业市场发展和外贸发展；二是以分类管理为基础，体现差别化管理措施。对守法经营的企业提高通关效率，对违规企业进行严格管理，加大扶持和培育本关区自营小商品企业适用较高类别管理；三是对从事小商品出口企业风险要素分析重点放在骗取出口退税、存在严重侵权行为、禁限出口货物夹藏等。

（二）引入底线思维模式，在守住底线的前提下，优化海关监管查验工作

一直以来，南沙海关对出口小商品保持不固定的现场查验力度，并不定期开展专项规范行动，结果反映口岸整体守法状况良好。小商品货物具有品种繁多、数量零星等固有特点，与普通出口货物有明显区别，若按照普通出口货物的监管措施进行监管，小商品出口业务将难以发展。建议结合现场监管查验实际，进一步优化小商品出口监管查验工作，以打击夹藏禁限物品、出口涉证涉税货物、严重侵权行为为监管重点，减轻现场压力，提高通关时效。

（三）突出综合管理，出台相关规范，统一口岸执法尺度

小商品出口监管问题，涉及缉私、审单、监管、统计、法规等多个业务职能领域，要作为一个链条一并予以研究明确。建议根据小商品特性，对涉及的业务操作做出明确的指引，明确对小商品监管规范，在守住禁限类、涉证涉税、严重侵权底线的前提下，对影响统计处罚标准、移交缉私标准、移交法规标准都应有相应的制度予以统一。

（四）积极推动小商品出口成为"市场采购"贸易方式试点

小商品出口业务与传统贸易通关模式的主要不同：一是经营主体（发货人）是外商；二是交易行为在国内市场已完成；三是市场交易环节不征增值税，出口环节不退增值税；四是不涉及贸易管制，无论采用一般贸易方

式还是旅游购物商品方式来管理，客观上都存在"被迫适应""被扭曲"的问题。

"市场采购"贸易作为一种新型的外贸出口方式，根据《商务部 发展改革委 财政部 海关总署 税务总局 工商总局 质检总局 外汇局关于同意在浙江省义乌市试行市场采购贸易方式的函》（商贸函〔2013〕189号）目前已经在义乌开展试点，并且于2014年11月1日已经正式实施（海关总署〔2014〕54号公告）。据相关数据显示，2014年12月义乌地区出口小商品总额环比上月大幅上升87.3%，很大程度上也反映了市场对这一新型贸易方式的接受度和欢迎度。2013年7月，《国务院办公厅关于促进进出口稳增长、调结构的若干意见》（国办发〔2013〕83号）提出"推进市场采购贸易发展，在总结义乌试点经验的基础上，适时扩大试点范围"，广东省政府、广州市政府也先后出台有关文件（粤办函〔2013〕665号、穗府办〔2013〕40号）予以跟进。海关应主动加强与广州市政府以及有关部门的合作，抓住国家发展前海南沙横琴自贸区和跨境贸易电子商务服务试点城市的机遇，结合广州市专业市场转型升级发展规划，加快研究制定与市场采购模式相匹配的海关监管政策，推动广州成为"市场采购"贸易方式试点城市。据市外经主管部门介绍，鉴于珠三角小商品市场分布较为分散、缺乏一个全面而又整体组织的管理体制，在试点前期准备上，应着重培育目前广州比较成熟、具有辐射华南地区能力的内外贸结合专业市场①，如花都狮岭皮具市场，按市场采购贸易集聚区的条件加强市内皮具市场的规范整合，搭建优良且富有效率的综合商务平台和相关配套，以此作为"市场采购"试点基础，尽快形成经验报告报商务部，申请增加广州作为"市场采购"的扩大试点，促进广州小商品市场的快速发展。对此，海关可加强与外经主管部门的联系配合，提前介入，密切关注和参与花都狮岭皮革皮具城内外贸结合商品市场的培养，将有效管理的链条延伸至市场，充分借助市场的力量规范小商品出

---

① 内外贸结合专业市场，全国目前批了3家，分别为浙江省义乌中国小商品城、江苏省叠石桥国际家纺城、浙江省海宁中国皮革城。据了解，花都狮岭皮具市场作为国内重点培育内外贸结合专业市场的相关申报工作正在积极进行当中，商务部已于近期考察并予以较高评价。

口业务，协调商检、外管和国税等外贸管理部门，出台通关方面的便利措施，探索国际贸易"单一窗口"建设，促进口岸部门"信息互换、监管互认、执法互助"，直接减轻通关现场的压力，推动"市场采购"贸易方式落地。同时进一步发挥南沙港的枢纽辐射功能，构建海港、空港、无水港的联动机制，推进南沙港区作为配套小商品专业化通关口岸的建设，促进其健康稳定发展。

B.10
加快转型升级提升广州外贸
竞争力的对策思路

胡彩屏[*]

摘　要： 本文从顺应我国进一步扩大开放、加快改革创新的经济新常态的角度，结合广东自贸试验区建设和广州打造国际航运中心、国际贸易中心和国际物流中心的战略任务，分析了广州外贸面对新的国内外经济贸易环境存在的问题和挑战，提出了加快外贸转型升级、提升广州外贸国际竞争力的具体对策措施。

关键词： 广州　转型升级　外贸竞争力

广州作为国家中心城市和对外开放的门户，改革开放以来不断加快经济国际化步伐，日益融入世界经济大循环。特别是中国加入世界贸易组织后，广州进一步抓住与世界接轨的机遇，全方位、宽领域、多层次地扩大开放，充分利用国外市场和资源，大力发展开放型经济，对外贸易持续快速增长。从2001年至2011年的十年间，对外贸易连续每年迈上一个百亿美元台阶。随着世界经济格局的深度调整，广州的对外贸易发展面临新的机遇与挑战，加快推动进一步开放、改革和创新，充分利用"两种资源、两个市场"，促进外贸结构调整和发展方式转变，提升外贸质量效益，成为增强广州外贸竞争力的重要突破口和最为迫切的战略任务。

---

* 胡彩屏，广州市商务委开发区处处长。

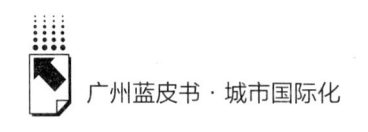

一 广州外贸转型升级的主要表现

近年来，广州外贸一直保持持续快速增长的势头。2014年，广州外贸进出口8023.4亿元（1306亿美元），同比增长9.8%。其中，出口4467.7亿元（727.2亿美元），增长15.8%；进口3555.7亿元（578.8亿美元），增长3.2%。尽管2008年以来受到历次国际金融危机的巨大冲击，但是在采取了一系列应对措施后，对外贸易在逆境中仍然实现了大幅增长，金融危机的冲击也倒逼广州外贸转型升级步伐不断加快，贸易质量和效益逐步得到提升。

（一）货物贸易结构进一步优化，贸易主体、市场、产品多元化发展取得明显成效

从贸易主体来看，截至2014年底，广州备案登记的对外贸易经营者共21180家。外商投资企业一直是广州外贸发展的主要力量，但比重有所下降。2014年，广州外商投资企业进出口4165.0亿元，同比增长4.1%，占全市进出口总值的51.9%，比2013年下降2.3个百分点；民营企业和成长型中小企业发展壮大，民营企业进出口总值2319.1亿元，相比增长25.8%，占28.9%，比2013年上升3.9个百分点；国有企业进出口1433.6亿元，相比增长0.8%，占17.9%，比2013年下降1.4个百分点。大型骨干企业对外贸贡献较大，2014年，广州进出口值前30位的大型企业进出口2577.4亿元，占同期广州外贸总值的32.1%，对广州外贸增长的贡献度达到111.8%。

表1 2014年广州主要企业类型进出口统计

单位：亿元，%

名称	进出口 金额	进出口 同比	进出口 比重	出口 金额	出口 同比	出口 比重	进口 金额	进口 同比	进口 比重
国有企业	1433.6	0.8	17.9	792.2	0.1	17.7	641.4	1.7	18.0
外资企业	4165.0	4.1	51.9	2114.4	3.3	47.3	2050.6	5.1	57.7
民营企业	2319.1	25.8	28.9	1555.4	47.8	34.8	763.8	-3.6	21.5
其他企业	105.7	-6.3	1.3	5.8	-0.3	0.1	99.9	-6.7	2.8
合计	8023.4	8.7	100.0	4467.7	14.6	100.0	3555.7	2.2	100.0

从贸易市场来看，广州对欧盟、美国、东盟、日本及中国的香港地区等主要贸易伙伴进出口均保持增长，进出口额分别为1108.5亿元、1104.2亿元、972.4亿元、814.2亿元和921亿元，同比分别增长13.6%、3.5%、10.5%、2.7%和5.5%。对东盟、俄罗斯和非洲等新兴市场进出口保持两位数快速增长，分别达到10.5%、13.0%和51.1%，高于全市平均水平。目前，广州对外贸易市场已拓展到220多个国家和地区，年进出口额超亿美元的贸易伙伴超过60个。

表2 2014年广州进出口市场地区统计

单位：亿元，%

名称	金额 出口	金额 进口	金额 进出口	同比增长 出口	同比增长 进口	同比增长 进出口
欧盟	607.6	500.9	1108.5	12.3	15.1	13.6
美国	731.6	372.6	1104.2	4.2	2.1	3.5
东盟	530.7	441.7	972.4	24.8	-2.8	10.5
中国香港	886.5	34.5	921.0	5.8	-1.4	5.5
日本	194.5	619.7	814.2	4.2	2.3	2.7
非洲	354.0	231.7	585.7	82.3	19.7	51.1
俄罗斯	73.7	13.9	87.6	17.5	-5.8	13.0
拉丁美洲	270.7	111.5	382.2	-0.1	4.8	1.3
合计	4467.7	3555.7	8023.4	14.6	2.2	8.7

从出口产品来看，广州出口产品呈多元化发展，出口值前十大商品占出口总值的比重等多元化指标位居全国前列，在广东省内名列前茅。机电、高新技术产品出口稳步上升，近5年出口年均增幅超过劳动密集型产品出口年均增幅。2014年，机电产品出口2199.0亿元人民币，同比增长13.7%，占全市出口总值的49.2%；高新技术产品出口777.9亿元，增长16.9%，占全市出口总值的17.4%。机电产品中电器及电子产品、机械设备、运输工具、仪器仪表、金属制品五大类重点机电产品出口2029.9亿元，占全市机电产品出口额的92.3%。高新技术产品中计算机与通信技术、光电技术和

173

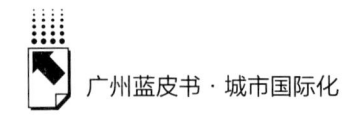

电子技术产品三大类产品出口656.8亿元,占全市高新技术产品出口额的84.4%。

(二)外贸平衡度较好,进出口贸易协调发展

广州努力发挥进口对经济平衡和结构调整的重要作用,外贸平衡度基本保持在0.95～0.99,达到进出口平衡较为理想的水平。随着经济的快速发展和国家鼓励进口政策的刺激,广州对资源、能源性产品的进口需求不断增强。机电、高新技术产品进口平稳增长,有力地带动了本地的产业升级和技术进步。2014年,广州机电产品进口1569.3亿元人民币,同比增长7%,占广州进口总值的44.1%;高新技术产品进口987.0亿元,增长11.4%,占广州进口总值27.8%。机电产品中仪器仪表、机械设备、电器及电子产品、运输工具、金属制品五大类产品进口额1548.8亿元,占全市机电产品进口额的98.7%。

(三)服务贸易快速发展,服务外包结构不断优化

旅游、商业服务和运输等传统服务贸易稳步发展,技术、金融、文化等新领域不断拓展,服务贸易规模效益大幅提升。2014年,广州服务贸易进出口总额243.6亿美元,同比增长22.5%。其中,出口126.3亿美元,同比增长36.4%;进口117.3亿美元,同比增长10.4%。服务贸易与货物贸易比为1:5。在服务贸易12个类别中,旅游、商业服务和运输规模居前三位,其中旅游进出口额96.0亿美元,占服务贸易总值的39.4%;运输服务进出口额41.1亿美元,占16.9%;其他商业服务进出口额39.3亿美元,占16.1%。服务外包实现跨越式发展,业务领域大幅拓展。2014年,服务外包全口径合同额78.54亿美元,同比增长26.7%;离岸合同额47.7亿美元,同比增长24.3%;离岸执行额31.8亿美元,同比增长21.6%,规模连续4年保持全省及华南地区首位,占全省50.0%。在离岸执行额中,以医药和生物技术研发测试、产品技术研发、分析学和数据挖掘等为主的知识流程外包(KPO)成为广州服务外包最大亮点,以软件研发及外包、信息系统运

营维护外包为主的信息技术外包（ITO）和以企业业务流程设计服务、企业供应链管理服务为主的业务流程外包（BPO）稳步增长，信息技术外包、业务流程外包和知识流程外包三大业务类型占服务外包总值的比重分别为18.9%、23.4%和57.7%。

（四）贸易方式趋向多元化，贸易质量进一步提升

一般贸易比重持续上升。2014年，广州一般贸易进出口3634.1亿元人民币，增长0.9%，占广州外贸的比重由2001年的43.1%增长到2014年的45.3%。加工贸易曾经是广州外贸的半壁江山，目前比重不断下降。2014年，加工贸易进出口2994.1亿元，同比下降2.4%，占广州外贸的比重由2001年的50.6%下降到2014年的37.3%。新兴贸易方式快速发展，以保税物流（海关特殊监管区域物流货物和保税监管场所进出境货物）、租赁贸易、市场采购为主的贸易方式共进出口1395.2亿元，增长96.6%，占全市贸易总额的17.4%。

表3 2014年广州外贸主要贸易方式统计

单位：亿元，%

名　称	金额			同比增长		
	出口	进口	进出口	出口	进口	进出口
一般贸易	1881.1	1753.0	3634.1	3.8	-1.9	0.9
加工贸易	1746.2	1247.9	2994.1	-2.9	-1.7	-2.4
海关特殊监管区域	296.6	391.5	688.1	67.2	18.1	35.2
租赁贸易	0.4	106.1	106.5	8.6	60.4	60.2
特殊区域设备	—	53.0	53.0	—	123.1	123.1
其他贸易	539.4	1.9	541.3	486.3	66.7	481.2
合　计	4467.7	3555.7	8023.4	14.6	2.2	8.7

（五）加工贸易转型升级成效显著，产业结构不断优化

广州按照"分类指导、有序推进、重点突破、先易后难、以点带面"

的原则推动加工贸易转型升级，重点推动企业设立研发机构、创建品牌，成为广东省加工贸易转型升级的重点城市。以引进高端产业、扩大加工贸易产品内销、鼓励企业进口先进技术和设备三个方面为突破口，推动加工贸易企业优化结构。鼓励企业通过研发设计和品牌建设，实现从OEM、ODM向OBM的转变，形成自主知识产权和自主品牌。2014年，全市加工贸易OEM和ODM混合生产比重已超过67%。近年来，加工贸易企业累计设立研发机构200多个，拥有自主品牌约1700个。11家企业获评全国加工贸易转型升级示范企业，占全国的1/5，40家企业获评省加工贸易转型升级示范企业，占全省的1/7。

（六）新兴贸易方式迅猛发展，成为外贸新的增长点

近两年来，广州通过加大政策支持，重点推动旅游购物商品出口、跨境贸易电子商务、市场采购贸易等新兴贸易方式发展，成为拉动广州外贸增长的新引擎。2014年，旅游购物商品出口激增，出口值539.3亿元，大幅增长4.9倍，占广州出口总值的6.7%，对外贸进出口的贡献度为69.3%。跨境电子商务进出口额13.1亿元人民币，居全国试点城市第一位。受益于上海自贸试验区优惠政策复制推广、中国（广东）自贸试验区的获批，以及白云机场综保区封关验收、南沙保税港区海关总署批复16条先行先试监管措施的实施，广州保税物流、租赁贸易进出口大幅增长，2014年，保税物流进出口688.1亿元，增长35.2%，占广州进出口总值的8.6%，对外贸进出口的贡献度为27.8%；租赁贸易进出口106.1亿元，增长60.2%，贡献度为6.2%。2013年9月获批国家跨境贸易电子商务服务试点城市以来，内外贸结合专业市场、市场采购、外贸综合服务、企业供应链管理服务，以及外商投资融资租赁、商业保理等为外贸服务的新兴业态快速发展，成为带动广州外贸发展新的增长点。

（七）外贸转型升级平台和载体不断完善，贸易环境更加优化

目前，广州拥有三个国家级开发区、四个省级开发区和五个海关特殊

监管区域，这些都是推进广州外贸发展的重要载体。近年来，南沙保税港区、白云机场综合保税区等海关特殊监管区封关运作，广州又先后被认定为国家汽车及零部件出口基地、国家船舶出口基地、国家摩托车及零部件外贸转型升级基地、国家医药出口基地、国家软件出口基地和中国服务外包示范城市、落实CEPA示范城市、国家科技兴贸创新基地（从化）。广州还拥有获得国家认定的三个外贸转型升级示范基地（花都狮岭箱包外贸转型升级示范基地、番禺珠宝首饰外贸转型升级示范基地、增城牛仔服装外贸转型升级示范基地），两个省级外贸转型升级示范基地（广州市番禺灯光音响外贸转型升级示范基地、广州市花都声频电子外贸转型升级示范基地）。投资环境的完善和特殊功能区域的政策优势，成为广州外贸转型升级的重要基础。

二 广州外贸发展面临的新形势

当前，国际经济出现了新走势，我国经济也进入了新常态，将会对广州未来几年的外贸发展产生深远影响。

（一）国际经济发展新动向

世界经济还处在深度的调整期，总体复苏疲弱态势没有明显改观，这是外贸发展最大的不确定因素。自国际金融危机以来，世界经济增长新动力尚未形成，全球围绕市场和资源的争夺日益激烈。在缺乏重大技术革命和产业变革的情况下，世界经济将很难恢复到危机前的增长水平。同时，在全球需求结构变化、国际分工体系挑战、贸易保护主义强化的背景下，世界经济增长对国际贸易的带动作用减弱，这对广州的贸易增长有不利影响。

欧美日等发达市场经济复苏速度不一，这些地区的外需增长面临不确定性。新兴市场的经济风险正在累积，以石油为代表的大宗商品价格暴跌，对依赖能源资源出口的俄罗斯、中东和部分非洲、拉美国家经济带来隐患，也会拉低广州大宗商品进口数值。发达国家大力推进以"21世纪新议题"为

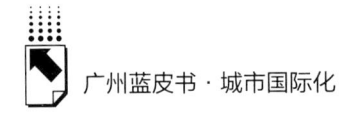

标志的高标准自贸区建设，全球经贸规则面临重构，广州必须加快扩大开放，加快改革创新，才能赢得新一轮贸易投资自由化红利。

（二）国内经济发展新趋势

当前国内要素成本持续上升，传统竞争优势有所弱化，竞争新优势还在形成之中，外贸发展已进入一个增长动力重构和发展方式转换的新阶段。从比较优势看，金融危机发生前，国际市场空间扩张很快，我国又有劳动力成本低的巨大优势，因此出口迅速扩大。现在，全球总需求不振，我国的低成本比较优势也正在改变。从商品结构看，过去，我国主要靠服装、箱包、玩具等传统产品和一般机电产品打天下。现在，产业技术不断升级，商品输出和资本输出并行发展，我们亟须培育高新技术产品、大型成套设备等优势产品，同时大力发展海外生产加工，既要稳住"数量"份额，更要提高"价值"含量。从要素投入看，我国外贸发展今后将更多依靠人力资本质量和技术进步，"创新"成为拉动外贸发展的重要引擎。

在经济新常态下，广州迎来国家实施"一带一路"和自贸试验区战略等重大机遇的叠加，广州外贸发展面临新的机遇。作为千年商都，广州是古代海上丝绸之路的发祥地，是从未关闭过的对外通商口岸，也是"一带一路"的重要节点。广州正着力构建"三中心一体系"，即国际航运中心、物流中心、贸易中心以及金融服务体系相互融合的格局，通过现代服务业和先进制造业双轮驱动，打造市场化、法治化、国际化的营商环境，这必将极大提升贸易投资便利化水平，为外贸转型升级和持续发展注入新的动力。广州仍然具备劳动力素质较高、基础设施和产业配套比较完善、营商环境持续改善等综合竞争的优势。改革和政策因素为外贸发展注入新动力，也有利于激发市场的活力，形成新的竞争优势。

三 提升广州外贸竞争力的对策措施

广州要通过实施更加积极主动的开放战略，加大引资、引技、引智力度，以科技、金融、总部经济为重点，进一步提升现代服务业和先进制造业的能级。加快外贸转方式、调结构的步伐，形成高水平的对外开放格局，大力促进投资贸易便利化和生活服务便利化，推动外贸发展上新的台阶。

（一）加快自贸试验区建设，抢占开放型经济新的制高点

2014年12月12日，国务院常务会议同意在广东、天津、福建特定区域再设三个自由贸易试验区。2015年3月24日，中共中央政治局会议审议通过了《中国（广东）自由贸易试验区总体方案》。这对广州加快南沙新区建设进而撬动全市的发展是一个重大的利好和契机。这是继2012年获批为国家新区后，南沙承担的又一个新的国家战略，南沙新区迎来了国家战略新区与自贸试验区"双区"叠加发展的新阶段，广州又一次承担起为全国体制机制创新先行探路的使命。广州应抓住机遇，不断深化改革，利用好自贸试验区制度创新和改革开放的高地效应，围绕推进投资管理、贸易便利化、金融创新和服务业开放、事中事后监管等方面尽快探索形成和推出一批创新制度，从而吸引更多投资和贸易者来到广州兴业发展，构建高端、高质、高新产业体系，促进产业集聚发展，增强对全国、全省的辐射带动作用。

（二）加快外贸发展方式转变，提升贸易质量和效益

加快推动外贸发展由规模速度型向质量效益型转变。鼓励"三自三高"（具有自主知识产权、自主品牌、自主营销、高科技含量、高附加值及高效益）企业进驻，做大做强汽车、石化、电子信息、装备制造、生物医药等支柱产业，提升出口产品质量效益。加大机电、高新技术产品出口，提高劳动密集型出口产品质量、档次和附加值，提升传统优势产品出口效益，提高"广州创造""广州制造"和"广州服务"在国际、国内市场的影响力。

加大对新型市场的开拓力度，大力开拓"三东两南"（东盟、中东、东

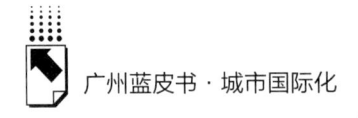

欧、南美、南非）市场，发挥广州作为"一带一路"的桥头堡和枢纽城市的优势，构建多元化的国际经贸合作格局。

加大对民营企业、中小微企业的扶持力度，解决企业融资、用工及市场等难题，增强外贸发展主体的活力。继续推动招商引资，围绕广州的先进制造业和现代服务业十大重点产业引进跨国投资，发挥外资企业的出口龙头带动作用。大力发展总部经济，鼓励大型国企、跨国公司参与广州的重大工程建设、公共服务产品采购，解决企业对用地、税收、用工、政府服务等方面的需求，进一步完善金融、外汇、离岸业务等配套体系，推动大型企业在广州设立有独立法人资格的区域总部或子公司。

（三）加大进口带动，促进贸易结构优化

贯彻落实好国务院关于加强进口的政策措施，结合全市重点项目建设，统筹规划重大先进装备进口，结合重大科技攻关项目，做好技术设备进口工作。加快汽车进口，把握南沙汽车整车进口资质获批的机遇，发挥南沙汽车码头的优势和潜力，拓展汽车贸易、商务、金融等配套服务，形成产业链完善、竞争优势突出的汽车产业集群。加大对外贸滚装运输船公司和汽车经销商的宣传力度，形成积极的示范带动效应，做好政策配套和服务支持，打造好南沙"国际汽车产业基地"。建立大型进口商品交易中心，积极推动广州保税区申报国家进口贸易促进创新示范区。充分利用南沙自贸试验区、白云机场综保区等政策优势，建立集进口商品展示和销售、旅游观光和购物、金融和国内外物流于一体的大型商贸中心，打造进口消费品进入国内市场的重要平台。利用广交会进口平台拓展会展产业链，积极开展"前展后贸"业务，利用国际会展渠道扩大进口。

（四）加快服务贸易发展，拓展服务外包领域

优化提升服务贸易结构，进一步巩固商业服务、运输、旅游等优势领域，加快发展文化出口、技术进出口、软件及动漫等新兴领域。率先推进与港澳服务贸易自由化，在金融服务、商贸服务、现代航运服务和专业服

务等领域扩大对港澳开放。制定关于加快广州服务贸易发展的政策措施，争取在政策体系、园区建设、重点领域和企业等方面走在全国前列。加快服务外包示范城市建设，重点引进信息技术、生物医药、时尚创意等领域的服务外包企业，力争吸引更多的世界500强和国际服务外包100强企业来穗投资。充分用好用活国家最新政策，大力发展信息服务、金融服务、文体服务和建筑服务等服务外包领域，拓展供应链、超算、云服务、大数据、动漫网游、生物医药、会展咨询、商业咨询和共享中心等服务外包新业态。搭建具有国际先进水平的外包产业平台，扶持一批"专、精、特、新"中小型企业成长。

（五）加快外贸新业态发展，培育新的竞争优势

把握当前跨境贸易电子商务和市场采购蓬勃发展的机遇，用好跨境贸易电子商务服务试点政策，推动传统生产方式与新生产业态、传统外贸方式与新商业模式的结合。着力培育一批大型外贸综合服务企业，引导专业外贸电子商务平台与花都狮岭、增城牛仔等专业镇、专业市场合作，带动更多中小企业出口。支持外贸供应链管理、市场采购贸易等外贸新业态发展，遴选、培育一批专业市场申报国家内外贸结合专业市场试点资格，发展市场采购业务。加快跨境贸易电子商务公共服务平台建设，解决跨境电商退免税、进出口通关、检验检疫、结汇等方面问题，争取更多企业通过电子商务开拓国际市场，培育外贸新的增长点。

大力发展融资租赁。国家已明确在南沙开展融资租赁相关试点工作，省、市将出台相关政策，把南沙建设成为继天津滨海、上海浦东之后的第三个融资租赁聚集地。人民银行等10部委出台的南沙金融创新15条政策，要求南沙建设全国首个内外资融资租赁行业统一管理体制改革试点地区。南沙形成了较发达的汽车制造业、临港先进制造业、高新技术产业等产业集群，为融资租赁业发展提供了巨大的市场空间。目前，南沙已注册有近40家融资租赁企业，注册资金超过150亿元，成为广州融资租赁发展最快的地区。广东省唯一的银行系金融租赁公司在南沙开业；国内最大的渤海租赁公司南

沙单机单船租赁子公司即将落户；中船已在南沙设立融资租赁公司，将开展船舶租赁等。今后可以利用南沙自贸试验区、白云机场综保区等区域的特殊政策，把融资租赁作为战略性主导产业，继续优化融资租赁发展环境，倾力打造融资租赁业的服务高地、成本洼地和人才聚集地，尽快形成千亿级融资租赁产业集聚区。

（六）发展高端加工贸易，促进产业转型升级

加工贸易仍然是广州对外贸易的重要方式，要下大力气推动加工贸易转型升级。加大研发和创新的投入，提高企业的技术水平和产业配套能力，支持本土加工贸易企业建立生产力提升辅导服务平台、技术创新平台以及品牌推广平台，提高加工贸易整体的技术开发和创新能力，承接发达国家高新技术产业的产品加工和配套服务。推动加工贸易企业将地区总部、研发、营销等环节放在广州，延伸产业链条，发挥加工贸易的技术外溢和产业带动效应。推动加工贸易主体多元化，减少对外商投资的单一依赖，避免国际经济波动带来的影响。加快推动产业转移，淘汰落后产能和污染项目，发挥加工贸易的动态效应，实现产业结构转型升级。

（七）加快海关特殊监管区域整合优化，发挥重要平台的功能和优势

海关特殊监管区域是承接国际产业转移、促进产业升级、辐射带动周边地区发展的特殊经济区域。上海自贸试验区就是以4个海关特殊监管区域为基础设立的，在政策创新、扩大开放中先行一步。天津充分发挥保税港区的政策优势，加快飞机租赁业务发展，推动了海关特殊监管区域物流货物进口的迅猛增长。广州要按照市政府制定的《广州市海关特殊监管区域整合优化工作方案》，加快创新管理体制、整合优化现有区域、推动监管制度创新、加强信息化建设等，推进海关特殊监管区域的功能提升和创新发展。着重研究海关特殊监管区域和自贸试验区政策及管理的衔接问

题，按照各区域不同的功能定位，争取形成错位发展、联动发展的态势。对于未获得自贸试验区的广州保税区和白云机场综保区，可重点加强广州保税区、广州出口加工区和广州保税物流园区的整合优化工作，支持白云机场综保区申报国家级航空经济示范区。加快推动海关特殊监管区域信息化（辅助系统）的统一建设、运行维护以及电子口岸建设，营造便利的通关环境。

充分发挥开放型发展平台要素集聚、产业集群、资源集约的优势，以市"2+3+11"重大发展平台为依托，着力引进具有龙头带动作用的项目，以骨干项目发展带动产业链条完善，以产业链条完善促进外贸进一步发展。加快推动经济开发区升级、扩区，引导总部企业向相关功能平台集聚发展，鼓励跨国公司设立共享服务中心、营销中心、财务中心等功能性机构。用足用好自贸试验区、国家级开发区、新区、示范区、出口基地及特殊监管区域等有利政策，向国家争取在南沙新区试点开展期货保税交割、保税船舶登记、内外贸集拼、园中园及保税检测维修等业务，研究在南沙建设跨境贵金属交易市场或期货交易中心的可行性。同时，加强对各项政策规划的推动落实和实施进度的后续评估，实现外向型经济再腾飞。

（八）充分发挥空港、海港的优势，建设国际航运中心、物流中心和贸易中心

广州将结合"一带一路"国家战略，依托南沙新区、广东自贸试验区南沙片区等政策优势，加快建设国际航运中心。在编制好建设广州国际航运中心三年行动计划的基础上，通过加快重大港口基础设施建设，提升港口服务功能，强化对珠三角和泛珠三角地区经济腹地的集聚和辐射作用。增强外贸航线辐射能力，扩展外贸集装箱南沙港区航线，增加航班密度。依托腹地经济，推进珠江水系、车场和码头直接与南沙港对接，加快南沙港的铁路建设，搭建省内港口中转陆路快速通道，提高港口的疏运能力。大力发展现代物流、航运金融等高端航运服务业，集聚货物、船舶、企业、人才、信息等

航运要素，提高航运资源配置能力，建设具有较强辐射能力和资源配置功能的国际航运中心。

空港经济区是当前广州市委、市政府最重视的战略性发展平台之一，是打造海空联运的国际航运中心的重要板块，总规划面积439平方千米。白云国际机场的快速崛起，让广州具备了成为航空大都市的基础。目前，白云国际机场已成为国家三大枢纽机场之一，2014年，广州白云国际机场旅客吞吐量5478万人次，同比增长4.4%，全国排名第2位，全球排名第11位；货邮吞吐量145.7万吨，同比增长11.2%，全国排名第3位，全球排名第19位。拥有南航、深航、海航、九元航空、联邦快递等5家基地客货运航空公司。广州白云国际机场已成为国内通达大洋洲、非洲和东南亚、南亚、中东地区的第一门户机场，正迎来空港经济发展"10年黄金成型期"。广州空港经济区产业的发展思路应立足于空港经济区在全球、亚太、珠三角的价值，打造高端区域来吸引全球500强企业，打造好广州空港产业园、白云机场综合保税区、花都主城区CBD、临空商务区和北站商务区、机场高新科技（光电子）等产业基地和特殊监管区域，大力发展飞机及零部件维修制造、跨境电子商务、飞机融资租赁、现代物流、会展商务、航材贸易、生物医药、保税展示交易、服务外包等产业，打造空港经济新引擎。

（九）加快贸易便利化发展，建设国际化营商环境

以建设广东自贸试验区南沙片区为契机，进一步协调海关、商检、外管和国税等外贸相关部门，加快建设国际贸易单一窗口，深化关检合作"三个一"，推行口岸管理"三互"（信息互换、监管互认和执法互助）试点，建设口岸管理部门、港口作业部门、航运部门、物流部门共同参与和享用的数据平台，尽快实现"三互"。建立与国际投资贸易通行规则相衔接的基本制度体系和监管模式，进一步促进投资贸易便利化，并发挥自贸试验区的溢出效应，助推全市形成市场化、法治化、国际化的营商环境。同时要加快政府职能转变，深化行政审批制度改革，减少

政府对微观事务的管理，提升企业运营的便捷化水平。优化重点外贸企业（项目）服务机制，对企业实施个性化帮扶，对项目实施全程化帮扶，以点带面优化服务。增强贸易摩擦应对能力，支持企业主动应对"双反"诉讼，指导企业主动发起反倾销和产业保障案，维护企业合法权益和市场份额。

综合篇
Comprehensive Review

B.11
广州建设国际航运中心的战略定位与路径选择

陈 雄 黎国林[*]

摘 要：	建设国际航运中心是实现港口经济跨越式发展的重要抓手，是广州国家中心城市建设的重要支撑，也是落实"一带一路"战略、扩大对外开放的重要平台。本文以广州港为主要研究对象，详细分析了建设国际航运中心的基础条件、发展水平和制约因素，提出了广州建设国际航运中心的战略定位和路径选择。
关键词：	国际航运中心　路径　广州

---

[*] 陈雄，广州市商务委规财处处长；黎国林，广州市商务委规财处副处长、博士。

建设国际航运中心的战略，为广州港口经济发展明确了战略方向和功能定位。建设国际航运中心是实现港口经济跨越式发展的重要抓手，是广州国家中心城市建设的重要支撑，也是落实"一带一路"战略、扩大对外开放的重要平台。

一 广州港建设国际航运中心的基础和条件

（一）地理位置优越，具有广阔的腹地

广州港港区主要由内港、黄埔、新沙和南沙等四大港区、珠江口锚地及广州内河港港区组成。广州港地处珠江入海口和珠三角几何中心，濒临南海，毗邻港澳，东江、西江、北江在此汇流入海。得益于优越的地理位置，广州港货物集散运输成本相对低于相邻的香港港和深圳港（见表1），也使其具有广阔的腹地。直接腹地珠三角GDP和外贸进出口额分别占广东省的80%和95%，已成为世界级制造业基地；而且全省海运60%的煤炭、40%的油品、30%的粮食接卸量均由广州港完成，全省80%的内贸集装箱货物经广州港进出。间接腹地泛珠三角面积、GDP和进出口额均约占全国的1/3。

表1 珠三角主要港口到部分城市集装箱运输费用比较

单位：公里，元

目的地	起始地			
	东莞		顺德	
	距离	费用	距离	费用
香港	142	3000	230	4500
深圳	102	1500	190	2150
南沙	60	1100	63	1060

资料来源：香港付货人委员会，http：//www.hkshippers.org.hk/Search_cn.aspx。

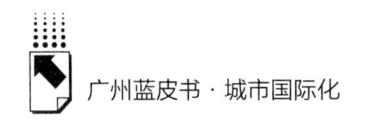

（二）硬件设施达到世界先进水平

至2014年底，广州港拥有码头泊位851个，其中万吨级以上生产性泊位70个；锚地88个，最大锚泊能力30万吨。其中，南沙港区一、二期工程已建成10个10万吨级、三期工程已建成2个15万吨级集装箱泊位，已拥有一批设施先进的集装箱、油品、粮食、化工、船舶修造等专业化深水码头，是华南地区最大的滚装船码头，是世界上最大、最先进的集装箱作业港区。珠江口至南沙港区的航道通航水深已浚深至-17米，有效宽度243米，可满足10万吨级集装箱船舶不乘潮单向通航条件。南沙港区已启动深水航道拓宽工程，航道将拓宽至385米，可满足10万吨级、15万吨级（减载）集装箱船舶双向通航。

（三）多层次集疏运体系逐步形成

广州是华南地区的交通枢纽中心，已形成了辐射东南亚，连通世界各地的海、陆、空、邮立体交通网络。2014年广州地区通过江海、汽车、空运运输的进出口货物分别占71%、17%和11%，江海运输是广州进出口物流主通道。广州港口的集疏运条件逐步完善，水路运输已初步形成江海直达、连通港澳的航道运输网。目前广州港70%的货物通过水水中转方式集散，全年江海联运量突破100万标准箱。黄埔、新港、新沙港口等3个作业区疏港铁路，可通过京广、广九、广湛线与全国主干铁路相连。铁水联运方式正在积极推进，已开设昆明、衡阳、郴州3个内陆无水港。广州具备"四环十八射"环型放射状公路网，为与全国公路网互联互通提供了良好条件。

（四）货物吞吐量跻身全球港口前列

目前广州水路运输企业注册营运船舶1420艘，总运力938万载重吨，占全省的48%；其中港澳航线运力89.6万载重吨，占全省的43%。2013年广州港完成货物吞吐量4.55亿吨，居世界第五位，其中外贸1.15亿吨，内贸3.58亿吨;集装箱吞吐量1530.9万标准箱,居全球第八位,其中外贸629万标准箱,内贸921万标准箱(见表2)。

表2 2013年全球前十大集装箱、货物吞吐量港口排名

集装箱吞吐量				货物吞吐量			
排名	港口	吞吐量 (万标准箱)	同比 (%)	排名	港口	吞吐量 (亿吨)	同比 (%)
1	上海港	3361.7	3.34	1	宁波 - 舟山港	8.10	8.8
2	新加坡港	3260.0	2.90	2	上海港	7.76	5.5
3	深圳港	2327.8	1.46	3	新加坡港	5.58	3.7
4	香港港	2228.8	-3.60	4	天津港	5.01	5.0
5	釜山港	1765.0	3.70	5	广州港	4.55	4.9
6	宁波 - 舟山港	1732.7	7.12	6	苏州港	4.54	9.3
7	青岛港	1552.0	7.00	7	青岛港	4.50	10.6
8	广州港	1530.9	3.83	8	唐山港	4.46	22.4
9	迪拜港	1363.0	2.71	9	鹿特丹港	4.41	-0.2
10	天津港	1300.0	5.69	10	大连港	3.33	10.1

资料来源:上海国际航运研究中心发布的《全球港口发展报告(2013)》。

二 广州建设国际航运中心的差距与制约因素

在港口设施、航道建设和集疏运等硬件方面,以及在发展理念、行业管理体制、航运服务、航运人才等软环境上,广州离建设国际航运中心均存在较大差距,也面临一系列制约因素。

(一)面临国内和区内主要港口的激烈竞争,政策扶持力度不足

迄今为止,国务院先后批复了上海国际航运中心、大连东北亚国际航运中心、天津北方国际航运中心、厦门东南国际航运中心等建设。当前国内港口城市处于"群雄并起"时代,2013年全球前十大集装箱港中我国占据七

席；上海港、宁波－舟山港、香港港、深圳港等具有天然深水优势，对广州港形成钳制态势。在珠三角地区，香港、深圳港、虎门港、中山港、惠州港、珠海高栏港等港口分布在广州港周围将近100千米的范围内，由于腹地重叠、重复建设和缺乏协调，相邻港口竞争更趋白热化。如位于南沙港对面的虎门港集装箱吞吐量2014年首次突破200万标准箱，增长60%，广州港集装箱吞量只有香港港、深圳港的六成多。

（二）港口基础设施能力有限，港口辐射力不强

广州港万吨以上生产泊位只有上海港、天津港、宁波－舟山港的40%、67%和47%（见表3），而且出海航道宽仅243米，不能适应世界海运业船舶大型化和超大型化发展趋势。以低碳智网型、虚拟组合港为核心特征的第四代港口方兴未艾，而广州港航行业信息化程度较低，口岸部门、港口、船公司、物流企业和行业管理等环节信息系统独立分散，形成诸多"信息孤岛"。广州港国际航班密度偏低，2013年开通航轮班线只及上海港的38%、深圳港的46%（见表3），世界性航运网络未全面建立。广州港目前只建有3个内陆无水港，而天津港建有23个，深圳港开通海铁联运班列15条；南沙港疏港铁路迟迟未动工，铁水联运2014年才超2万标准箱，未形成海陆联运的物流大格局，港腹间联动功能较弱。

表3　国内主要港口城市航运指标比较

港口	泊位(个)	万吨以上泊位(个)	开通班轮航线(条)	每月航班(班)	注册船舶(艘)
广州	545	68	108	—	1420
上海	1140	170	285	2630	4391
天津	160	102	—	500	—
大连	237	96	100多	300多	—
宁波－舟山	683	146	235	1400	—

资料来源：泊位数据来自《中国统计年鉴2014》，其他数据引自各地港务部门当前数据。

（三）航运服务业处于低端环节，资源集聚和配置功能较弱

国际航运中心的功能不仅仅体现在港口硬件设施和货物吞吐量上，更体现在对高端航运要素的集聚功能和航运资源的配置功能上。如伦敦作为无可争议的国际航运中心，虽然2013年货物吞吐量仅4320万吨，集装箱吞吐量为92万标准箱，但其占据全球油轮租赁业务50%、干散货租船业务30%～40%、国际海运保险市场23%、船舶融资租赁18%的市场份额。而广州的航运服务业集中在装卸、仓储、船代、货代等附加值较低的下游产业，加工、配送、贸易、信息、咨询、金融等一体化、高附加值物流服务链还未形成，海航运咨询、仲裁、海损理赔、公证公估、航运组织、船舶管理等航运服务上游产业近乎空白。

（四）缺乏完善配套政策和良好的发展环境

在行业管理体制和理念、发展规划、法律制度、航运教育与科研、航运技术、航运人才等方面，广州不但远远落后伦敦、新加坡及香港等国际航运中心，而且与上海等内地城市的差距也在拉大。如船舶登记制度复杂，船公司开业筹建审批需要10道手续、62个工作日，而在香港仅需7天左右；船舶注册艘次只有上海的1/3。中资船东购买国际船舶在国内登记，需缴纳的进口关税和增值税也高于香港等地。专业人才、中高端管理人才也相对缺乏。

三 广州建设国际航运中心的战略定位

国际航运中心的战略定位，决定了它的发展方向。广州如何开展国际航运中心的建设，首先要从发展模式、发展功能和港口竞合关系上进行科学定位。

——在发展模式上，建设腹地型国际航运中心是现实之举。目前国际航运中心主要有三种模式：以伦敦为代表的航运服务型、以香港为代表的中转

型和以鹿特丹为代表的腹地型。由于广州缺乏伦敦发达的高端航运服务业，也缺乏香港的自由港政策，因此建设腹地型国际航运中心最符合广州港的区位条件、发展阶段和货源市场等实际情况。建设立足珠三角、联通西江、对接泛珠三角和服务全国的港腹经济圈，对广州国际航运中心的建设将起到至关重要的作用。

——在功能定位上，建设国际物流中心是广州国际航运中心发展的破题之作。国际航运中心发轫于国际贸易和国际货物运输的需要，在其发展初期主要服务于国际物流中心建设，并逐步发展航运交易、航运信息、航运金融、保险、法律等其他航运服务功能，最终成为集聚配置国际贸易、港航、物流资源的战略高地。因此，同步建设和着力服务于国际物流中心，将广州打造成全国物资集散中心和全球物流体系枢纽，是当前广州国际航运中心建设的重要抓手。

——在竞合关系上，建立港口联盟是广州国际航运中心建设的突围之路。为适应港口向第四代转型趋势，国外许多港口积极建立港航和港际联盟寻求合作，逐步形成东京湾港口群、纽约/新泽西组合港、欧洲海港组织等港口群。面对珠三角内部港口激烈竞争，建立珠三角港口群联盟势在必行。借助珠江－西江经济带上升为国家战略机遇，广州可倡议和发起成立珠江－西江经济带港口战略联盟，建立稳定高效、互利共赢的港口物流发展合作机制，形成以广州港为枢纽港，广州港与香港港、深圳港错位发展、互利合作，中山、江门、云浮、肇庆、柳州、梧州等为支线港和喂给港的大珠江港口群新格局。

四 广州建设国际航运中心的对策建议

广州应抓住"一带一路"、海洋经济发展战略和南沙自贸区政策获批机遇，全面启动国际航运中心建设。

（一）加快制定发展规划和行动计划，争取政策支持

加快制定国际航运中心建设的发展规划和行动计划，切实从单一的港口

规划转变为港城一体、高端集聚的航运中心系统规划，并争取获得国务院批复和支持。参照上海、天津，向交通运输部争取第二船籍制度、船舶保税登记和放宽船龄等船舶登记支持政策。争取启运港退税、中资"方便旗"税收优惠政策，提出离岸业务发展的税收政策建议，完善市级支持涵盖航运总部企业的总部经济支持政策。扩大海关区域通关一体化改革，全面实施关检"三个一"，大力推动贸易便利化。

（二）加强基础设施建设，完善集疏运体系

加快建设南沙集装箱三期、深水航道拓宽、邮轮母港码头、南沙疏港铁路和龙穴岛北部围堰填海工程建设，进一步提高广州港深水化、专业化和大型化水平。加快无水港建设，创新运用"港外转运站＋专用疏港通道"模式，支持广州港集团以资本为纽带参与西江沿线及周边港口码头的建设经营，加开与支线港之间的穿梭巴士，推进铁水、水水、江海和公水多式联运，从而形成以广州港为中心四通八达、衔接顺畅的铁路、公路、水路和管道等集疏运网络系统，进一步拓展港口的腹地空间。

（三）发展港口现代物流业，提高物资集散能力

积极打造航运物流枢纽，依托南沙自贸区、南沙保税港区、南沙国际物流园区和广州保税物流园区等平台，大力发展保税物流、保税展示贸易、跨境电子商务和冷链物流等现代物流。推动大宗散货、粮食、汽车、钢材、成套设备等物流交易中心、电子交易平台和临港专业市场建设，支持南沙、黄埔小商品等零担拼箱业务，加快建设港口现代物流中心。吸引国际船公司、大型物流供应链和外贸综合服务企业在广州设立总部，加快物流产业集聚区建设。

（四）加速航运要素集聚，提升航运"软实力"

吸引国内外大型航运公司到广州开辟航线和经营业务，积极拓展远洋航线和增加近洋航班密度，构建全球航线网络。大力发展国际邮轮、游艇等海

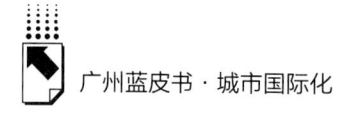

洋休闲旅游业，打造国际邮轮、游艇旅游基地。利用南沙自贸区政策和金融创新"15条"，大力发展航运保险、保理、船舶融资租赁、跨境人民币结算和离岸结算等金融业务。充分发挥广州航运交易所功能，构建航运交易、航运咨询、船舶交易、临港大宗商品交易和航运综合信息平台，加快发展航运指数衍生品交易业务，打造区域性现代航运交易服务中心。积极发展航运仲裁、海损理赔、公证公估、航运组织等高端航运服务业，逐步引导高端航运资源和要素集聚。

（五）加强口岸部门联动，加快"智慧港"建设

以南沙新区发展为契机，加大港口建设经营的科技投入和信息化建设力度，建立港口国际信息服务网络中心。加快国际贸易"单一窗口"建设，推动口岸部门"信息共享、监管互认、执法互助"，实现"一门式""一站式"服务。充分应用物联网等信息技术，搭建港口物流信息服务平台，实现港口物流服务和管理智能化，打造智慧港口。

B.12
广州建设国际物流中心的对策研究

邓丹萱*

> 摘　要： 随着全球经济一体化进程的加快，在国际政策的支持下，越来越多的中国城市开始迈入国际市场寻求更大的舞台。广州作为我国经济最发达城市之一，具有强大的工业制造业基础和巨大的消费品流转任务，同时也是连接内地与香港乃至海外的重要节点和交通枢纽，并且拥有天然的港口资源。因此，广州建设国际物流中心的优势显而易见。本文在国际物流中心的相关概念和内涵的基础上，梳理和总结了广州国际物流业的现状，分析了建设国际物流中心的优势及存在的问题，并在此基础上，提出了广州建设国际物流中心的对策，以期能够促进广州国际物流中心的建设。
>
> 关键词： 广州　国际物流中心　国际物流业

一　广州建设国际物流中心的优势分析

（一）国际物流中心的概念与特征

20世纪90年代以来，经济全球化成为世界发展的主要潮流，越来越多的资源配置活动在全球范围内进行，由此所带来的国际化大生产、国际资本

---

* 邓丹萱，广州市社会科学院国际问题研究所，博士。

大流动和国际贸易大发展催生了大规模的国际物流需求,全球性供应链正在逐步形成。全球供应链的重要节点即国际物流、信息流与资金流的集结点形成了国际物流中心,这些中心一般是沿海港口城市。这些国际物流中心促进了以物流业为重要经济发展支撑的城市产业体系的形成,有效地拉动了整个城市经济的快速增长。纵观全球具有强大国际影响力和辐射力的国际物流中心,主要包括运输主导型的香港、加工拉动型的鹿特丹和服务驱动型的伦敦等著名国际港口城市。

国际物流中心一般具有如下特征:一是良好的区位优势。国际物流中心形成的先决条件就是具有良好的区位优势。二是完善的国际物流基础设施。作为国际物流中心发展的重要硬件环境,完善的国际物流基础设施是必不可少的。三是完备的物流产业链条。国际物流中心形成与发展必须具备充足的物流供给能力和卓越的物流服务能力。四是大规模的物流业务交易市场。五是高度专业化的配套服务体系。六是超越地区、跨越国界、惠及全球的国际影响力和辐射力。综上所述,国际物流中心的概念可概括为:在经济全球化背景下,以发达的综合交通运输体系、完善的物流基础设施和现代化的物流信息平台为基础,以开放的政策环境和完备的物流配套服务体系为保障,具有强大国际影响力和辐射力的物流中心城市。

(二)广州国际物流业的发展现状

广州作为广东省重要的政治、经济、文化和交通中心,具有雄厚的经济实力和深厚的流通基础。凭借毗邻港澳的区位优势和中国对外交往重要门户的地位,广州已成为我国华南地区重要的对外通商口岸和最大的商品集散地,商品流通量居华南各城市之首,因此在发展国际物流业方面具有许多重大优势。近年来,广州物流业发展非常迅速,已经成为广州的重要新兴产业,有力地促进了地区产业结构升级并且极大地满足了广大人民的相关需求,主要表现在以下几方面。

1. 物流业已经发展成为广州支柱产业

从物流业总量方面来看,作为第三产业的物流业,其增加值直接构成国内生产总值，对广州国民经济发展贡献越来越大。这里以统计年鉴中的"交通运输、仓储和邮政（电）业"增加值作为物流业的增加值，从而分析广州的物流业总量发展。2013年，广州物流业增加值为996.25亿元，同比增长6.9%，占GDP的比重为6.46%，与2012年的6.87%相比略有降低。物流业增加值占第三产业全部增加值的比重为10%，比上年略有下降，整体稳定在10%的水平。由于在第三产业中所占比重较大，因此物流业对第三产业的整体发展具有支撑作用，已经发展成为广州经济的支柱产业。虽然近十年来物流业的平均增长率有所下降，只有8%左右，但发展已经具有相当的规模。尤其是南沙自由贸易试验区的挂牌成立，标志着广州港完成了从河港向海港的跨越式发展，未来必将给广州物流业的发展带来更多的对外开放机遇和国际经验，加快广州建设成为国际现代物流中心的步伐。

从物流业需求状况方面来看，首先，广州作为华南地区经济最发达的城市之一，国内生产总值的年均增速近年来一直保持在10%以上。2013年，广州GDP为15420.14亿元，比上年增长了11.6%，排在全国城市的第三位，仅次于北京和上海。物流需求是衍生需求，强有力的经济发展促进了广州物流市场需求的旺盛。据统计，这些物流需求不仅来自外资制造企业，也来自正在转变经营模式、控制成本的本地大型制造企业。其次，从反映一个地区物流量的重要指标的社会消费品零售总额方面来看，近年来广州也保持了年均15%以上的增速，2013年广州社会消费品零售总额为6882.85亿元，比上年增长了15.2%，排在全国城市的第三位，仅次于北京和上海。最后，广州国际物流需求量也呈现出明显的增长趋势。尽管近年来的金融危机以及贸易保护主义对广州现有的外经贸发展体系造成一定的冲击，使外贸额增速有所放缓，但2013年广州地区进出口总额仍为1188.88亿美元，比上年增长1.5%。其中，商品出口总额628.06亿美元，增长6.6%；商品进口总额560.82亿美元，下降3.7%。

从物流业供给能力方面来看，2013年广州完成货物运输总量8.93亿吨，比2012年增长19.6%。全年港口货物吞吐量4.73亿吨，增长4.8%，其中港口集装箱吞吐量1550.45万标准箱，增长5.2%。机场货邮吞吐量达到0.01亿吨，比2012年增长2.9%；公路货运量为5.91亿吨，比2012年增长15.2%（见表1）。从货运量和周转量的构成来看，公路和水运是广州主要的货物运输方式。水运周转量比较高的原因主要是：作为外向型经济的代表，广州企业进出口货物主要通过海运来完成，海运具有运量大、距离长的特点，因此使得广州水运周转量偏高。公路运量巨大而周转量并不大的原因是：广州吸引了大量来自港澳台地区的外企和国内的民企从事来料加工工业，并且这些企业上下游的联系非常紧密，因此使得同一批货物通过公路运输频繁，由此可能产生的重复计算的问题使得公路货运量比较大而周转量不显著。同时，近年来随着广州政府重点对航空基础设施进行投资建设规划，广州民航货物的运输量和周转得以快速发展，但由于航空运输相对其他运输方式而言具有成本高、运量小的特点，因此其总体规模仍然偏小。

表1 2013年广州各种运输方式完成货物运输量及其增长速度

指标	单位	绝对数	比2012年增长(%)
货物运输总量	亿吨	8.93	19.6
铁路	亿吨	0.63	4.8
公路	亿吨	5.91	15.2
水运	亿吨	2.29	40.2
民航	万吨	0.01	2.9
管道	亿吨	0.08	-2.0
货物运输周转量	亿吨公里	6662.52	41.2
铁路	亿吨公里	218.20	-2.5
公路	亿吨公里	693.85	15.8
水运	亿吨公里	5710.56	48.0
民航	亿吨公里	39.51	4.2
管道	亿吨公里	0.40	9.3

资料来源：《2013年广州市国民经济和社会发展统计公报》。

2. 物流基础设施建设不断完善

广州作为华南地区的交通枢纽城市，集海运、空运、铁路运输、公路运输和内河运输五大运输方式于一体。近年来，港口、高速公路和铁路网络、大型的航空基地等物流基础设施不断完善,成为广州国际物流业发展的极大优势。

从公路物流基础设施方面来看,近10年来,广州市加大了对公路基础设施的投资力度,加速了对公路的改建和新建,广州公路网络不断完善、等级不断提高,为发展国际物流中心提供了良好条件。2014年,为贯彻落实省委、省政府加快全省高速公路建设的重大工作部署,广州市委、市政府高度重视,广州市高速公路建设分指挥部进一步加大统筹督导力度,有序推进广州高速公路建设。截至2014年4月底,全市高速公路建设累计完成年度投资约24.7亿元,占年度投资计划70亿元的35.3%。重点加快推进广乐、肇花、广清扩建、大广粤境段、广明广州段、广中江、北三环二期、虎门二桥和凤凰山隧道等9个在(续)建项目,相关项目建设工作稳步向前推进。广州公路线路具体情况详见表2。

表2 2012年广州公路线路情况

项目	全市	市区	增城市	从化市
公路里程(千米)	8997	4707	2287	2003
其中:				
晴雨通车里程	8997	4707	2287	2003
等级公路	7857	4258	1636	1963
高　速	806	614	150	42
一　级	1059	690	260	109
二　级	890	595	132	163
三　级	1411	913	364	134
四　级	3691	1446	730	1515
等外公路	1140	449	651	40
有路面里程(千米)	7609	4220	1439	1950
沥青混凝土	1435	1005	348	82
水泥混凝土	6174	3215	1091	1868
简易铺路面(千米)	85	36	37	12
未铺装路面(千米)	1303	451	811	41
桥梁				

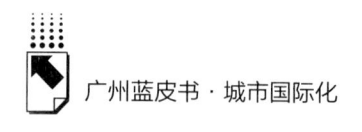

续表

项目	全市	市区	增城市	从化市
座(座)	2902	1858	580	464
长度(米)	434012	383983	32904	17125
永久式桥梁				
座(座)	2902	1858	580	464
长度(米)	434012	383983	32904	17125

资料来源：《广州统计年鉴2013》。

从铁路物流基础设施方面来看，亚洲最大的铁路枢纽广州南站已于2010年建成投入使用，武广高铁、广珠城际、广深港高铁也相继开通，贵广、南广铁路建设工作稳步推进并相继建成开通。大田大型铁路货运枢纽建设也顺利开展，为铁路物流发展奠定了基础。截至2012年，广州市境内共有13个办理货物到发业务的车站，其中货运站场7个，占地面积总计1.21平方公里。货运主要干线有3条，分别是京广、广茂和广深线，在建货运线路1条，为广珠铁路。近年来，铁路货运量有下滑趋势，与广州市经济快速发展和社会货运总量快速上升相反，并且铁路在货运市场占有份额较少，约为8%。货物种类以粮食、铁矿石、煤炭等为主。广州铁路线路情况详见表3。

表3 2010~2012年广州铁路运输情况

项目	2010年	2011年	2012年
延展里程(公里)	3194.28	3438.42	3441.02
营业里程(公里)	1468.37	1652.97	1652.97
其中：			
正式营业	1468.37	1652.97	1652.97
复线里程(公里)	737	728.5	730.37
电气化线路里程(公里)	382.8	485.48	685.66
内燃机牵引线路里程(公里)	1138.8	1292.38	1292.38
铁路机车(台)	441	383	383
内燃机车	299	286	286
电力机车	142	97	97

续表

项目	2010 年	2011 年	2012 年
铁路客车(辆)	572	572	572
铁路货车(辆)	1112	1112	1112
客运量(万人次)	9362	10500	10703
旅客周转量(万人公里)	3702188	4050098	4077744
货运量(万吨)	6689	6441	6029
货物周转量(万吨公里)	2450588	2406456	2242090

资料来源:《广州统计年鉴 2013》。

从航空物流基础设施方面来看:作为我国的三大枢纽机场之一的广州新白云国际机场,是国内首个按照中枢机场理念设计和建设的航空港。机场航站楼面积约 30 万平方米,每年可满足旅客吞吐量 2500 万人次,货物运输量 100 万吨。典型高峰时段,可满足每小时飞机起降 90~100 架次和旅客吞吐量 9300 人的需要。同时广州政府还重点规划了空港经济区,该区域面积 2600 平方公里,占广州土地面积的 35%,涉及花都区、白云区、从化区、黄埔区等 4 个机场所在区和临近区,广州政府着力将其打造成国际化的航空物流中心。以新白云国际机场为中心,辅助以周边的航空物流配套设施,将极大提高广州航空运输的运量与运力,为广州打造国际化航空物流中心打下坚实的基础。广州民航运输情况及基础设施情况详见表 4。

表 4 2012 年广州民航运输情况一览表

项目	2011	2012
客运量(万人次)	5851	6184
国际航线	551	635
国内航线	5300	5549
其中地区航线	101	118
旅客周转量(万人公里)	9521762	10436047
国际航线	1918509	2413566
国内航线	7603253	8022481
其中地区航线	139581	182497
货邮运量(吨)	908195	990644

续表

项目	2011	2012
国际航线	261801	320945
国内航线	646394	669699
其中地区航线	8014	10317
货邮周转量(万吨公里)	327284	379167
国际航线	222922	270222
国内航线	104362	108945
其中地区航线	996	1459
总周转量(万吨公里)	1173550	1304967
国际航线	393363	484006
国内航线	780187	820961
其中地区航线	13338	17517
民用航空航线(条)	544	555
国际航线	100	100
国内航线	444	455
其中地区航线	22	24
民用航空航线里程(公里)	1195437	1270545
国际航线	361140	401661
国内航线	834297	868884
其中地区航线	34693	38601
民航飞机期末架数(架)	353	385
运输飞机	337	367
大型飞机	324	344
小型飞机	13	23
通用飞机	16	18

资料来源：《广州统计年鉴2013》。

从港口物流基础设施方面来看，作为全国沿海主要港口和集装箱干线港，广州港是华南沿海功能最全、规模最大、辐射范围最广的综合性枢纽，由依次分布在广州市区至南沙珠江口两岸的内港、黄埔、新沙、南沙四大港区组成。广州港航线通达全球80多个国家和地区的350多个港口，与国际上14个港口缔结为友好港，世界前十大集装箱班轮公司均在广州港开辟有班轮航线，成为全球物流链中重要的一环。广州港拥有万吨级以上泊位60

个，其中可停靠5万吨级船舶以上的泊位39个。万吨级以上装卸作业浮筒14个，万吨级装卸锚地23个（其中最大锚泊能力30万吨）。在广州腹地经济持续快速发展的推动下，广州港货物吞吐量持续增长。从1999年全港货物吞吐量突破1亿吨，跻身成为中国内地第二个跨入世界亿吨大港的港口以来，到2014年，广州港全港货物吞吐量、集装箱量分别为5亿吨和1662.6万标准箱，分别位列全国沿海港口第四、第五位，世界第五、第八位。"十二五"期间，广州港完成南沙港区等重点项目建设，建成了一批生产急需的集装箱、粮食、散货等专业化的深水泊位。广州港物流基础设施的不断完善，进一步提高了港口的物流能力，巩固和提升了广州港作为华南地区综合性主枢纽港的地位，加快了广州国际航运中心的建设步伐。广州港基础设施情况及港口集装箱运输情况详见表5和表6。

表5　2012年广州港基础设施情况

项目	2011年 全市	2011年 广州港	2012年 全市	2012年 广州港
总计				
码头长度(米)	65821	54458	67142	55675
泊位(个)	837	650	845	657
其中：万吨级	67	67	68	68
泊位年通过能力				
其中：货物(万吨)	31175	28441	31838	29082
集装箱(万标箱)	1016	977	1049	1010
旅客(万人次)	3131	3121	3131	3121
汽车(万辆)	1034	1034	1034	1034
生产用				
码头长度(米)	54730	44398	55691	45255
泊位(个)	662	487	669	493
其中：万吨级	65	65	66	66

资料来源：《广州统计年鉴2013》。

表6 2012年广州港口集装箱运输情况一览表

类别	合计	进口	出口	广州港	进口	出口
旅客吞吐量(万人次)国内航线	74.89	36.09	38.8	74.89	36.09	38.8
国际航线	74.89	36.09	38.8	74.89	36.09	38.8
货物吞吐量(万吨)	45125.15	27502.95	17622.2	43517.39	26274.83	17242.56
外贸	11080.67	7572.79	3507.88	10968.42	7505.82	3462.6
内贸	34044.48	19930.16	14114.32	32548.97	18769.01	13779.96
沿海	32548.97	18769.01	13779.96	32548.97	18769.01	13779.96
内河	1495.51	1161.15	334.36			
箱数合计(万箱)	1474.36	728.04	746.32	1454.74	718.48	736.26
重量合计(万吨)	21337.53	11167.21	10170.32	21172.77	11065.63	10107.14
国内小计						
1. 箱数(万箱)	896.02	429.62	466.4	885.66	425.96	459.7
2. 重量(万吨)	14991.25	7926.5	7064.75	14916.04	7891.51	7024.53
国际小计						
1. 箱数(万箱)	578.34	298.42	279.92	569.08	292.52	276.56
2. 重量(万吨)	6346.28	3240.71	3105.57	6256.74	3174.13	3082.61

资料来源：《广州统计年鉴2013》。

从物流信息化基础设施建设方面来看，广州是国家互联网三大交换中心城市之一，已构建了覆盖全市的基础信息网络体系，基本建成国际、国内的信息交换枢纽城市，这为以信息化带动广州现代物流发展和建立广州物流信息平台打好了基础。广州市政府、广州海关、黄埔海关和广州港集团在2005年共同筹建成立了广州电子口岸管理有限公司，主要开展广州地区通关执法以及相关的物流电子商务服务，并通过整合原来分散在各个口岸单位、政府机关和企业的信息系统，打造了统一的信息平台为广州外贸企业、相关物流单位和广州口岸大通关提供"一站式"服务。广州电子口岸管理公司在2012年正式开通了广州电子口岸物流通关信息平台。这些物流信息平台的整合和开通，使得广州物流基础设施的信息化建设得到了重要的完善。

3. 物流企业蓬勃发展

截至2012年,广州市有物流企业2万多家,普通货车15.2万辆;货运站场36家,占地面积约3.5平方公里,建筑面积约142.15万平方米,货运站场内业户共5000多家;危运企业105家,危运车辆2800辆。运输线路通达全国各地,包括粤港、粤澳货运在内的直通车业务规模不断扩大。广州市共有68家物流企业获得国家A级企业认证,其中5A级企业5家、4A级企业33家、3A级企业24家。目前,广州已形成了宝供物流、南方物流、新邦物流等一批第三方物流龙头企业以及以林安物流集团为代表的第四方物流企业。此外,FEDEX(联邦快递)、UPS(联合包裹快递)、DHL(敦豪快递)、TNT(天地速递)、日通国际物流等大型外资物流企业纷纷在广州设立分部或亚太转运中心,Prologis(普洛斯)、AMB(安博)、Mapletree(丰树)等工业房地产开发商在广州开发建设了多个物流地产项目。广州主要物流企业情况详见表7。

表7　广州市主要物流企业一览表

单位:万元

企业名称	创建时间	经营类型	级别	营业额
南方物流企业集团有限公司	1992年	综合型	5A	158400(2005年)
宝供物流企业集团有限公司	1994年	综合型	5A	60174(2005年)
广东省航运集团有限公司	1994年	运输型	5A	165755(2005年)
广东欧浦钢铁物流股份有限公司	2002年	综合型	5A	—
广州市商业储运公司	1953年	综合型	4A	160000
深圳市凯通物流有限公司广州分公司	1998年	综合型	4A	15000
华通行物流有限公司	1996年	综合型	4A	—
广东省电信器材公司	20世纪50年代	综合型	4A	200000
广州城市之星运输有限公司	1992年	运输型	4A	—
广东省金属材料公司仓储分公司	1963年	仓储型	3A	—
广东鱼珠物流基地有限公司	1999年	综合型	3A	54229(2005年)
广州市卓志物流服务有限公司	1996年	综合型	3A	—
广州山源物流有限公司	2001年	运输型	3A	—
广东怀远物流实业有限公司	1994年	综合型	3A	3500
广州市黄埔区通达储运有限公司	—	—	3A	—
广州市宏峰物流有限公司	1994年	运输型	3A	8200

续表

企业名称	创建时间	经营类型	级别	营业额
广州市圣通运输服务有限公司	1998年	运输型	3A	—
广东省华星物资储运公司	—	仓储型	2A	—
广东环粤物流有限公司	—	综合型	2A	—
广州市超粤物流配送有限公司	2003年	运输型	2A	18000（2005年）
广州远洋运输公司	1961年	运输型	—	488243（2005年）
中国外运广东有限公司	20世纪50年代	运输型	—	261731（2005年）

资料来源：此表数据均来自互联网。

4. 物流政策大力支持

早在21世纪初，广州就制定了《广州市现代物流发展规划纲要》，提出将现代物流业培养成为广州未来的主要基础产业和重要支柱产业，并用10~15年的时间将广州建设成为中国南方国际现代物流中心；2006年，广州审议并通过了《广州市现代物流发展规划》《广州市物流园区规划》《广州空港国际物流园区控制详细规划》；2007年，广州出台了《关于加快推进现代物流业发展的意见》等，推出了规划和用地政策、物流财税政策、物流信息化政策、物流通关政策、用电优惠政策、工商企业分离物流业务扶持政策、规范物流运输车辆管理政策共七大政策和措施，加快了广州市物流业的发展；2010年，广州出台了《加快推进广州建设成为亚洲物流中心工作方案》，该方案指出广州要依托航空物流、国际远洋集装箱物流、区域性道路运输枢纽等现有的平台，用6年的时间推进保税物流体系建设，形成海、陆、空复合型的现代物流集聚高端基地，促进广州物流业实现跨越式发展。广州政府出台的这些物流政策对广州建设国际物流中心形成了有力的支持作用。2015年4月，中国（广东）自由贸易试验区挂牌成立，其中广州南沙新区片区面积60平方千米，南沙新区将致力于打造国际贸易功能集成度高、金融创新服务功能强的国际航运物流中心，形成21世纪海上丝绸之路的重要物流枢纽。国家战略支持南沙新区充分发挥地处珠江三角洲地理几何中心和港口资源丰富的优势，连通港澳，服务内地，重点发展航运物流等产业，这为广州建设国际物流中心带来了巨大的发展契机与政策支持。

二 广州建设国际物流中心存在的问题

（一）完善的物流基础设施之间缺乏有效的衔接

通过近年来政府的大力规划和发展，广州基本形成立体化、国际化的全方位发展的交通格局，总体来说，物流基础设施比较完善，这对广州建设国际物流中心起到了至关重要的基础支撑作用。但是广州的物流基础设施建设仍然存在一定的问题，比如，虽然广州公路、水路和铁路基础设施都比较完善，但这些运输方式的基础设施之间缺乏有效的衔接，导致综合交通运输网络的协调性不好，使得广州物流基础设施虽然节点功能较强，但是物流网络整体功能的发挥受到一定的限制。具体来说，由于目前缺乏广州港口与公路和铁路之间的协调机制和相关发展政策，主干线铁路运输线路仍未能延伸到港口，导致机场和港口的衔接困难，从而阻碍了广州多式联运物流的发展，从一定程度上也制约了广州国际物流中心的建设。

（二）物流业整体服务水平较低

虽然广州的物流业发展较早，并且物流总量始终位居全国前列，但广州物流业的整体服务水平还比较低，物流专业化和社会化程度不高。从物流企业的规模来看，广州目前的物流企业还是以本土经营的中小民营企业为主。据有关资料统计，广州物流企业注册资金在500万元以下的企业共有2305家，占物流企业总数的92.4%；注册资金在500万元以上的企业仅有189家。从上述数据统计中可以明显看到，广州物流企业以中小企业占绝大多数，因此容易产生竞争能力弱、协作意识不强等问题，这就导致了广州物流业的服务水平较低，物流专业化和社会化程度不高的问题。同时，由于广州极少数的本土的高端物流供应商还不能较好地满足顾客需求，还要依赖于外资物流企业和中外合资物流企业，因此也导致广州物流业整体服务水平相对较低，这从根本上制约了广州国际物流中心的建设。

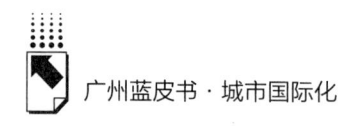

（三）缺乏有效的综合物流信息平台

物流信息化是国际物流中心发展的重要前提条件。广州由于物流信息化起步较早，依靠处于全国前列水平的高速宽带、卫星和信息网络等通信技术，目前物流信息化已经达到了一定的水平。本土的大型物流公司在采购、仓储、加工、销售、配送等环节，均实现了信息化管理，使整体物流活动能够有效地运作，很大程度上提高了物流企业的经济效益。虽然广州的物流信息化水平已经较高，但是由于物流综合信息平台建设工作的推进缓慢，导致各类机构和企业之间的物流信息对接困难。比如，目前广州已经建成一定数量的电子口岸、物流企业信息系统、物流园区及仓储的物流信息平台以及物流运输信息平台，但由于这些信息平台之间是相互独立的，缺乏数据交换和有效的合作，没有形成一个综合的专业分工明确、协调度很高的物流公共信息平台，这对广州物流业整体信息化水平的推进十分不利，也是制约广州国际物流中心建设的重要障碍。

（四）物流标准化程度有待提高

广州物流业整体的标准化程度仍然有待提高。从硬件设施来看，广州并没有对货物的仓储、装卸和运输等的基础设施进行标准制定，这使得由于仓库货架的尺寸、托盘的尺寸和车辆的大小等不统一，导致各个物流环节无法有效衔接，从而降低了物流整体的运作效率。另外，从软件设施来看，虽然广州的物流企业都有自己的信息化平台，但是由于物流企业之间的信息平台不能进行信息交换，也就是说这些信息化的平台都是信息孤岛，导致各类信息技术不能实现自动无缝衔接与处理。还有，广州的物流标准并没有完全与国际接轨，这非常不利于广州国际物流中心的建设。

（五）高级物流人才短缺

传统意义上的物流人员（从事运输和储存工作）已不能满足广州现代

物流业的发展以及国际物流中心的建设要求。广州国际物流中心的建设对物流人才的需求主要是物流企业经理人员、物流策划人员和物流信息系统开发和管理人员等高级物流人才，这部分高级物流人才的严重缺乏，极大地制约了广州加快建设国际物流中心的步伐。

三 广州建设国际物流中心的对策建议

随着全球经济一体化的发展，全球许多重要的港口城市和经济中心城市已经发展成为国际物流中心，广州应该充分利用国际重要港口城市与国家重要中心城市的优势地位，努力从以下几方面加快推进国际物流中心的建设。

（一）加强物流基础设施建设

为了夯实建设国际物流中心的重要基础保障，广州应从以下几个方面来加强物流基础设施建设，并提高物流基础设施的服务能力和水平：加快推进南沙港的建设工作，建立与水网地区港口和无水港的联盟合作，扩大南沙港区的辐射能力；推进白云国际机场的跑道和货运站场建设，增强其辐射能力，提高其服务水平；通过对既有铁路货运站场整合、关闭以及结合新线路的建设等措施，优化铁路货运站场体系；通过对既有公路货运站场的保留调整、升级改造以及新建公路货运站场等措施，优化公路货运站场体系；加快发展多式联运，构建以"双港双快"（空港、海港、快速轨道、高快速路）为战略核心、海陆空三位一体的立体交通体系。加强集疏运体系建设，促进各种运输基础设施的衔接和配套，实现铁路、港口、机场及公路运输的有效衔接。

（二）完善物流业综合管理体系

建立市一级物流综合协调管理部门，统筹协调广州市物流发展和管理工作；成立以属地为主的物流园区管理机构，推进物流园区的建设；完善物流政策法规体系，强化行业自律，建立物流市场的信用体系和监

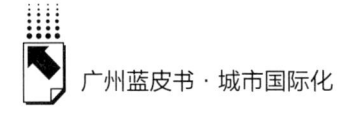

管体系，出台物流业建设标准，促进物流业健康发展；加大财税扶持力度，多渠道增加对物流业的投入。这是广州建设国际物流中心的重要政策保障。

（三）促进物流资源的整合

主要从以下几方面促进物流资源的整合：一是打破条块分割的管理体制，消除行业垄断，提高物流资源的流动性。要继续深化物流业管理体制的改革，建立与现代物流业发展相适应的管理体制；制定物流业整合的鼓励政策措施，促进全社会物流资源的整合；充分发挥联席会议制度的作用，协调、促进重大物流资源整合方案的顺利实施。二是积极引导和鼓励物流企业以供应链为纽带，大力发展业务联盟、多式联运和功能整合，以及通过参股、合资、合作等形式，冲破条块分割的体制壁垒，实现物流资源的整合。三是积极引导和鼓励制造企业自身物流业务和资源的剥离，通过深入了解和学习现代物流管理理念、知识和技术手段，促进制造企业对自身业务流程进行改造，以物流业务的外包带动资源的剥离，为全社会物流资源整合提供丰富的资源。以上这些促进物流资源整合的重要措施必将对广州建设国际物流中心起到非常重要的促进作用。

（四）加强物流公共信息平台建设

物流公共信息平台建设是广州打造国际物流中心的重要手段。应该抓住广东省启动南方现代物流公共信息平台建设的契机，加快推进广州市物流行业管理信息平台的开发建设和应用，逐步实现物流公共信息查询、物流电子政务信息和物流电子商务信息服务功能；加快物联网建设，促进物流信息资源开放共享，以信息化推动物流现代化，为广州建设国际物流中心提供有力支撑；继续整合口岸大通关的信息资源，进一步完善口岸大通关与国内、国际物流的高效衔接，构建立足广州、服务珠三角、面向亚洲的大通关物流信息枢纽平台。

（五）大力发展现代物流企业

现代物流企业的大力发展是广州建设国际物流中心的重要微观基础，应主要从以下四方面着手：一是加快国有物流企业转制，促进国有传统物流企业向现代物流企业转型。要通过加快股份制改造，引入市场竞争机制、现代物流服务理念和经营手段，对物流企业进行再造，以提高现代物流服务的竞争力。二是积极引进外资和港澳台现代物流企业。要抓住"后WTO"和CEPA实施提供的机遇，充分发挥广州综合环境优越、吸引力大的优势，大力引进国外、港澳台的现代物流企业，从而提升广州现代物流企业的服务水平。三是培育龙头企业和重点现代物流企业群体。通过建立龙头企业、重点现代物流企业的"评定、确认、退出"机制，并制定倾斜度较大的扶持、优惠政策，形成龙头企业、重点现代物流企业竞争发展格局，从而培育一批现代物流龙头企业、重点企业群体，以示范和带动广州现代物流企业的全面发展。四是重点培育第三方和第四方物流。第三方物流是社会生产专业化分工的必然结果，是制造业、流通业提高企业核心竞争力的有力保障，也是发展第四方物流的必要前提。第四方物流作为供应链集成商，通过物流咨询服务、再造企业流程等为顾客提供最佳的增值服务。广州应紧抓产业升级转型契机，完善物流管理体制，通过出台相关政策、贷款贴息、项目补助等多种方式大力培育第三方和第四方物流企业，加快物流业的发展转型。

（六）充分发挥南沙开发区的保税港区、广州开发区的保税物流园和白云机场的综合保税区的优势和潜力

根据广州现代物流发展规划，南沙开发区的保税港区、广州开发区的保税物流园和白云机场的综合保税区与保税物流中心享有与中国香港、新加坡等自由港差别很小的法律、政策环境，这为拓展符合国际惯例的高附加值的物流服务业、中介服务提供了宽松的市场环境。广州政府可与海关、金融监管机构密切合作，有针对性地实施条例和措施，吸引外资航运和航空融资、经纪等中介机构进入这些保税区，并由此鼓励外资和内资船

东将区域管理总部和母港设立在这些保税港区。这些机构的进驻将有利于培育高附加值的港口产业，提升广州物流业的国际竞争力，推动广州国际物流中心的建设。

（七）大力引进和培育国际物流人才

广州要采取多种途径加速国际物流人才的引进和培育。国际物流人才的缺乏，是广州建设国际物流中心的一个突出问题。国际物流是一个涉及多学科、多领域的增值服务体系，需要既有开放意识又有专业知识和技能的高素质物流人才。从引进方面来看，要充分发挥广州的区位优势和国际化的营商环境，一方面通过引进国际知名的物流企业、物流合作项目和技术，来实现群体引进高级专业物流人才；另一方面要积极制定吸引国际物流人才的有关优惠政策、建立畅通的人才引进渠道，促成国内外各层次的国际物流人才来广州发展。从教育培训方面来看，首先，要加强政府与高等院校的合作，采取定向委培、合作办学、培训等多种形式，专门培养具有比较扎实的理论基础、比较宽的知识面和比较强的适应性的中高级国际物流管理人才，解决短期需求。同时，要鼓励支持广州地区的高等院校开设国际物流专业课程，培养出具有扎实的理论基础、系统的专业知识和渊博的知识结构、具有战略性和前瞻性的物流管理人才，并形成一个教育体系，满足国际物流人才培养的长期需要。其次，要大力发展职业资格培训与认证，建立稳定的职业培训机制，组织严格系统的专业培训、在职培训，培养各种层次的急需的国际物流人才。

（八）大力发展绿色物流

近年来绿色物流成为国际物流发展的新趋势，因此也是广州建设国际物流中心的重要发展方向。根据《中华人民共和国国家标准物流术语》（GB/T18354-2001），绿色物流的概念是：在物流过程中抑制物流对环境造成危害的同时，实现对物流环境的净化，使物流资源得到最充分利用。绿色物流有赖于政府、企业、公众的多方合作与参与，共同营造良好的绿色物流发展环境。政府可通过制定相关环境政策、合理整合物流资源、扶持高科技企业和环保企业、加强绿色物流理念宣传等途径，支持和推动物流绿色化的发展；企业可通过现代管理方式、技术革新、物流创新、企业联合等手段节约资源、减少废弃物产生、提高物流效率，积极实行绿色物流；公众除了提高自身的环保意识外，还应为绿色物流的发展营造良好的舆论氛围，充分发挥监督作用，及时遏制物流过程中严重有损环境和浪费资源的现象，使得广州国际物流中心的建设紧跟世界国际物流的发展趋势。

参考文献

孙芳：《国际物流中心的内涵、特征与主要类型》，《港口经济》2009年第12期。

辜胜阻、方浪、李睿：《我国物流产业升级的对策思考》，《经济纵横》2014年第3期。

刘卫华：《我国物流产业国际化过程中的障碍及对策》，《物流科技》2007年第8期。

伍煜洲、王震良、崔毅：《提升广州物流业国际竞争力的政策研究》，《科技管理研究》2005年第12期。

张志强、安源：《广州现代物流业发展的现状、定位与对策分析》，《中国商贸》2012年第6期。

张琳、袁万锋、曾海波：《国际化：广东物流标准化建设的方向》，《国际经贸探索》2005年6月。

平海、吴丽敏：《穗港物流发展现状与合作策略思考》，《城市观察》2011年第6期。

B.13
服务外包产业对广州经济
社会发展贡献度研究

陈来卿　巫细波*

摘　要：	广州服务外包业快速发展增长、区域优势明显、特色突出，服务外包对广州产业发展、税收增长、扩大就业、促进穗港澳合作、生态保护等具有一定贡献。
关键词：	服务外包业　贡献度　广州

以服务外包、服务贸易及高端制造业和技术研发环节转移为主要特征的新一轮世界产业结构调整正在兴起。服务外包业是现代高端服务业的重要组成部分，大力发展服务外包业，对于提升服务业技术水平、推动服务业的国际化和出口，从而促进现代服务业的发展意义重大。广州是中国服务外包示范城市之一，发展服务外包业是当前着力探索和推进的一项重要工作。

一　广州市服务外包产业发展基本情况

近几年，广州市投入大量扶持资金并出台了多项有力措施扶持服务外包产业发展，服务外包产业规模不断发展壮大。2013年，广州投入服务外包

---

* 陈来卿，广州市社会科学院现代市场研究所所长，副研究员；巫细波，广州市社会科学院区域经济研究所助理研究员。

产业的扶持资金已经超过1.1亿元，是中央财政扶持资金的8.4倍（见表1）。得益于全市大力扶持，服务外包产业呈现快速发展趋势。

表1 2011～2013年广州服务外包扶持资金投入及产出比情况

单位：万元，%

项目	2011	2012	2013
企业投入资金*	2268437	2968148	484222
政府扶持资金	16980	12055	12641
其中:中央财政扶持资金	2391	1597	1341
广州配套扶持资金	14589	10458	11300
投入产出比	4.96	4.98	4.87

*按照离岸和在岸服务外包执行额之和的20%计算。

（一）总量规模快速增长

2009～2014年，服务外包合同金额由6.88亿美元增至78.54亿美元，年均增速高达62.74%，其中离岸执行额由4.03亿美元增长到31.79亿美元，年均增速51.14%。

（二）区域优势明显

自2011年起，广州服务外包产业规模连续三年居全省及华南地区各城市首位，2014年占全省比重达到50.03%。服务外包企业数量增加较快，由2011年的650个快速增至2014年的969个。从企业规模看，年营业额500万美元及以上的企业数达到313个，在册500人以上的企业数达到147个。在中国外包网公布的"2013年中国服务外包城市投资吸引力综合排名"[1]中，广州位列第二。

---

[1] 《2013年中国服务外包城市投资吸引力评估》，http://www.chnsourcing.com.cn/special/2013/xylpg/。

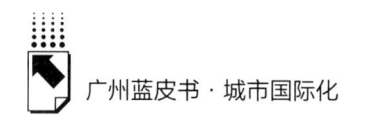

（三）发展特色突出

与国内相关城市比较，广州服务外包产业形成了软件研发外包、集成电路设计外包、工业设计外包、生物医药研发外包、影视动漫创意外包以及检验检测外包等发展特色，业务拓展到美国、日本、韩国以及欧洲等一百多个国家和地区。

二 服务外包产业对广州经济社会贡献效应明显

（一）产业贡献特征明显

2009~2014年，广州服务外包产业的年增速都在30%以上，在广州战略性新兴产业中增幅领先，成为广州经济转型、产业结构调整、发展方式转变的积极动力。作为新型服务业，服务外包有效地服务并提升了广州制造业水平。在开展离岸外包业务和国内其他城市外包业务的同时，广州服务外包企业亦加大了开拓和服务本市企业的力度。

表2 2009~2013年广州服务外包和全市GDP情况对比

单位：亿美元，%

标目	2009年	2010年	2011年	2012年	2013年
服务外包合同额	6.88	18.38	34.64	49.62	62.01
服务外包离岸执行额	4.03	11.94	14.49	20.45	26.15
全市GDP增长率	11.5	13	11	10.5	11.6
服务外包增长率	36.7	195	89.86	41.11	26.99

（二）税收贡献增长快速

广州服务外包企业发展状况普遍较好，纳税额增长较快，对全市税收增长贡献效应较为明显（见表3）。一是服务外包企业所得税和个人所得税贡献高，单位税收贡献增长较快。2011年广州主要服务外包企业实缴税达到77.11亿元，占全市公共财政收入的7.87%。2013年达到159.89亿元，占全市公共财政收入的14%，单位税收贡献快速增长（见表3）。服务外包从业人员实缴个人所得税额增长迅速，2013年达到103.07亿元。广州地区实缴纳税额超千万元的企业数，2013年超过63家，超亿元的企业数达到9家。从业人员纳税方面，实缴个人所得税额超百万的企业数超过79家，超千万元的企业数超过21家。此外，服务外包行业税收贡献增长速度高于全市工业行业。近几年，广州全市工业税收由2010年的613.68亿元增长至2012年的972.96亿元，年均增速为16.6%；而服务外包业的纳税总额①从2011年的77.11亿元增加到2013年的159.88亿元，年均增速达到27.5%，明显高于全市工业税收增长速度。服务外包业单位产值税收贡献率②也明显高于工业的单位工业总产值税收贡献率。服务外包业的单位营业额税收贡献率由2011年的0.024增长到2013年的0.078，而工业单位总产值税收贡献率则由2010年的0.043增长到2012年的0.057。服务外包业单位企业税收贡献明显高于全市工业单位工业企业税收贡献。全市单位工业企业税收③由2010年的76万元增长到2012年的148万元，而全市单位服务外包企业税收由2011年的6169万元增到2013年的8242万元。

表3　2011~2013年广州服务外包企业纳税及单位税收贡献

单位：万元

指标	2011年	2012年	2013年
服务外包执行额	11342187	14840742	2421111
服务外包企业实缴税额	771148.91	1273462.70	1598851.36
单位税收贡献	0.068	0.0858	0.6604

资料来源：广州市商务委。

① 此处的税收数据是主要服务外包企业的税收数据。
② 此处用主要服务外包企业的营业额替代服务外包业产值；贡献率＝营业额（总产值）÷税收总额。
③ 2010年全市工业企业数为65615家，2012年为65583家；2011年全市主要服务外包企业数为125家，2013年为194家。单位企业税收贡献＝税收总额÷企业数。

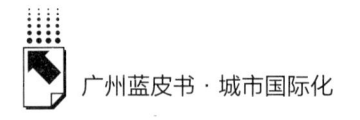

（三）就业贡献效应明显

服务外包产业成为全市大学生就业主要渠道（见图1）。2009~2013年期间，广州服务外包产业吸收就业人员由4.45万人增加到32.66万人，平均每年新增就业5.6万人，年均增长达49%，占广州城镇新增就业人员的24.5%。其中，每年新增吸纳大学生约3万人，约占服务外包新增就业人员的53.6%，成为近5年来吸纳大学生就业率最高的产业领域。服务外包产业对广州本地人口就业拉动作用同样明显。据统计，超过1/3的服务外包企业吸收了40%以上本地籍员工，就业人员以年轻人为主，35岁以下人员占了80%以上。服务外包产业就业效应明显好于全市第二、第三产业。从就业弹性分析，2009~2013年服务外包业就业弹性系数为1.12（第二产业为0.12，第三产业为0.44），高于第二、第三产业就业弹性系数。此外，服务外包优化了全市就业结构。2009~2013年，广州服务外包产业从业人员中，大学学历从业人员数由2009年的3.51万人增加至2013年的18万人（见表4），年均增长速度达到50.5%；高水平从业人员增长速度较快，具有本科学历从业人员年均增长速度达到56%，具有硕士学位从业人员数的年均增速达到58%，而具有博士学位从业人员数增长更快，达到68.2%。

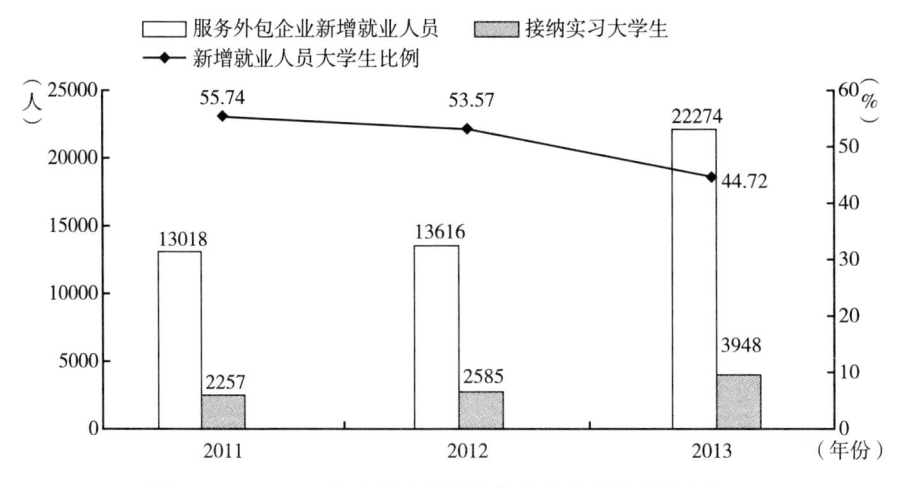

图1 2011~2013年广州主要服务外包企业吸纳大学生情况

表4　广州服务外包从业人员规模变化情况

单位：万人

类　型	2009年	2010年	2011年	2012年	2013年
大学学历	3.51	7.36	12.56	15.8	18
其中：专科	1.94	3.55	6.28	7.49	8.61
本科以上	1.57	3.81	6.28	8.31	9.39
其中：本科	1.4	3.35	5.55	7.39	8.3
硕士	0.16	0.42	0.68	0.86	1
博士	0.01	0.04	0.06	0.07	0.08
其他	0.94	5.75	10.34	13.28	14.66
合　计	4.45	13.11	22.9	29.08	32.66

资料来源：广州市商务委。

（四）提高了全市社会效益

一是促进了广州国际化发展。根据经济学理论，服务外包兴起是经济分工深化的结果，而服务外包国际化与国际分工深化是国际分工演进同一过程的两种表现，因此发展服务外包对城市国际化发展有着重要促进作用。到2013年，广州市接包的国家和地区已达160个，中国香港、美国、英国、瑞士和韩国成为向广州发包的主要国家和地区，发包国家市场拓展进一步多元化。广州登记服务外包企业847家，其中外资企业380家，汇聚了微软、埃森哲、日立系统等一批国际知名外包公司和汇丰客服、汇丰软件、三星通信技术研发中心、日立咨询研发中心、玛氏信息等500强企业的外包公司，国际外包专业协会（IAOP）2011年全球外包100强有31家落户广州，十大在华全球供应商有7家在广州投资。2013年与服务外包相关的信息传输、计算机服务和软件业实际利用外资1.80亿美元，同比增长29.32%，远高于全市实际利用外资4.45%的增长速度，占广州实际利用外资额的比重达到3.5%。二是推动了全市创新发展。服务外包产业存在显著的技术和知识外溢效应，通过从业人员频繁流动、业务沟通交流等方式给广州带来了技术和知识外溢效应。三是促进了全市城镇化发展。发展服务外包产业提高了全市城镇化水平。2009~2012年，服务外包从业人员快速增长，占全市第三产业从业人员比重快速提高，由2009年的1.34%增长至2012年的7.18%。服务外包产业的快速发展也带动了全市第三产业从业人员结构不断优化，全市三产从业人员比重由2009年的48.95%提高到2012年的53.88%，有力地加速了广州城镇化进程。四是促进了区域品牌构建。目前，广州服务外包已成为一张亮丽的城市名片。2013年，天河金融电信服务外包产业园、荔湾电子商务服务外包产业园、增城工业设计服务外包产业园、海珠生物医药服务外包产业园、越秀创意资讯服务外包产业园、从化动漫设计服务外包产业园这6个产业园被新认定为广州服务外包产业园区，加上之前认定的天河软件园、黄花岗科技园、广州开发区、南沙开发区、番禺区以及国际单位创意园，广州认定的服务外包产业园区已达12个，这些产业示范（园）区集聚了全市90%以上的服务外包企业，形成了强大的产业集群效应，有力支撑了广州作为国家服务外包示范城市的发展。

（五）促进了穗港澳合作深化

围绕CEPA实施，穗港澳深入合作，服务贸易呈现快速发展的态势。2012年，广州与港澳的服务贸易总额达到201.96亿美元，2013年快速增至342.46亿美元，增幅较为显著（见表5）。穗港澳地区服务贸易的快速发展，带动了广州服务外包的快速发展，港澳地区已经成为广州最重要的服务外包产业发包地区。2013年，广州来自港澳地区的服务外包离岸执行额达到11.43亿美元，同比增长约25%，占全市离岸执行额的比重达到43.68%，其中来自香港的为11.02亿美元，占比高达42.11%，远高于排名第二的美国的10.17%。

表5 2012~2013年广州与港澳服务贸易跨境收支总额情况

单位：亿美元，%

年份	总额	香港				澳门			
		跨境收入	增速	跨境支出	增速	跨境收入	增速	跨境支出	增速
2012	201.96	133.75	93.7	64.77	89.2	1.74	254.8	1.70	165.0
2013	342.46	205.16	53.6	129.16	99.0	5.99	243.8	2.16	27.1

（六）增强了全市生态保护效益

服务外包产业具有资源消耗少、生态效益显著等特点，发展服务外包产业有助于促进"低碳广州"建设。一是可促进全市节能减排。在同额税收的条件下，服务外包企业所耗费的资源、消耗的能源和产生的污染相比制造业企业显得极少，具有很高的经济效益和社会效益，符合生态环保、节能降耗的现代企业发展要求。二是可降低全市碳排放。服务外包的消耗主要以电力为主，工业生产会产生大量的废水、废气、废渣等污染物，而服务外包则主要以碳排放为主。根据麦肯锡季刊《信息产业如何减少碳排放》研究报告显示：到2020年，信息和通信技术可削减78亿吨温室气体排放，相当于目前全球碳排放的15%，比这些技术在2020年的预计碳排放量多5倍。服务外包产业对信息和通信技术的应用规模大，通过发展服务外包产业有利于降低广州全市碳排放。

B.14
广州建设世界城市的对策建议

姚 阳*

摘　要：	本文以世界城市研究小组（GaWC）的世界城市评价指标体系和评价为基础，选择国外的伦敦、纽约、新加坡、东京，国内的香港、北京、上海等世界城市进行对比，着重从城市规模、综合经济实力、综合服务功能、城市基础设施与环境、科技创新能力、文化影响力、国际化程度等进行比较分析，找出广州的差距并提出对策建议。
关键词：	广州　世界城市　比较　对策建议

一　广州与国内外世界城市的比较

以世界城市研究小组（GaWC）的世界城市评价指标体系和评价为基础，本文选择伦敦、纽约、新加坡、东京及中国的香港等世界城市进行对比，着重从城市规模、综合经济实力、综合服务功能、城市基础设施与环境、科技创新能力、文化影响力、国际化程度等进行比较分析。

（一）广州与国内外世界城市的比较

1. 城市规模

中心城市发展到一定的规模才能更好地发挥集聚与辐射作用。世界

---

* 姚阳，广州市社会科学院区域经济研究所副研究员。

城市的明显特征之一是具有很强的人口聚集能力和较高的城市首位度。从行政区面积和常住人口两个城市规模指标来看，广州与国内外主要世界城市的城市规模大体相当。但从人口密度看，按行政区面积统计的人口密度，广州与世界城市的差距较大；按照"世界城市区域研究"（Demographia World Urban Areas）发布的第10届调查报告，如果将广州-佛山都市区作为一个统计范围，则其都市区面积、人口数和人口密度与世界城市的规模基本相当。由此可见，未来广州城市建设和人口发展的重点应在近6000平方公里的非建成区，而都市区人口应进行控制，详见表1。

表1 城市规模比较

城市	行政区面积（平方公里）	行政区常住人口（万人）	按行政区统计人口密度（人/平方公里）	大都市区范围	大都市区面积（平方公里）	大都市区人口（万人）	按都市区统计人口密度（人/平方公里）
广州	7249	1283.89	1771	广州-佛山	3432	1831.6	5300
上海	6340.5	2415.00	3809	上海	3626	2262.0	6200
北京	16410.54	2115.00	1289	北京	3756	1927.7	5100
香港	1104.43	721.97	6537	香港岛、九龙	275	705.0	25100
纽约	783.84	840.5837	10724	大纽约地区	11642	2066.1	1800
伦敦	1572.15	841.6535	5354	大伦敦地区	1738	1014.9	5800
东京	622.99（23区）	907.1577	14562	东京-横滨	8547	3755.5	4400
巴黎	105.4	248.33	23560	大巴黎地区（ile de France）	2845	1097.5	3900
新加坡	712.4	539.92	7579	新加坡	518	542.8	10500
首尔	605.21	1038.8055	17164	首尔-仁川	2163	2286.8	10600

资料来源：Demographia World Urban Areas：10th Edition（201405 Revision），Wikipedia：List of urban areas by population，http://en.wikipedia.org/wiki/List_of_urban_areas_by_population。

2. 综合经济实力

城市的经济实力是其对区域经济影响力和吸引力的基础，也是集聚和辐射能力的核心。从地区生产总值和人均 GDP 指标看，广州经济总量偏低，地区生产总值大约只有纽约的 1/5、伦敦的 1/3、东京的 1/7，行政区人均 GDP 大约只有纽约的 1/8、伦敦的 1/4、东京的 1/10，广佛都市区人均 GDP 大约只有大纽约都市区、大伦敦都市区、大巴黎都市区的 1/5。从城市经济总量占本国的比重来看，伦敦、东京、巴黎等城市在 30% 左右；在美国经济多中心格局指导下，纽约地区生产总值也占全国的 8% 以上。而广州的 GDP 仅占全国的 2.7%，其国家中心城市的集聚效应仍有待增强。从产业结构比较，纽约、伦敦、香港、东京、巴黎等世界城市的第三产业比重为 80%~90%，广州市第三产业的比重近年来虽不断升高，2013 年达到 64.62%，但金融业和专业服务业等服务业的差距仍较大，还有较大的发展空间，详见表 2。

表 2　综合经济实力比较

单位：亿美元，%

城　市	2013年地区生产总值(GDP)	第三产业比重	行政区人均GDP	大都市区人均GDP	GDP占本国比重	本国GDP
广　州	2486.1	64.62(2013)	19469	13573	2.71	91813.77
上　海	3523.6	62.24(2013)	14442	15577	3.84	91813.77
北　京	3181.07	76.9(2013)	15083	16502	3.46	91813.77
香　港	5337	92.6(2013)	38797	75702	5.81	91813.77
纽　约	13584.16	91.4(2011)	161603	65748	8.09	167997.00
伦　敦	7312	91.1(2011)	86876	72047	28.84	25357.61
东　京	19000	86.0(2012)	209445	50592	38.76	49015.32
巴　黎	7310	88.7(2002)	294366	66606	26.70	27373.61
新加坡	2979.41	64.3(2012)	55182	54890	100	—
首　尔	5326	—	51270	23290	40.08	13044.68

资料来源：①中国内地及香港数据来源于各市统计部门网站，汇率按 2013 年平均 1 美元兑 6.1932 元人民币计算。②各国 GDP 数据来源：IMF 2014 年 4 月 8 日公布的数据；各城市 GDP 数据来源：维基百科 List of cities by GDP。

3. 综合服务功能

中心城市的重要职能之一就是综合服务功能，尤以金融服务等专业服务功能为主。按照世界城市研究小组（GaWC）和全球金融中心排名（GFCI16）报告中进行比较的指标，广州在金融等专业服务业领域存在较大的差距。从全球100强专业服务类公司的办事处看，广州仅有61家，不到北京、上海的一半，而纽约、伦敦、东京、巴黎等世界城市大多在200～300家。从金融业发展情况看，广州的差距更大。从2014年最新GFCI的全球金融中心排名看，广州排在第85位，因没有达到GFCI200的基本线，排在候选名单的第一位。按照金融功能划分，纽约、伦敦、香港、东京、巴黎、新加坡、首尔都被划为第一层次的第一类：全球金融指挥中心；北京被划为第一层次的第三类——全球部分专业性的金融中心；上海、悉尼等城市被划为第二层次的第一类——跨国金融中心；深圳被列为第二层次的第三类——跨国部分专业性的金融中心。广州将有望进入第三层次的区域性新兴金融中心。此外，上海、香港、北京被列入全球十大"最具上升潜力"（likely to become more significant）的金融中心，详见表3。

表3 专业服务业部分指标比较

单位：家

城市	全球100强专业服务类公司办事处	GFCI16排名（全球金融中心排名）	国际金融机构	其中金融服务机构	其中银行	其中投资银行	其中投资管理公司	其中资本市场	其中创业投资和私募股权
纽 约	357	1	5789	3433	354	428	1025	131	418
伦 敦	368	2	3120	1877	127	208	570	83	255
东 京	244	6	76	45	3	12	3	12
巴 黎	235	31	1105	525	98	100	190	33	159
新加坡	229	4	632	317	28	46	151	20	70
香 港	253	3	647	328	24	49	165	25	56
首 尔	128	8	21	9	0	0	8	0	4

续表

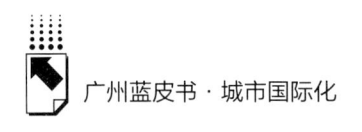

城市	全球100强专业服务类公司办事处	GFCI16排名（全球金融中心排名）	国际金融机构	其中金融服务机构	其中银行	其中投资银行	其中投资管理公司	其中资本市场	其中创业投资和私募股权
广州	61	85（未达到GFCI200基本线）	-（未纳入GFCI14统计报告中）	—	—	—	—	—	—
北京	142	32	62	26	1	5	10	2	18
上海	135	20	103	45	1	9	24	3	21
深圳	28	25	8	2	1	1	2	1	1

资料来源：全球100强专业服务类公司办事处数据来源于GaWC数据库，其余数据来源于GFCI16报告、GaWc报告。

4. 国际化水平

从与我们选取的世界城市比较来看，广州的国际化程度不够高。据世界城市研究小组（GaWC）的统计数据，广州仅有6家世界2000强公司总部，其企业平均收入为65亿美元左右，企业规模远远低于其他世界城市拥有的世界2000强公司的企业规模，纽约、伦敦、巴黎、东京等城市上榜企业平均收入均达到200亿美元以上。广州尚未有联合国机构、主要国际组织总部（联络处）、国际非政府组织进驻，对全球性事务影响力较弱。使领馆等指标上的数据集中度也比较低。按照国际协会联盟（UIA）统计，广州2013年承办国际会议仅11次，而香港、北京、上海分别办会89、105、72次，巴黎、新加坡、伦敦办会高达204、175、166次。广州常住外国人占总人口比例约为0.2%，远低于香港（7.6%）、纽约（28.4%）、伦敦（30%）。根据广州市公安局的数据显示，近年来，广州外籍居民数呈逐年上升趋势，2014年外国居民达到近12万，常住外国人达到4.7万人，在全国位于第三，北京大约有20万常住外国人，上海大约有15万。与伦敦、纽约等国际城市10%以上的常住外国人比例相比，北京、上海、广州外国人数量偏少、比例仍偏低。详见表4。

表4 国际化水平比较

城市	拥有世界2000强公司总部（家）	世界2000强公司总部总收入（亿美元）	联合国机构数量（个）	主要国际组织总部（联络处）	其中国际非政府组织（NGO）数（个）	使领馆数（个）	2013年国际会议数（次）	常住外国人占总人口比例（%）	国际旅游入境人数（万人次）
广州	6	387.3	0	0	0	6	11	0.2	382
上海	19	2426.67	2	0	0	19	72	0.67	609
北京	45	16704.8	2	26	22	45	105	0.4	450
香港	48	4291.72	1	22	22	48	89	7.6	884
纽约	82	16819.2	81	45	33	82	36	28.4	1181
伦敦	68	16810.34	6	71	69	68	166	30	1869
东京	154	34436.55	16	40	36	154	79	2.5	538
巴黎	60	20110.31	11	29	25	60	204		1557
新加坡	18	1696.04	3	21	21	18	175		1247
首尔	60	11183.5	2	16	16	60	125		863

资料来源：国际会议数据来自于国际协会联盟（UIA）2013年的统计。

5. 城市基础设施

交通信息枢纽功能是中心城市对内对外集聚辐射功能的重要体现。航空港旅客年吞吐量、货邮吞吐量、港口集装箱吞吐量等是衡量城市国际交通的最主要指标。广州港的地位近年来呈落后趋势，广州港口集装箱吞吐量目前在世界排名下降到第8位，大约只有上海的3/7、香港的2/3、新加坡的2/5。白云国际机场的航班数和旅客吞吐量逐年增加，但旅客吞吐量和货运吞吐量与进行比较的世界城市仍有一定差距，按单个机场统计，广州旅客吞吐量、货运吞吐量、起降航班数在世界机场排名分别位于第16位、第18位、第27位。以城市作为航空空域统计，广州在以上指标的排位要更靠后，因为纽约、伦敦、巴黎、东京等世界城市大多拥有2个以上的国际机场（见表5）。

表5　城市基础设施比较

城市	集装箱吞吐量（万标准箱）	机场旅客吞吐量（万人次）	主要机场	地铁通车里程（公里）	国际互联网普及率（％）
广州	1530.92(2013)	5245	白云	270	71.2
上海	3361.7(2013)	8279	浦东、虹桥	538	64.5
北京	—	8371	首都、南苑	465	70.3
香港	2229(2013)	5961	香港	218.2	87
纽约	529(2010)	12144.7	肯尼迪机场、拉瓜迪亚机场、纽瓦克机场	369	70
伦敦	300(2012)	13999.8	盖特威克机场和希斯罗机场	408	—
东京	—	10424(2013)	成田空港、羽田空港	316.3	
巴黎	—	9612.5	戴高乐机场、奥利机场及勒布尔热机场	221.3	
新加坡	3260(2013)	5273	樟宜	153.2	95
首尔	—	—	仁川、金浦	922.9	95

资料来源：①国际机场理事会（Airports Council Internaitonal）2013年全年数据；②维基百科。

6. 城市环境

世界城市有着良好的城市环境，可持续发展水平高。从城市环境方面看，道路交通是城市环境中的重要因素，世界城市的人均道路面积在10平方米以上，广州城市道路面积虽然有了较大提高，但与纽约、伦敦等顶级城市相比还有较大差距。与世界城市的生态建设相比较，广州的情况不容乐观。一是大气环境污染比较严重。广州地区环境污染密度仍较大，面源范围较广，大气环境面临混合型污染压力。广州SO_2年日平均浓度、空气中可吸入颗粒物浓度均高于世界国际大都市平均指标近一倍。按照世界卫生组织对全球1600多个城市的监测统计，广州的空气质量在PM2.5和PM10两个指标上，与世界先进城市的空气质量差距较大。二是城市生活污水处理能力还有待提高。目前，广州城镇污水处理率为90.60%，农村仅41%，与国际大都市均已实现100%污水处理水平差距较大。三是绿化覆盖率仍有提升空间。2013年，广州建成区绿化覆盖率为40.3%，达到多数世界城市平均水平,但城市面积非常有限的新加坡已经达到了75%,广州城市绿化覆盖率还有提升的空间。详见表6。

表6 城市环境比较

城 市	人均公共绿地面积(平方米)	PM2.5($\mu g/m^3$)	PM10($\mu g/m^3$)	人均城市道路面积(平方米)
广 州	12.62	32	69	14.13
上 海	12.01	36	79	16.38
北 京	12.6	56	121	3.9
香 港	4.2	21	45	—
纽 约	14.4	14	23	26.9
伦 敦	65.8	16	22	28
东 京	11	10	22	10.5
巴 黎	—	17	24	10.3
新加坡	7.6	17	27	24.1
首 尔	—	22	49	—

资料来源:①世界卫生组织《室外环境城市空气污染数据2014年》;②维基百科。

7. 科技创新能力

科学技术创新和发展对于中心城市的形成和发展至关重要的。创新服务功能很大程度上取决于城市科技水平在国际上的领先程度。第一次科技革命使英国成为世界科技中心,伦敦成为世界上第一座世界城市;第二次科技革命造就了巴黎、纽约等世界城市;第三次科技革命使东京上升为全球性的世界城市。这些城市在经济增长和劳动生产率提高的诸多因素中,科技因素所占比重已达到60%~80%。2013年广州研发(R&D)经费投入56.94亿美元,研发经费投入占GDP比重为2.26%,低于东京(3.4%,2006年)和巴黎(3.28%,2007年)等先进城市。近年来,智慧城市建设成为世界城市科技发展、产业转型、社会发展的重要方向,早在2000年,纽约就提出"智能化城市"计划,到2009年实施"连接的城市"计划。英国伦敦市政府先后提出了电子伦敦(e-London)和伦敦连接(London Connects)战略。法国巴黎市政府于2006年推出"数字巴黎"计划。韩国首尔市于2006年4

月公布 U-首尔（U-Seoul）计划，日本东京市 2005 年开始实施"东京泛在计划"。新加坡则于 2006 年 4 月正式推出第六个为期十年的信息通信产业发展蓝图——《智慧国家 2015 规划》（iN2015）。详见表 7。

表 7 城市创新能力比较

单位：亿美元，%

城 市	R&D 经费投入	R&D 占 GDP 比重	年份
东 京	272.0	3.4	2006
巴 黎	215.95	3.28	2007
新加坡	51.50	2.13	2010
香 港	14.54	0.76	2010
广 州	56.94	2.26	2013

资料来源：www.citymayors.com 数据库及《北京 2030：世界城市战略研究》；新加坡 R&D 资料来源，http://www.singstat.gov.sg/pubn/reference/sif2012.pdf。

8. 文化影响力

文化影响力是城市发展的核心竞争力，即所谓城市以文化论输赢。世界城市往往是全球文化中心，教育和出版、广播电视、网络等媒体行业发达，图书馆、博物馆、剧场、电影院等现代文化设施齐备，是各种新思想、新观念和新潮流的发源地。科学技术的飞速发展、产业发展的高端化及居民生活质量的提高也对城市文化发展提出了更高的新要求。作为国际科技的中心，纽约等世界城市中的大学和科研机构高度集中。据统计，纽约大都市区拥有 100 多家大学和 788 家科研机构。东京的筑波科学城以筑波大学为中心，集中了 46 家国立研究所、8 家民间研究所和 30 多家高级技术公司，集中了科研和辅助人员 2.2 万人，囊括了全国科技人才的近40%。而广州各类独立科研机构仅有 164 个，国家重点实验室 2 个、国家级工程技术研究中心 18 家。就广州的大学和科研机构的集中度而言与东京和伦敦等城市差距比较大，科研创新服务功能还有待进一步提高。伦敦和东京是全球电子出版业中心，纽约是出版业的大都会，数百家国家级杂志总部设立于此，广州与其相比，传媒行业发展差距较大；在文化基础设施方面，世界城市的图书馆、博物馆、剧场、电影院等文化设施的数量也名列前茅，不仅为国内服务，也向世界开放。而广州文化设施水平与之相比仍有一定的差距，如公共图书馆数量约为东京的1/13、纽约的1/14，同时广州文化设施的质量和影响方面与先进世界城市的差距也比较大。世界城市均拥有世界顶级的博物馆和图书馆，如巴黎罗浮宫博物馆、伦敦大英博物馆、纽约大都会博物馆、东京国立博物馆、伦敦大英图书馆、法国国家图书馆等。详见表8。

表8 公共文化设施比较

城　市	公共图书馆数（间）	博物馆、纪念馆数（个）
广　州	15	31
上　海	30	106
北　京	25	148
香　港	52	14
纽　约	204	312
伦　敦	415	92
东　京	194	160
巴　黎	83	100
新加坡	74	18

资料来源：维基百科。

（二）总结

与纽约、伦敦、巴黎、东京、新加坡、香港、北京、上海等不同层级的世界城市比较，广州建设世界城市，还存在以下几方面的差距。

1. 综合经济实力差距较大

与先进的世界城市相比，广州在经济总量、相对经济规模及产业结构等方面与世界城市有一定的差距。①经济总量规模优势不突出，与处于核心层的世界城市相比，广州还有一定的差距。②广州城市经济集聚度不高，广州经济总量占全国比重不到3%，几个国外主要城市普遍达到20%左右，巴黎

高达27%，东京达38.76%，伦敦达到29%。③产业结构层次还较低。2013年广州第三产业比重为64.62%，先进世界城市的服务业所占比重一般都在75%以上，尤以金融服务业差距比较大。

2. 国际化水平较低

广州与国内外世界城市相比，国际化水平上存在较大差距。①在经济国际化方面，从广州拥有的世界2000强公司总部数和其企业平均收入两个指标看，广州的差距都非常大。②广州在金融等领域的专业服务业质和量上的差距都较大。③从外籍居民占常住人口比重、国际游客数量等指标看，广州差距很大。④拥有外交机构、国际组织和国际商业机构等数量的差距也反映了广州国际化水平较低的问题。

3. 基础设施服务功能不完善

广州空港、海港、信息港、铁路、公路等交通信息枢纽建设已经取得显著成效，枢纽功能不断提升，但与世界先进城市相比，广州交通信息枢纽的国际化高端服务水平仍然较低，国际航线覆盖面有限。

4. 生态环境亟须改善

世界城市都有着良好的生态环境，可持续发展水平高。与先进世界城市生态建设相比较，广州的情况不容乐观。①大气环境污染比较严重。广州地区环境污染点密度仍较大，面源范围较广，大气环境面临混合型污染压力。②城市生活污水处理能力还有待提高。③广州建成区绿化覆盖率较低。

5. 科技创新能力不强

与先进世界城市的科技创新能力相比，广州的差距还是比较明显的。①R&D经费投入处于中下游水平。②高科技产业发展相对不足。高新技术产业规模小、比重偏低。③科技转化能力相对不足。④企业的创新能力与香港并列，但落后于其他国际大都市。⑤创新环境有待优化。

6. 文化软实力不强

文化软实力是提升城市发展的关键，与先进世界城市的文化软实力比较，广州文化软实力差距很大，主要体现在：①缺乏世界一流大学。②文化基础设施建设不足。从以博物馆和图书馆为代表的文化基础设施比较来看，世界城市均拥有世界顶级的博物馆和图书馆；在数量上相比，广州在博物馆数量、图书馆数量和藏书数量上的差距都非常大，均不到北京、上海、东京、伦敦的一半。③缺乏具有国际影响力的传媒。④文化体育艺术影响力弱。从体育场馆、艺术演出场次、艺术演出观众人次等数据看，与先进世界城市的差距非常大。总体上看，广州文化实力差距远远比广州经济上的差距大，成为制约广州迈向更高层级世界城市的一大障碍。

二 广州建设世界城市的对策和建议

（一）拓展海港和空港的国际服务功能，强化综合门户城市地位

打造世界一流的国际空港和国际海港是提升世界城市层级的重要途径。目前，广州的空港、海港的硬件设施已基本具备了国际大空港和大海港的水平，但广州的空港、海港在国际航线及航班密度、航运国际服务水平、航运服务业发展、资源配置能力等方面与先进世界城市空海和海港的水平还有一定的差距。为此，要围绕建设南方国际航空航运中心的目标，进一步完善现代航运集疏运体系和现代航运服务体系，建设广州南方国际航空与航运中心和电子口岸，优化广州航空航运的软环境和口岸通关环境，积极吸纳国内外航空与航运公司拓展国际航空和海运航线，加快发展陆空联运、海铁联运、江海直达和水水中转，实现多种运输方式一体化发展，充分满足未来国际航空航运市场资源综合配置和口岸运行需要。要依托广东自贸区广州南沙新区片区、南沙保税港区、白云空港综合保税区和空港经济区、海港经济区建设，集聚现代航空服务、航运服务要素，大力发展航空航运金融等高端航运服务业，积极促进航运中介、航运物流等现代航空航运服务业发展，构成体系完整的航空航运服务产业链，显著提升广州国际空港及海港的综合竞争力和服务能力。此外，要加快城市与城际轨道交通建设，完善广深港高铁、贵广高铁、南广高铁等软硬件设施配套，构筑以广州为核心的珠三角一小时城市圈，强化广州作为华南公路和铁路中心的功能。

（二）大力吸纳和培育总部企业，强化控制决策中心功能

广州作为国家中心城市，在控制决策中心功能方面与国内外的先进世界城市相比存在较大的差距。为此，要按照"首善之区"建设的要求，推进"中调"战略实施，加快城中村和旧城区改造，美化创业居住环境，按照国际一流 CBD 的标准推进琶洲－珠江新城地区和白鹅潭地区建设，进一步降低商务成本、提高商务绩效，积极引进跨国公司和国内大型企业总部，着力打造亚太地区重要总部经济区，增强广州在国际和国家区域的控制决策中心功能。一要大力吸纳跨国公司区域总部及分支机构、研发中心、营销中心、采购中心等落户广州发展，使广州成为国际跨国公司区域总部及分支机构的集聚地。二要积极促进本土大企业大集团发展壮大，鼓励广汽集团等本土企业"走出去"，培育本土的跨国公司。三要继续创造条件吸纳中央企业及国家有关管理部门到广州设立区域总部及管理机构，吸纳国内各省市到广州设立办事处和窗口。四要吸纳外国政府、城市和亚太地区的国际或区域组织到广州设立办事机构，增强广州对国际区域经济、政治事务和国内区域经济事务的决策影响力。

（三）构筑以现代服务业为主的现代产业体系，增强经济实力

抓住国际经济结构深刻调整和国家扩大内需的机遇，以转变经济发展方式和加快产业优化升级为主攻方向，打造现代服务业中心和先进制造业基地，率先构建以现代服务业为主导的现代产业体系。一要加快建设珠江新城金融商务区和科学城金融创新服务区，建立广州期货交易所和华南联合产权交易所，大力发展金融服务业，创新金融产品，促进区域金融中心建设。二要发挥广州商贸业发达和广交会的优势，大力优化发展商业、批发市场业、现代物流业和会展业，加快中国服务外包示范城市建设，打响"广州服务"品牌。三要加快推进省市共建先进装备制造业基地建设，全力建设汽车、造船、石化、重型装备四大国家级产业基地和大型装备配套产业基地，形成具有国际影响力的汽车和装备制造业基地。加快发展自主品牌汽车和新能源汽

车，促进汽车制造、汽车服务、汽车研发等协调发展，扩大汽车出口，形成具有国际影响的汽车产业链。加快发展造船和核电装备工业，提高船舶工业和海洋工程装备、核电装备制造业发展水平，形成具有国际影响力的装备制造业基地。四要加快推进中新知识城、华南新药创制中心、广州国际生物岛等重大创新平台和中科院广州生物健康研究院、中科院广州工业技术研究院、中国华南超级计算中心等共建项目建设，把广州高新区建成世界领先的科技园区，大力发展电子信息、生物技术、新能源等高新技术产业集群，把广州建设成为国家创新型城市。

（四）加快金融业发展载体建设，打造中国南方金融中心

世界城市一般都是全球或区域、国家的金融中心。广州要加快金融服务业发展，建设中国南方金融中心，这是进一步强化广州国家中心城市地位的需要，是建成面向世界、服务全国的国际大都市的需要，是促进珠三角一体化发展及提升经济国际竞争力的需要。全球金融中心版图正在调整之中，纽约、伦敦等老牌国际金融中心都受到了巨大冲击，这也预示着全球将展开新一轮的国际金融中心的激烈竞争。广州首先要抓住机遇，充分发挥广州"毗邻港澳，面向东南亚"的独特区位优势，加快珠江新城金融商务区、员村－琶洲金融总部区和广州金融创新服务区建设，着重围绕区域产业升级，大力发展特色产业金融，开展金融创新研发，打造具有较高国际化水平的广州金融总部基地和金融创新基地。其次要建设多样化的金融综合服务体系、多层次的金融市场体系和多元化的金融组织体系，在大力发展银行、证券、保险等机构的同时，还要加快发展基金、信托、财务公司、汽车金融、消费金融等机构，做强银行业、壮大保险业、突破期货业，不断提升市场功能，增强聚集力和辐射力。再次要以争取设立广州期货交易所为突破口，加强与港澳及珠三角的金融合作，积极构建金融改革创新综合试验区，探索开展人民币国际化试点，开展保险业综合改革创新试点，建设南方支付结算和征信中心，建设广州金融安全区，大力吸引国际金融高端人才聚集，营造一个更有利于区域金融中心建设的生态环境。

（五）强化区域文化教育中心地位，建设国际一流大学

广州必须强化区域文化教育中心的地位，加快文化教育事业发展，发展壮大文化创意产业，提升国际文化大都市的形象和实力。要发挥广州作为岭南文化中心和国家历史文化名城的优势，加强对历史文化资源的挖掘、保护和开发利用工作，建设和完善一批图书馆、博物馆等标志性文化设施和惠及市民的公共文化设施，建设具有国际区域影响的现代媒体集团、文化创意集团和一流大学，创造具有岭南特色的优秀文化品牌，增强广州在国际区域中的文化引领功能。拥有国际一流大学是全球城市及国际大都市的象征，也是承载国际大都市软实力及创新力的重要载体。目前，国际大都市几乎都拥有一所以上的世界一流的大学。《珠江三角洲地区改革发展规划纲要》提出，到2020年，重点引进3～5所国外知名大学到广州等城市合作举办高等教育机构，建成1～2所国内一流、国际先进的高水平大学。广州要强化区域文化教育中心地位，有必要抓住机遇建设一所国际一流大学。随着广州及珠三角经济社会的发展，广州也有条件及可能来建设世界一流大学。为此，广州要在省的领导和支持下，联合珠三角力量，争取社会慈善力量的支持，按照国际先进大学的办学模式，与国际知名大学合作及吸纳国际师资，建设国际一流大学，面向国内外培养高端人才，强化广州区域文化教育中心地位。同时，目前广州大学城的学校较分散、数量较多，不利于高水平学校的建设和整体发展。建议未来要优化广州大学城的大学布局，推进学校资源融合，重点布局建设和发展3～4所较高水平的大学。

（六）着力强化自主创新能力，建设科技创新中心

自主创新能力是世界城市活力的主要体现。世界城市一般都是世界重要的科技创新中心。提升自主创新能力是广州缩小与先进世界城市差距的重要战略任务，也是增强广州经济国际竞争力的关键。要围绕广州建设国家创新型城市和华南科技创新中心的定位要求，加强广州与国内外的科技合作和交流，加快推进科技创新园区建设，打造国家一流科技创新中心和高科技产业

发展基地。引导和支持创新要素向企业集聚，支持企业与全国高等院校、科研院所共建高水平的技术研发机构，实施企业国际合作创新试点，发展一批国家级及世界领先的创新型龙头企业；大力发展电子信息、生物技术、新能源、新材料等高新技术产业，促进形成产业特色明显、配套体系完备的高新技术产业群。发挥"留交会"科技人才、科技创新企业引进的载体作用，大力吸纳和培养高端创新人才和创新企业，造就一支高素质的创新人才队伍，促进"广州制造"向"广州创造"转变，把广州建设成为国际区域自主创新的策源地、科技成果集聚中心、自主创新成果的辐射地和高科技人才的集聚地。

（七）带头推进区域同城化和一体化，联合共建大都市圈

从当今一些世界城市的发展历程来看，为了增强经济实力和拓展经济发展腹地，保持它们对世界经济的主导地位，纷纷采取合作及一体化战略，不断跨越各种地理及行政区域界限，加强"城市—区域"合作及同城化、一体化，建立大都市区（大都市圈），使大都市区经济成为全球经济增长的引擎和世界市场的强劲竞争者。在世界经济走向全球化和区域化的过程中，广州要以区域的一体化及整体实力打造广州的综合竞争力，并带动区域经济加快发展。一是以加强基础设施一体化建设为重点，加强广佛在城市规划、基础设施、市场体系、环境保护、社会管理等方面的全面协调和合作，推进广佛同城发展，共建南方的"上海"及国际大都市。二是以广佛同城化为示范，以交通基础设施一体化为切入点，积极推进广州与珠三角各城市在基础设施、环保、公共服务等方面的一体化发展，构筑以广州为核心的珠三角一小时城市圈，形成紧密分工协作及一体化的珠三角大都市圈，形成中国乃至全球经济的强劲增长极，辐射带动环珠三角及泛珠三角发展。

（八）扩大开放及国际合作，提升国际影响力

要具有世界眼光，自觉地把广州置于全国、全球的发展大局中来谋划发展，加强与港澳、东盟、南亚、西亚，与非洲、友城等多个层面的国际合

作，致力于亚欧非大陆及附近海洋的互联互通，建立和加强沿线各国伙伴关系，不断扩大对外开放和国际交流合作。一是促进穗港合作先行先试。以南沙新区为主要载体，建立穗港澳金融合作区、科技创新合作试验区、文化创意合作试验区等，大力推进穗港澳在金融、物流、会展业、分销、旅游、专业中介服务、高新技术产业等领域的紧密合作，提升广州现代服务业水平。二是积极开展与东盟等国际经济区域的合作。以广州中新知识城建设为重点，抓住中国－东盟自贸区建设的契机，积极拓展与新加坡等东盟先进国家加强经济、技术、园区管理、人才培训等多方面的合作，建立长效合作机制，以大项目和"产业与劳动力双转移"为突破口扩大与东盟在贸易、资源开发和工程承包等方面的深度合作。充分发挥广州"海上丝绸之路"历史积淀的优势，加强与南亚、西亚、非洲等国家的经贸合作，扩大广州在这些区域的辐射影响，争取把广州建设成为中国与东盟、南亚、西亚、非洲等国家合作的重要平台和门户。三是继续实施国际友城拓展战略，要瞄准世界先进城市选点布局，优化国际友城网络，全方位拓展国际交流合作渠道和平台，树立广州国际交流合作的新形象，增强广州的国际影响力和辐射力。

（九）着力增强综合承载力，创建优美舒适城市环境

巨大的综合承载能力和优美舒适的创业居住环境是世界城市的重要标志，也是世界城市吸引力和集聚力的重要体现。发达国家的世界城市都有较强的综合承载力。随着广州经济的持续快速发展，传统发展模式已使广州综合承载能力面临很大的考验和挑战。为此，广州必须围绕建设广东宜居城乡"首善之区"的要求，坚持走生产发展、生活富裕、生态良好的文明发展道路，提高资源节约集约利用水平，形成低投入、低消耗、低排放和高效益的节约型增长方式，增强城市对经济、人口发展的综合承载能力。切实加强环境保护和生态建设，下大力气改善水环境和大气环境，加速推进城市河涌综合整治，加大对机动车尾气污染、工业废气污染和城乡固体废物污染治理力度，积极推行清洁生产，争当节能减排和发展循环经济的排头兵；全面推进中心城区产业"退二进三"和"青山绿地、碧水蓝天"工程，实施"花园

城市"建设计划，继续绿化美化城乡，构筑优质生活圈，建设可持续发展的世界城市。

参考文献

吕拉昌：《全球城市理论与中国的国际城市建设》，《地理科学》2007年第4期。

丝奇雅、沙森：《全球城市：纽约伦敦东京》，周振华等译，上海社会科学院出版社，2009。

周振华：《崛起中的全球城市——理论框架及中国模式研究》，格致出版社，2009。

王桂新：《转型与创新——上海建设世界城市持续驱动力之探讨（摘要）》，北京论坛，2012。

屠启宇、苏宁、张剑涛等：《国际城市发展报告（2013）》，社会科学文献出版社，2013。

杨再高、姚阳等：《广州迈向国际大都市的研究报告》，广州市社会科学院，2009。

国际经验篇

International Experiences

B.15
全球视野中的城市CBD：演化规律、经验及启示

张 强[*]

摘 要：	本文总结了城市CBD结构的主要理论和核心研究问题，归纳了CBD建设的三大要诀，并指出了未来CBD发展变化的趋势。
关键词：	城市CBD 演化规律 经验 启示

CBD（中央商务区）的概念最早源于20世纪初社会学者对城市中心区结构演化的理论研究，首先提出此概念的是美国社会学者伯吉斯

---

[*] 张强，广州市社会科学院经济研究所副所长、副研究员。

(E. W. Burgess)，他赋予了 CBD 三大性质：核心性、历史传承性、稳定性。其后，随着城市规划实践和空间经济学的不断发展，CBD 内涵日益丰富。从广义上讲，CBD 主要指城市空间组织的核心部分，它与商务和商业功能的集聚密切相关；从狭义上讲，CBD 专指位于城市中心地带的专门化商务办公区，与以商业零售为主的中心商业区（即 CRD）相区分。此外，在大都市区（圈）逐步形成的背景下，一些学者还将位于原核心区之外新开发的办公或商业集聚区也称为 CBD 或 RCBD（副中心）。尽管学术界对 CBD 内涵尚无统一界定，但对 CBD 的一些外部特征还是逐步取得共识，这些共性特征可以概括为五个"高"，即高密度、高地价、高可达性、高辐射力以及高商务集聚度。

一　CBD 的空间布局：集中、分散还是集中式分散？

集中与分散是现代服务活动空间分布的两种基本模式。国内外实践经验表明，一个大都市的服务业空间格局一般经历了集中—分散—集中式分散的演化过程，现代服务活动首先主要集中在中心城区，尤其是 CBD 内，然后随着城市化的拓展和"大城市病"的日益加重而开始向郊区分散，最后又在大都市区范围内的某些特殊节点上重新集聚。在大都市发展的初期，现代服务业主要依托 CBD，呈现单一核心布局的形态。其后，随着大都市的发展、交通规划的引导和地域产业分工的深化，现代服务业空间格局逐步由单核心向多核心结构演变，在此过程中，原 CBD 职能一方面越来越高级、越来越专业，金融、商务或总部经济日益成为其核心功能；另一方面某些次级职能则逐步向外分散和转移，并与大都市的某些新城建设相结合，开始形成一个个新的 CBD 或 RCBD（即副中心），且呈现出不同的区域特色。可见，集中式分散是都市化阶段 CBD 演化的一般模式。

因此，根据大都市一般由单中心结构向多中心结构转变的基本规律，特大城市 CBD 在空间上也大多演化为"一主多副"的 CBD 体系，这在当今国际大都市的实践中获得了实证。由于城市地域的扩张和原核心 CBD 职能的调整，几乎所有的国际大都市都先后推出 RCBD 计划，致力于在原 CBD 之外围适当区域（大多在新的交通枢纽处）规划建设新的 CBD，形成不同层次的 CBD 等级体系，如纽约围绕曼哈顿下城的港口及华尔街建设了最早的 CBD，稍晚不久又在离老城 10 公里左右的曼哈顿中城实施大规模更新改造，逐步形成以时代广场、洛克菲勒中心为标志的曼哈顿中城 CBD；伦敦除著名的金融城核心 CBD 之外，第二次世界大战后又打造了西敏寺 CBD，并以道克兰码头区更新改造为契机，建设了坎纳瑞 RCBD；东京除在市区内拥有以银座为核心的 CBD 之外，还先后在周边兴建了新宿、涩谷、池袋、临海等 4 个商务副中心；巴黎除拥有内城 1、8、9 区这一老 CBD 之外，还在巴黎城市中轴线西端、离凯旋门等老中心 5 公里左右的地方规划建设了拉德芳斯副中心，被公认为新开发 CBD 的成功典范和世界三大 CBD 之一。国内一些相对成熟的国际大都市也逐步演化形成了多个 CBD，如北京除了在城市功能核心区内重点建设北京金融街这一高能级 CBD 之外，还在城市功能拓展区分别规划建成北京商务中心区（朝阳）、中关村科技园区（海淀）、奥林匹克中心区等三大专业性 CBD；上海除了原核心 CBD——南京路之外，随着浦东开发的逐步外移和成熟，一个世界级的新 CBD——陆家嘴金融商务区开始崛起，成为上海 21 世纪国际大都市的新形象、新标志。

由此可见，对于特大城市的 CBD 演化，在城市进入一定发展阶段后，它在空间上既不是呈现早期的集中化布局，也不是呈现"摊大饼"式向外蔓延的分散化布局，而是随着都市功能外拓而呈现集中式分散的趋势，形成多核心集聚，并构建形成"一主多副"的 CBD 体系。

二 CBD 布局的三大要诀：适当距离、高度集聚与各具特色

"一主多副"的多级多核心 CBD 布局，在不同城市表现为不同的演化路径与特色，但有三方面的关键因素是不能忽视的。

一是适当距离。即"一主多副"格局下的若干CBD在空间上虽不一定紧密相连或混为一体，但相互之间的距离也不宜太远，而应保持在一定限度内；即使是在郊区新开发的CBD，也只有那些距离原中心区较近或具有城市新中心概念的建成区才能算作城市CBD。城市副中心（即RCBD）当然是CBD必不可少的组成部分之一，但对特大城市而言，只有那些位于市区范围内或近郊、离原CBD较近的RCBD，才能纳入CBD体系中。很显然，从理论上说，若干个CBD之间只有相互靠近，才能够形成频繁的功能联系与互补，形成有机紧密的协作效应，从而实现整体功能最大化。此外，CBD的一个突出特点是强辐射性，而只有CBD位于较中心的地段，才能充分发挥中心区发达的交通、通信和信息密集之优势，低成本地放大其功能，从而实现对更大范围、更高平台的外部资源的控制、协调、调度与配置。从表1可以看出，世界主要大都市的CBD体系内各构成子区之间相互距离都不太远，而且距离原城市核心区的半径也大多在5~10公里范围内，这与那些规划在远郊、距离核心区动辄达50~60公里的副中心形成了鲜明对比，这是我们规划CBD时要特别注意的地方之一。

表1　主要国际大都市新建CBD离原核心区的距离

新CBD	巴黎-拉德芳斯	东京-新宿	伦敦-坎纳瑞	纽约-曼哈顿中城
城市原核心区地标	凯旋门	银座	伦敦金融城	华尔街
与原核心区的距离	5公里	6公里	5公里	10公里

资料来源：根据上海综合经济研究所《国外大都市CBD形成机制与发展态势跟踪、借鉴研究》有关资料整理。

二是高度集聚。即各CBD应成为所在城市商务办公设施、商务人口和高端服务机构（尤其是金融机构、企业总部等）高度集中的区域。CBD内人流高度密集，一个大厦内可能集中有几万人办公，"9·11"前纽约世贸中心每天有14万人进出，而小小的伦敦金融城白天的人口竟高达150万人左右；CBD高端服务机构云集，面积不足1平方公里的华尔街地区，集中了几十家大银行、保险公司以及上百家大公司总部，成为全世界企业总部密度最高的地区。巴黎首期开发的拉德芳斯区面积不过1.6平方千米，却集中了170多家外国金融机构和190多家世界跨国公司总部。另外，最为突出的是商务办公设施高度集中于CBD中。据统计，纽约、伦敦、巴黎、芝加哥、旧金山等世界大都市CBD的办公建筑规模均占到全市的一半以上，有些甚至达60%~70%（见表2）。CBD具有高度集聚的发展特征，这从理论上容易获得解释。众所周知，城市的能力、魅力与效率，都是靠城市功能来体现的，由于CBD通常是一个城市效率最大化的场所（这可以从单位土地经济产出和工作人口劳动生产率得到验证），这决定了CBD的功能需要集中体现，分散将会使功能的效率大大弱化。而功能的集中性，就直接导致了服务业空间布局的集聚性，因为，集聚才能集聚人气，集聚才能提高效率，集聚才能降低成本，集聚才能节省空间。① 总之，高度集聚成为CBD的一个基本特征。

表2　1990年世界部分大都市CBD比较

各市CBD	CBD面积（平方千米）	办公建筑面积（万平方米）	外国金融机构（家）	跨国公司总部（家）
纽约曼哈顿下城	3.5	2350	487	780
伦敦金融城	3.2	1780	554	420
东京丸之内-新宿-临海	5.6	2200	—	365
巴黎内城1、8、9区-拉德芳斯	6.0	1800	—	190
新加坡城大坡-水仙门	1.8	710	311	245
香港中环	2.1	1360	420	330

资料来源：根据陈佳强、马山水《大都市发展之现代版》，经济科学出版社，2004，有关数据整理。

三是各具特色。即CBD体系内各子CBD之间应形成不同层次、各具特色的发展格局，避免CBD同质化，注意打造具有不同功能特色的CBD，最好在功能上能够有机互补。一个特大城市往往会有多个CBD，从世界主要

---

① 朱晓明：《在全省发改系统服务业工作会议暨服务业集聚区现场会上的讲话》，2007。

大都市的经验看，作为城市CBD体系，无论是在主CBD之间，还是若干个RCBD之间，它们都应尽力突出个性化，避免同构化，注重引导CBD各分区的差别化发展和功能适度分异，力争在各CBD间形成不同的特色及功能互补。比如，伦敦的核心CBD是原位于老城区的金融城，不仅主导产业相对单一，且基本没有高层建筑，具有浓厚的古典文化风韵；而后来在码头区新建的坎纳瑞商务区，由于不受旧城保护的限制，就充分利用现代技术建成高层建筑林立的现代风貌，充分体现了现代城市文明之形象，同时，在功能上更倾向于总部经济而非金融中心功能，且配套性服务业更为发达。纽约也大致如此，虽然其CBD是由早期形成的曼哈顿下城及后来崛起的曼哈顿中城两大板块所构成，但两大分区呈现完全不同的功能特色，老城依托华尔街形成金融中心区，中城依托第五大道成为中心商业区，二者南北呼应，不仅风格迥异，而且功能上高度互补，形成二元结构的CBD布局。东京更是CBD多元化的典范。在20世纪50年代，随着经济的高速发展，东京原中心三区功能高度集中，造成所谓"大城市病"，为控制和缓解中心区职能过分集中的状态，从60年代开始，东京都政府做出了规划若干副都心的决策，从而在近30年时间内相继形成新宿、池袋等各具特色的七个RCBD[①]（见表3），这"一主七副"的CBD体系支撑起东京作为世界大都市的功能框架。

表3 东京CBD与RCBD的主要功能定位

名称	主要功能定位
丸之内	全国政治经济中心，国际金融中心
新宿	第一大副中心，商务办公、娱乐中心
池袋	第二大副中心，商业购物、娱乐中心
涩谷	交通枢纽、信息及时装功能中心
上野－浅草	具有传统特色的文化旅游中心
大崎	高新技术研发中心
锦町－龟户	现代商务与文化产业中心
临海	国际文化、会展、信息交流中心

资料来源：*Tokyo's Plan*，2000。

---

① 龙固新：《大型都市综合体开发研究与实践》，东南大学出版社，2005。

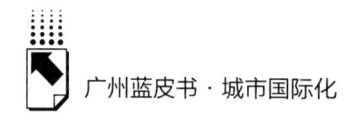

三 世界CBD转型升级的新趋势：
由CBD转向CAZ

目前，世界大都市的CBD建设已比较成熟，纽约、东京、巴黎、法兰克福、多伦多、新加坡等大都市大致都在20世纪后半叶形成了代表城市最高能级的CBD。CBD商务职能的高度集聚，一方面推动了城市能级的快速上升，但另一方面也出现了一些引致CBD衰退的问题，其中，最突出的就是基于白天"钟摆式通勤"所导致的夜晚或周末的"死城"现象。这种现象背后的原因，一方面是所谓的CBD功能过于单一化，金融商务功能一枝独秀，而零售、居住功能比重大幅下降，旅游、休闲、文化娱乐功能相对缺失，导致CBD人气不足而使得CBD走向衰退；另一方面则是信息网络和电子商务技术的快速发展，导致远程办公成为可能并迅速普及，大量金融、商务及研发活动出现"去中心化"趋势，这也在一定程度上加剧了"死城"现象。在这一背景下，世界CBD的建设思路也在发生根本性转变，其演化方向就是从以企业需求为出发点的传统CBD建设理念转向以人和企业的共同需求为出发点的中央活动区（CAZ）建设理念，强调以人为本，加快推进单一功能的CBD向地域范围更为广阔、产业体系更为完善、服务功能更为综合的CAZ转变，其主要突破点如下。

（一）构建完善的产业体系是CBD发展的活力之源

鉴于一些城市CBD功能单一化的教训，后来兴起的CBD都日益倾向于构建较为完善、综合的产业体系来支撑CBD的发展壮大，不仅着力于核心产业集群的培育，而且倾力于衍生产业集群的扶持；不仅致力于核心的金融商务职能的培育，而且还通过商业、文化、教育、休闲娱乐、会展、旅游、房地产等多种业态来集聚人气；不仅引入大量新型业态，而且尽量促使各业态间互为价值链，使得整个区域成为一个高度有机、高效的功能系统。

伦敦是CAZ建设的先驱，针对传统CBD功能单一化等问题，2008年伦敦政府在其发布的《伦敦规划——大伦敦空间发展战略》中首次提出了中央活动区的概念和发展战略,其在 CAZ 战略规划中,不仅包括中央政府办事处、国际组织和外国使领馆以及金融、商务、总部、贸易办事处等战略性核心职能,而且包括了各类专业团体、专业协会、新闻出版以及广告、媒体、零售、旅游、文化、娱乐等众多辅助性功能,拥有相当数量的剧院、画廊、博物馆等文化设施以及众多的旅游景点和公共休闲场所。这一计划旨在恢复伦敦 CBD 的活力,通过 CAZ 建设带动伦敦的发展并使之成为全球活动中心。

纽约在 CBD 转型升级上也卓有成效。曼哈顿南部金融区就曾出现过"黑城"现象,白天热闹非凡,晚上冷冷清清,并导致一些办公楼的空房率增加。为此,政府采取了有效的引导措施,如把一些古旧建筑改造成公寓住宅,增建各种酒店和宾馆,以此吸引住户,增加人气。此外,市政府还努力营造良好的休闲购物条件,积极引进世界各地的风味小吃、咖啡馆、茶馆等休闲设施供人小憩,同时,规划设置了百老汇等剧院、博物馆、图书馆及艺术中心,使居民和游客能轻松享受到丰富多彩的文化娱乐生活,而优质的生活及游客消费又反过来产生了更多的就业机会,同时也吸引了更多的公司、组织落户。

巴黎的拉德芳斯也十分注重配套产业的发展和综合服务体系的建设。除在规划上满足企业需求为主的金融、商务及总部经济功能之外,拉德芳斯在同期还引进了 1000 多家从事法律、咨询、培训、调查服务等行业的专业服务业,区内规划设置了总面积达 10 万平方米的欧洲最大购物中心,规划建成了包括 1.57 万套房的庞大住宅区,规划了数家大型会展中心及超过 800 多间容量的宾馆酒店,基本满足了区内居住生活及企业商务会展之需要。此外,区内还设置了邮局、旅行社、出租车公司、快递公司、餐厅等各种服务单位。这使拉德芳斯真正成为一个以商务办公为主,集居住、购物、会展、旅游等多功能为一体的现代都市型 CBD。

(二)颠覆 CBD 规划理念:从平面功能区转向立体功能区

在趋向中央活动区(CAZ)定位下,CBD 的规划理念有了根本性改变。过去,CBD 仅仅是作为高度专业化的商务金融区,是标准的"8 小时工作区",而今在CAZ理念指引下则逐渐演变为一个集商务办公、商业贸易、行政办公、文化演艺、旅游休闲、娱乐餐饮、生活居住等多元功能的"24小时活动中心",充分满足多样化、综合性需求。在这样的背景下,传统CBD的规划模式也相应被颠覆,城市政府逐渐把过去机械划分的商务区地块、配套商业区地块、公共服务区地块的平面规划,转变为按楼层分区的哪几层是商业餐饮区、哪几层是办公区、哪几层是观光文化区、哪几层是宾馆住宿区的垂直规划。从主要大都市的最新实践看,在其新一代CBD建设中,已逐渐模糊了传统的专业功能分区的做法,而更加注重区内各类产业功能的有机构成。如在东京、新加坡及中国香港地区等的CBD中,通过建筑用途替换的方式,已开始在商务楼宇中大规模导入宾馆、商场、娱乐、餐饮、剧场、画廊等多样性功能场所,并在中央活动区及楼宇之间设计浪漫散步、历史探访、艺术欣赏等步行线路,以吸引人流。

(三)重视文化建设,塑造CBD的品位和灵魂

在由CBD向CAZ演变过程中,文化内涵的提升成为CBD建设的重要突破方向之一。为改变传统CBD过度商业化的氛围,当今CBD或CAZ都日益重视历史积淀和文化精神的培育,提升区域的品位。其主要行动包括:在CBD改造过程中高度重视历史风貌街建设,积极保护历史建筑,大量设置博物馆等文化场所,精心建造城市雕塑、积极举办各种文化活动、尽力创造地区文化风格等。历史和文化元素的持续注入,使得CBD不仅成为城市的商务中心,更是吸引外地游客的游玩中心。

纽约拥有世界最知名的CBD——以第五大道为核心的曼哈顿中城,这里除了云集全球顶级品牌之外,还大量配置了诸如洛克菲勒中心、帝国大厦、纽约公共图书馆、大都会艺术博物馆、华盛顿广场、圣帕特里克教堂等文化场所和艺术交流机构,其中尤以第五大道的各类博物馆最吸引人,如大都会艺术博物馆、现代艺术博物馆、美国手工艺品博物馆、电视电台博物馆等,第五大道也因而被称为"博物馆大道"。此外,第五大道最南端还有作家、画家、演员、艺术家等文艺类人士喜欢聚集的华盛顿广场,而邻近的第

七大道还有著名的杜莎夫人蜡像馆，游玩功能可谓超级强大。

巴黎 CBD 更充满了"世界艺术之都"的魅力。以香榭丽舍大道为核心的旧 CBD 久负盛名，这里除了汇集众多世界知名品牌及商铺林立之外，在星型广场中央还拥有凯旋门，而附近还拥有罗浮宫、协和广场、埃菲尔铁塔、杜乐丽花园等世界著名文化旅游景点。而作为现代 CBD 典范的拉德芳斯，虽无历史古迹，但也努力营造良好的文化环境，不仅建造了巴黎极具标志性的建筑——新凯旋门，而且在其他文化建设上也是不遗余力，相继建造了 IMAX 剧院、CNIT 会展中心、德方斯宫、新凯旋门屋顶展厅等文化场所，并定期或不定期举办艺术表演、文化节、音乐会等文化活动，从而大大提高了拉德芳斯的城市品位，丰富了城市内涵，也为 CBD 的发展集聚了更多人气。

伦敦的坎纳瑞 CBD 虽植根于道克兰港口的改造复兴，但也非常注重营造浓厚的文化艺术氛围。在其规划设计中，不仅拥有大量的艺术和雕塑作品，而且经常举办音乐会、餐饮节等艺术活动。为吸引人气，还积极引进大量艺术机构并吸引娱乐公司的进入。此外，港口代表着海洋文化，为城市带来了码头、灯塔、货仓、船只等文化景观以及知识、风俗、语言等无形资产，坎纳瑞 CBD 还利用港口的工业和航海历史，积极筹建航海博物馆、文化中心等。

此外，国内一些先进城市也在 CBD 建设中日益重视文化建设。如北京王府井步行街的京城文化雕塑，重庆沙坪坝的知名学者群像，香港中环附近的科技馆、艺术中心和名人步行路，以及上海陆家嘴 CBD 地区所营造的容易让人识别的标志性建筑——东方明珠电视塔等。

（四）CAZ 的重要标志：生态 CBD 日益凸显

与传统 CBD 较单一的商务楼宇群高度集聚有所不同，中央活动区概念下的 CBD 日益呈现生态化趋势，不仅 CBD 区域范围大大拓展，而且低碳、绿色、宜居元素大行其道，一些大都市在其 CBD 内或中轴线上布置了相当比重的人工湖、公园或绿色廊道等，而微型绿化则处处点缀，遍布全区。作

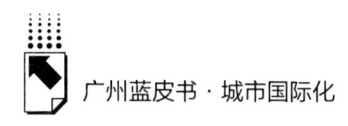

为新一代CBD的典范，巴黎的拉德芳斯在先期开发用地中，除将其中的65%规划为商务区外，还将剩余35%的用地规划为公园区，力争形成全球领先的生态化CBD。在纽约最繁华的曼哈顿CBD，当地市政厅建造了世界著名而规模宏大的中央公园，从而为拥挤、繁华的CBD提供了一个纾解都市紧张情绪的巨大公共空间。而伦敦金融城、上海陆家嘴等CBD都是倚江而建，著名的泰晤士河和黄浦江分别穿区而过，在城市中轴线上形成了巨大的公共游憩空间。

B.16
国际化背景下互联网金融管理面临的挑战及其管理的国际经验

李 丰*

摘　要： 近年来互联网金融的快速发展给传统金融业带来了越来越大的冲击。本文借鉴了美国监管互联网金融先锋企业PayPal的经验，从互联网金融的内涵以及在中国的具体形式出发，从信用卡业务、银行零售业务、借贷和保险等金融领域着手，逐一分析互联网金融对于传统金融业的影响，以及如何面对互联网金融带来的新的变化和挑战。

关键词： 互联网金融　管理　国际经验

在20世纪80年代中期，也就是通常所说的前互联网时代，有一些行业的先行者已经开始寻求通过网络来销售金融零售服务，但是遭遇了彻底的失败。而在近5年，随着互联网服务的标准化确立，以及互联网交易和沟通的便利及其价格上的优势，互联网金融迎来了一个快速发展的时期。互联网金融的出现对于金融服务领域产生了深远而广泛的影响。作为一种全新的服务和产品模式，它改变了金融市场营销上的投入和产出能力，更改变了金融产品的分销和利息支付。

随着互联网金融而来的一些变化对现有金融行业体系也会产生一些影响，导致价值在行业生产者和消费者之间重新分配。

---

* 李丰，广州市社会科学院国际问题研究所博士、副研究员。

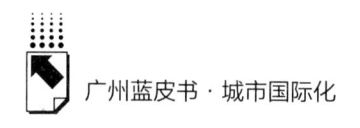

一 互联网金融对金融体系的影响

（一）信用卡业务

信用卡领域的变革在互联网金融兴起之前，已经随着信息技术的发展而在悄然进行。互联网金融时代的到来可以说是大大加速了这一转型的发展速度。从服务上来讲，传统的信用卡销售一般采取建立团队、培养市场营销人员、开展促销等方式扩大市场规模。而在信息时代，特别是网络银行出现后，信用卡业务流程发生了很大的变化。信用卡用户可以在网上申请办卡，通过网银激活，在网上消费，接收电子账单，通过网络平台缴费还款。这在极大地便利了客户使用的同时，也有利于银行自身成本的控制，特别是人力投入上的控制，使服务效率不降反升。[1] 互联网金融让信用卡业者可以以更为灵活的方式应对产品设计的更新和推广。

与此同时，互联网金融给本来就竞争激烈的信用卡市场带来了巨大的挑战。因为传统的信用卡业者不仅要面对原有的竞争对手，还要面对来自互联网的新对手。截至2014年第3季度，我国非金机构互联网支付市场交易规模突破2万亿元，同比增长41.9%，非金互联网支付交易规模份额中，支付宝占比49.2%，财付通占比19.4%，银商占比11.6%，快钱、汇付天下、易宝支付、环讯支付占比在10%以下。[2] 信用卡业务收入中，线下消费佣金收入因非金机构线上绕转和线下套扣而大幅缩水；而银行线上商户数量有限、无法直接向收单方收取回佣，分润比例亦被非金支付机构掌控，失去了商户回佣定价等传统主导权益，收入受到影响。而这样的竞争仅仅是个开始。[3] 作为非传统金融机构，互联网支付机构也在尝试涉足信贷消费领域，特别是借助它们在数据挖掘上的强大优势开展为小微企业、网商个人创业者

---

[1] 常志民：《互联网金融对信用卡的影响与应对》，载自东北新闻网，2014年11月12日。
[2] 常志民：《互联网金融对信用卡的影响与应对》，载自东北新闻网，2014年11月12日。
[3] 常志民：《互联网金融对信用卡的影响与应对》，载自东北新闻网，2014年11月12日。

提供贷款和小微信贷服务。① 对于信用卡行业来说，在大数据时代，沿用直接营销和中心化运行模式的传统信用卡从业者将会丧失与消费者和商户联系的主动权。

（二）银行零售

相比于信用卡领域，银行零售因为历史因素以及社会需求，在与新兴的互联网金融竞争过程中依然具有强大的优势。但是，互联网金融所瞄准的客户群体与传统银行零售业所瞄准的对象有很大的重合，而互联网金融凭借其便利、产品多样以及定点营销上的优势，对于传统银行的零售还是会产生一定的影响。

对于理财投资业务，2013年诞生的余额宝展现了互联网金融给传统的银行业务所带来的巨大挑战。依托于支付宝这一第三方支付平台，余额宝自成立之日起就具有客户和账户资源上的优势。它所标榜的"客户体验"优势分流了一部分银行存款。据统计，从余额宝创立开始，不到一年时间有大约6000亿元银行存款流向余额宝等互联网理财产品，再加上第三方支付市场（5.37万亿元）、P2P网贷（超过600亿元）、众筹融资等互联网金融的分流，银行存款和业务手续费大量流失。② 互联网金融已经在银行体系外形成了一个"虚拟银行"体系。银行的存款、业务的流失，给银行本来就面临的经济下行和利率市场化加速的多重经营压力雪上加霜。

而这样的影响会随着银行零售业基础客户群的持续流失而加剧。作为传统银行业赖以生存的优势，大量的基础客户群体，正随着互联网平台全新的客服体系而不断流失。不同于传统银行业以发展优质客户作为目标，各类互联网金融企业始终把目标定位在普通客户和小微企业。比如余额宝人均保有量仅为5030元的事实也证明了互联网金融服务大众客户的业务

---

① 常志民：《互联网金融对信用卡的影响与应对》，载自东北新闻网，2014年11月12日。
② 曾芳：《余额宝规模逼近6000亿76%为80后和90后》，载自《理财周报》，2014年7月2日。

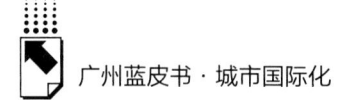

定位。① 这一精准的市场定位分流了大量的大众客户,据统计,支付宝客户数已经达到1.85亿,而且2014年每月增长数约1500万。②

这一改变对于银行的市场策略也会产生巨大的影响。我们常见的传统银行营销模式主要以广泛的网点布置为特征,通过大量开设银行以吸引顾客上门,再发展客户、销售产品。但互联网金融完全颠覆了这一运行数千年的传统金融模式。

互网金融凭借其新颖的产品包装、基于网络的推广能力,不仅能充分了解客户需求,而且可以不断根据市场反馈而修正客户的体验。这样的模式不仅成本相比传统银行要低廉得多,而且可以更为迅速地开拓市场。

可以说,互联网金融的发展,即使在今天依然无法和传统银行抗衡,但对于传统银行的业务发展模式仍将会是一个巨大的挑战。

(三)借贷

和支付领域一样,借贷业务也是传统金融业者受到互联网金融较大冲击的领域。首先,互联网金融的蓬勃发展有其自身优势的作用。传统银行的贷款流程基本采用"申请—审查—发放"这一过程。在审查这一环节其实成本相当高。信贷员在处理各贷款申请方所提供的各项信息指标时,需花费大量的时间和精力。基于此,对于一些数额小的贷款,因成本和收益难以达到平衡,银行只能采取一种主动放弃的策略。而依托于互联网技术的新兴金融信贷业者可以将分散信息快速集中化,利用数据挖掘上的优势,不仅可以在合理时间内获取借款人信息并做出精确分析,而且可以迅速完成对借款人的信用背景调查。这大大简便了信贷程序。

另外,互联网借贷的发展还有其社会需求的作用。中国的中小型企业发展一大瓶颈便是贷款难。传统银行出于自身风险控制的原因,对于有风险的

---

① 曹淑序:《余额宝人均持有5030元平均年龄不到30》,载自《中国证券报》,2014年7月2日。
② 庄郑悦:《用户数达1.85亿余额宝又打起买车买房款的主意》,载自《今日早报》2015年3月27日。

贷款往往要求高质量的抵押担保品。而在市场中艰难发展的中小型企业很难实现这一要求。互联网金融则很好地克服了这一弊端，其主要依托电子商务平台进行借贷，将众多交易主体的资金流置于其监控之下。在不依靠担保作为风控重要手段的情况下，有效地控制了信贷风险。

目前互联网金融瞄准的信贷客户主要是小额贷款申请者。在大额贷款上与传统银行的差距还是不小。不过，虽然其提供的贷款额度小，但通过积少成多，最终所带来的收益也还是相当可观的。

（四）保险

相比于借贷、中间业务和支付领域，保险所受到的冲击相对较小。相反，对于传统的保险公司而言，互联网金融带来的不仅有冲击，还有更多的是机遇。首先，互联网金融的出现催生了新的保险需求，比如支付领域的消费者个人信用保险、网购领域的退货运费损失保险、网贷领域的借款人履约保险等。而在互联网金融公司的竞争中，保险公司也借助互联网技术分析客户个性、爱好、信用等数据，不仅降低了成本，也丰富了信息来源。体现在产品开发上，保险公司可以针对市场和客户的需求有针对性地开发产品和服务。而体现在行业发展上，保险产品的研发速度也可不断加快以适应互联网环境下快速变化的产品需求。更让人欣喜的是，保险公司积极地和互联网企业竞争，而不是被动迎战。通过积极实现保险产品电子化，实现电子保单、电子签名和电子支付，大大便利了保险产品的流通。另外借鉴互联网金融模式，在传统的个人代理和经纪人代理模式下，保险公司积极通过互联网建立网上销售模式，也和第三方支付平台合作，借助互联网金融平台进行销售，解决了异地销售和误导性销售的弊端。

二 互联网金融管理面临的挑战

首先，互联网金融虽然可以抑制风险，但是它也带来了新的风险。作为极度依赖技术平台的领域，技术风险成为其最重要的风险之一。技术上的危机一旦爆发可以对一家互联网金融企业造成严重影响。同时，互联互通的互联网金融在便利行业联系的同时，也提高了风险扩散的概率。网络时代彼此之间相互联系的金融主体使得风险扩散非常便利，技术风险所带来的潜在危险和危险的规模大大提高。而随着近几年互联网金融的发展，金融犯罪的情况也日渐增多。网络化平台虽然大大提高了信息对称程度，但实际上还是没能完全地解决这一延续千年的难题。在摸清网络平台的评估规律之后，开始出现金融欺诈者利用平台制造虚假信息从而提高信用继而欺诈消费者的情况。另外虽然互联网业者不断提高支付体系的防护技术，支付风险也还是日益突出。还有虚拟化交易平台中的洗钱问题，都成为宏观管理的一大难题。

其次，互联网独特的虚拟货币也对宏观管理产生了影响。以Q币和比特币为代表的在网络社区中共同认可的交易媒介，已经在事实上成为网络服务供应的支付手段，同时在网络社区成员中也有价值储藏的功能，甚至一度可以和本位货币兑换。在管理虚拟货币的问题上，政府的策略一直非常谨慎小心。在这样的基调下，广州的金融管理者需要深入分析虚拟货币的功能以及对宏观经济管理的影响。

另外，互联网在带来信息优势的同时，也因为信息处理量的加大增加了金融行业的负担。我们在赞叹信息革命给金融业带来翻天覆地变化的同时，金融行业，无论是互联网化的金融企业还是金融化的互联网企业都感受到了过多的信息给它们带来的负担。的确，通过信息分析，有限的金融资源可以被配置到最合理的地方。而且，互联网平台积聚了大量小规模的金融消费者并形成规模经济，降低了服务成本，扩大了范围经济。然而，这样的效率提升带来的一个负面效应就是互联网金融过于依赖信息。随着网络投资规模的加大、技术的提升，信息的总量不断加大，需要互联网企业来进行分析和处理的信息也相应越来越多。信息产出量的提高虽然可以提高资源配置的准确性和有效性，但也给互联网平台带来极大的负担。呈爆炸性增长的信息量，反过来给业者形成巨大的干扰。而且信息量的加大，使得保护这些信息安全的任务越来越艰巨，防范和抗干扰的要求不断加大。对于管理互联网金融的政府来说，如何降低这样的风险成为一个严峻的挑战。

互联网金融作为一个新兴行业，它所带来的机遇和前景是任何一个地方政府都无法忽视的。而在积极鼓励和大力支持的同时，这一新兴行业也给广州这样的地方政府带来了挑战。最重要的挑战就是如何在积极支持它的同时，做到风险控制。互联网金融尚处于发展阶段，国家统一的管理标准缺乏。为了平衡金融发展和风险控制的冲突，美国作为互联网金融发展的领头者，通过理论探索和实际案例，积累了不少经验，值得广州市借鉴和学习。

三 美国互联网金融管理的经验：以监管 PayPal 为例

美国在互联网金融成型之初就非常重视对于这一领域的宏观监管。早在 2008 年，当零售支付刚刚开始从纸质交易转向非现金支付时，针对这一领域的监管模式的探讨就已经在美国金融领域展开。刚开始，美国的许多学者认为随着第三方非现金支付为代表的互联网金融的出现，会带来一些新的风险，特别是其中的数据风险和合法使用的问题会变得非常突出。以波士顿联储和亚特兰大联储为代表的监管者一直在倡导针对互联网金融的积极监管。然而，随着这一领域的现实发展，美联储开始转向认为互联网金融并非全新的金融领域，而不过是通过一些新的技术手段介入传统的金融平台。对于这一领域的监管，美联储和各地方联储开始通过将现有金融行业的监管规则进行扩展以覆盖互联网金融。

首先，对互联网金融机构的性质进行了区隔。如果是金融化的互联网公司由联邦通讯委员会和联邦贸易委员会负责监管，而互联网化的金融公司则继续由联邦和州的两级金融监管体系进行管理。

其次，对于互联网金融从业者的监管集中在注册、电子转账规则、消费信用规则、账单信息规则、公平贸易规则、消费者隐私保护、存款保险规则和反洗钱方面。接下来，我们将以 PayPal 为例展示美国是如何对互联网金融公司进行管理的。

PayPal 于 1998 年在美国加州成立，它是一家典型的非银行第三方支付公司。目前，其经营范围已经扩展至包括美国在内的全球100多个地区。在消费者信用方面，2006年，面对28个州检察官联合提起的针对其机构定性的诉讼，PayPal明确表示自己并非信用卡机构，所以，不会承诺与《监管指令Z》完全一致的条款。但为了保护消费者利益，它将会依照这一法案的要求设计自己的纠纷解决机制条款。[1] 在消费者的隐私保护方面，PayPal主动承诺遵守《格莱姆-利奇-比利法案》中对于消费者个人数据保护的要求。在存款保险方面，2012年，FDIC回复PayPal认为："PayPal受客户委托代理客户存入经FDIC认可的无息账户（FBOAccount）中的资金，可以获得FDIC的存款保险；但是，PayPal本身不是银行，不能享受存款保险，因而，当PayPal倒闭时，滞留在其他环节中的资金并不享受存款保险。"[2] 在反洗钱方面，对于PayPal的监管经历了一个过程。在最开初，用户只需要提供电邮地址即可。这种简便的注册方法在吸引了大量用户的同时，也导致PayPal被质疑成为洗钱工具的风险越来越高。在2003年被控掩盖非法货币转移后，PayPal对于账号的管理更为严格，不仅要提供电子邮箱，还需要提供信用卡或银行账户的信息。

---

[1] 鲁政委：《互联网金融监管：美国的经验及其对中国的镜鉴》，载自《金融市场研究》2014年第6期。

[2] 鲁政委：《互联网金融监管：美国的经验及其对中国的镜鉴》，载自《金融市场研究》2014年第6期。

权威·前沿·原创

社会科学文献出版社

皮书系列

2015年

盘点年度资讯 预测时代前程

社会科学文献出版社 学术传播中心 编制

社会科学文献出版社
SOCIAL SCIENCES ACADEMIC PRESS (CHINA)

社会科学文献出版社成立于1985年,是直属于中国社会科学院的人文社会科学专业学术出版机构。

成立以来,特别是1998年实施第二次创业以来,依托于中国社会科学院丰厚的学术出版和专家学者两大资源,坚持"创社科经典,出传世文献"的出版理念和"权威、前沿、原创"的产品定位,社科文献立足内涵式发展道路,从战略层面推动学术出版五大能力建设,逐步走上了智库产品与专业学术成果系列化、规模化、数字化、国际化、市场化发展的经营道路。

先后策划出版了著名的图书品牌和学术品牌"皮书"系列、"列国志"、"社科文献精品译库"、"全球化译丛"、"全面深化改革研究书系"、"近世中国"、"甲骨文"、"中国史话"等一大批既有学术影响又有市场价值的系列图书,形成了较强的学术出版能力和资源整合能力。2014年社科文献出版社发稿5.5亿字,出版图书1500余种,承印发行中国社科院院属期刊71种,在多项指标上都实现了较大幅度的增长。

凭借着雄厚的出版资源整合能力,社科文献出版社长期以来一直致力于从内容资源和数字平台两个方面实现传统出版的再造,并先后推出了皮书数据库、列国志数据库、中国田野调查数据库等一系列数字产品。数字出版已经初步形成了产品设计、内容开发、编辑标引、产品运营、技术支持、营销推广等全流程体系。

在国内原创著作、国外名家经典著作大量出版,数字出版突飞猛进的同时,社科文献出版社从构建国际话语体系的角度推动学术出版国际化。先后与斯普林格、荷兰博睿、牛津、剑桥等十余家国际出版机构合作面向海外推出了"皮书系列""改革开放30年研究书系""中国梦与中国发展道路研究丛书""全面深化改革研究书系"等一系列在世界范围内引起强烈反响的作品;并持续致力于中国学术出版走出去,组织学者和编辑参加国际书展,筹办国际性学术研讨会,向世界展示中国学者的学术水平和研究成果。

此外,社科文献出版社充分利用网络媒体平台,积极与中央和地方各类媒体合作,并联合大型书店、学术书店、机场书店、网络书店、图书馆,逐步构建起了强大的学术图书内容传播平台。学术图书的媒体曝光率居全国之首,图书馆藏率居于全国出版机构前十位。

上述诸多成绩的取得,有赖于一支以年轻的博士、硕士为主体,一批从中国社科院刚退出科研一线的各学科专家为支撑的300多位高素质的编辑、出版和营销队伍,为我们实现学术立社,以学术品位、学术价值来实现经济效益和社会效益这样一个目标的共同努力。

作为已经开启第三次创业梦想的人文社会科学学术出版机构,2015年的社会科学文献出版社将迎来她30周岁的生日,"三十而立"再出发,我们将以改革发展为动力,以学术资源建设为中心,以构建智慧型出版社为主线,以社庆三十周年系列活动为重要载体,以"整合、专业、分类、协同、持续"为各项工作指导原则,全力推进出版社数字化转型,坚定不移地走专业化、数字化、国际化发展道路,全面提升出版社核心竞争力,为实现"社科文献梦"奠定坚实基础。

社长致辞

我们是图书出版者,更是人文社会科学内容资源供应商;

我们背靠中国社会科学院,面向中国与世界人文社会科学界,坚持为人文社会科学的繁荣与发展服务;

我们精心打造权威信息资源整合平台,坚持为中国经济与社会的繁荣与发展提供决策咨询服务;

我们以读者定位自身,立志让爱书人读到好书,让求知者获得知识;

我们精心编辑、设计每一本好书以形成品牌张力,以优秀的品牌形象服务读者,开拓市场;

我们始终坚持"创社科经典,出传世文献"的经营理念,坚持"权威、前沿、原创"的产品特色;

我们"以人为本",提倡阳光下创业,员工与企业共享发展之成果;

我们立足于现实,认真对待我们的优势、劣势,我们更着眼于未来,以不断的学习与创新适应不断变化的世界,以不断的努力提升自己的实力;

我们愿与社会各界友好合作,共享人文社会科学发展之成果,共同推动中国学术出版乃至内容产业的繁荣与发展。

社会科学文献出版社社长
中国社会学会秘书长

2015 年 1 月

社会科学文献出版社　**皮书系列**

❧ 皮书起源 ❧

"皮书"起源于十七、十八世纪的英国,主要指官方或社会组织正式发表的重要文件或报告,多以"白皮书"命名。在中国,"皮书"这一概念被社会广泛接受,并被成功运作、发展成为一种全新的出版形态,则源于中国社会科学院社会科学文献出版社。

❧ 皮书定义 ❧

皮书是对中国与世界发展状况和热点问题进行年度监测,以专业的角度、专家的视野和实证研究方法,针对某一领域或区域现状与发展态势展开分析和预测,具备权威性、前沿性、原创性、实证性、时效性等特点的连续性公开出版物,由一系列权威研究报告组成。皮书系列是社会科学文献出版社编辑出版的蓝皮书、绿皮书、黄皮书等的统称。

❧ 皮书作者 ❧

皮书系列的作者以中国社会科学院、著名高校、地方社会科学院的研究人员为主,多为国内一流研究机构的权威专家学者,他们的看法和观点代表了学界对中国与世界的现实和未来最高水平的解读与分析。

❧ 皮书荣誉 ❧

皮书系列已成为社会科学文献出版社的著名图书品牌和中国社会科学院的知名学术品牌。2011年,皮书系列正式列入"十二五"国家重点出版规划项目;2012~2014年,重点皮书列入中国社会科学院承担的国家哲学社会科学创新工程项目;2015年,41种院外皮书使用"中国社会科学院创新工程学术出版项目"标识。

经 济 类

经济类皮书涵盖宏观经济、城市经济、大区域经济，提供权威、前沿的分析与预测

经济蓝皮书
2015年中国经济形势分析与预测

李 扬 / 主编　　2014年12月出版　　定价:69.00元

◆ 本书为总理基金项目，由著名经济学家李扬领衔，联合中国社会科学院、国务院发展中心等数十家科研机构、国家部委和高等院校的专家共同撰写，系统分析了2014年的中国经济形势并预测2015年我国经济运行情况，2015年中国经济仍将保持平稳较快增长，预计增速7%左右。

城市竞争力蓝皮书
中国城市竞争力报告No.13

倪鹏飞 / 主编　　2015年5月出版　　定价:89.00元

◆ 本书由中国社会科学院城市与竞争力研究中心主任倪鹏飞主持编写，以"巨手：托起城市中国新版图"为主题，分别从市场、产业、要素、交通一体化角度论证了东中一体化程度不断加深。建议：中国经济分区应该由四分区调整为二分区；按照"一团五线"的发展格局对中国的城市体系做出重大调整。

西部蓝皮书
中国西部发展报告（2015）

姚慧琴　徐璋勇 / 主编　　2015年7月出版　　估价:89.00元

◆ 本书由西北大学中国西部经济发展研究中心主编，汇集了源自西部本土以及国内研究西部问题的权威专家的第一手资料，对国家实施西部大开发战略进行年度动态跟踪，并对2015年西部经济、社会发展态势进行预测和展望。

皮书系列重点推荐

经济类

中部蓝皮书
中国中部地区发展报告（2015）

喻新安 / 主编　　2015 年 7 月出版　　估价 :69.00 元

◆ 本书敏锐地抓住当前中部地区经济发展中的热点、难点问题，紧密地结合国家和中部经济社会发展的重大战略转变，对中部地区经济发展的各个领域进行了深入、全面的分析研究，并提出了具有理论研究价值和可操作性强的政策建议。

世界经济黄皮书
2015 年世界经济形势分析与预测

王洛林　张宇燕 / 主编　　2015 年 1 月出版　　定价 :69.00 元

◆ 本书为中国社会科学院创新工程学术出版资助项目，由中国社会科学院世界经济与政治研究所的研创团队撰写。该书认为，2014 年，世界经济维持了上年度的缓慢复苏，同时经济增长格局分化显著。预计 2015 年全球经济增速按购买力平价计算的增长率为 3.3%，按市场汇率计算的增长率为 2.8%。

中国省域竞争力蓝皮书
中国省域经济综合竞争力发展报告（2013~2014）

李建平　李闽榕　高燕京 / 主编　　2015 年 2 月出版　　定价 :198.00 元

◆ 本书充分运用数理分析、空间分析、规范分析与实证分析相结合、定性分析与定量分析相结合的方法，建立起比较科学完善、符合中国国情的省域经济综合竞争力指标评价体系及数学模型，对 2012~2013 年中国内地 31 个省、市、区的经济综合竞争力进行全面、深入、科学的总体评价与比较分析。

城市蓝皮书
中国城市发展报告 No.8

潘家华　魏后凯 / 主编　　2015 年 9 月出版　　估价 :69.00 元

◆ 本书由中国社会科学院城市发展与环境研究中心编著，从中国城市的科学发展、城市环境可持续发展、城市经济集约发展、城市社会协调发展、城市基础设施与用地管理、城市管理体制改革以及中国城市科学发展实践等多角度、全方位地立体展示了中国城市的发展状况，并对中国城市的未来发展提出了建议。

权威　前沿　原创

经济类　皮书系列 重点推荐

金融蓝皮书

中国金融发展报告（2015）

李扬　王国刚/主编　2014年12月出版　定价:75.00元

◆ 由中国社会科学院金融研究所组织编写的《中国金融发展报告（2015）》，概括和分析了2014年中国金融发展和运行中的各方面情况，研讨和评论了2014年发生的主要金融事件。本书由业内专家和青年精英联合编著，有利于读者了解掌握2014年中国的金融状况，把握2015年中国金融的走势。

低碳发展蓝皮书

中国低碳发展报告（2015）

齐晔/主编　2015年7月出版　估价:89.00元

◆ 本书对中国低碳发展的政策、行动和绩效进行科学、系统、全面的分析。重点是通过归纳中国低碳发展的绩效，评估与低碳发展相关的政策和措施，分析政策效应的制度背景和作用机制，为进一步的政策制定、优化和实施提供支持。

经济信息绿皮书

中国与世界经济发展报告（2015）

杜平/主编　2014年12月出版　定价:79.00元

◆ 本书是由国家信息中心组织专家队伍精心研究编撰的年度经济分析预测报告，书中指出，2014年，我国经济增速有所放慢，但仍处于合理运行区间。主要新兴国家经济总体仍显疲软。2015年应防止经济下行和财政金融风险相互强化，促进经济向新常态平稳过渡。

低碳经济蓝皮书

中国低碳经济发展报告（2015）

薛进军　赵忠秀/主编　2015年6月出版　定价:85.00元

◆ 本书汇集来自世界各国的专家学者、政府官员，探讨世界金融危机后国际经济的现状，提出"绿色化"为经济转型期国家的可持续发展提供了重要范本，并将成为解决气候系统保护与经济发展矛盾的重要突破口，也将是中国引领"一带一路"沿线国家实现绿色发展的重要抓手。

社会政法类

社会政法类皮书聚焦社会发展领域的热点、难点问题，提供权威、原创的资讯与视点

社会蓝皮书

2015年中国社会形势分析与预测

李培林　陈光金　张翼/主编　2014年12月出版　定价:69.00元

◆ 本书由中国社会科学院社会学研究所组织研究机构专家、高校学者和政府研究人员撰写，聚焦当下社会热点，指出2014年我国社会存在城乡居民人均收入增速放缓、大学生毕业就业压力加大、社会老龄化加速、住房价格继续飙升、环境群体性事件多发等问题。

法治蓝皮书

中国法治发展报告 No.13（2015）

李林　田禾/主编　2015年3月出版　定价:105.00元

◆ 本年度法治蓝皮书回顾总结了2014年度中国法治取得的成效及存在的问题，并对2015年中国法治发展形势进行预测、展望，还从立法、人权保障、行政审批制度改革、反价格垄断执法、教育法治、政府信息公开等方面研讨了中国法治发展的相关问题。

环境绿皮书

中国环境发展报告（2015）

刘鉴强/主编　2015年7月出版　估价:79.00元

◆ 本书由民间环保组织"自然之友"组织编写，由特别关注、生态保护、宜居城市、可持续消费以及政策与治理等版块构成，以公共利益的视角记录、审视和思考中国环境状况，呈现2014年中国环境与可持续发展领域的全局态势，用深刻的思考、科学的数据分析2014年的环境热点事件。

社会政法类　　皮书系列 重点推荐

反腐倡廉蓝皮书

中国反腐倡廉建设报告 No.4

李秋芳　张英伟/主编　2014年12月出版　　定价:79.00元

◆ 本书继续坚持"建设"主题，既描摹出反腐败斗争的感性特点，又揭示出反腐政治格局深刻变化的根本动因。指出当前症结在于权力与资本"隐蔽勾连"、"官场积弊"消解"吏治改革"效力、部分公职人员基本价值观迷乱、封建主义与资本主义思想依然影响深重。提出应以科学思维把握反腐治标与治本问题，建构"不需腐"的合理合法薪酬保障机制。

女性生活蓝皮书

中国女性生活状况报告 No.9（2015）

韩湘景/主编　2015年4月出版　定价:79.00元

◆ 本书由中国妇女杂志社、华坤女性生活调查中心和华坤女性消费指导中心组织编写，通过调查获得的大量调查数据，真实展现当年中国城市女性的生活状况、消费状况及对今后的预期。

华侨华人蓝皮书

华侨华人研究报告(2015)

贾益民/主编　2015年12月出版　估价:118.00元

◆ 本书为中国社会科学院创新工程学术出版资助项目，是华侨大学向世界提供最新涉侨动态、理论研究和政策建议的平台。主要介绍了相关国家华侨华人的规模、分布、结构、发展趋势，以及全球涉侨生存安全环境和华文教育情况等。

政治参与蓝皮书

中国政治参与报告（2015）

房　宁/主编　2015年7月出版　估价:105.00元

◆ 本书作者均来自中国社会科学院政治学研究所，聚焦中国基层群众自治的参与情况介绍了城镇居民的社区建设与居民自治参与和农村居民的村民自治与农村社区建设参与情况。其优势是其指标评估体系的建构和问卷调查的设计专业，数据量丰富，统计结论科学严谨。

皮书系列重点推荐 行业报告类

行业报告类

行业报告类皮书立足重点行业、新兴行业领域，提供及时、前瞻的数据与信息

房地产蓝皮书

中国房地产发展报告 No.12（2015）

魏后凯　李景国/主编　　2015年5月出版　　定价:79.00元

◆ 本年度房地产蓝皮书指出，2014年中国房地产市场出现了较大幅度的回调，商品房销售明显遇冷，库存居高不下。展望2015年，房价保持低速增长的可能性较大，但区域分化将十分明显，人口聚集能力强的一线城市和部分热点二线城市房价有回暖、房价上涨趋势，而人口聚集能力差、库存大的部分二线城市或三四线城市房价会延续下跌（回调）态势。

保险蓝皮书

中国保险业竞争力报告（2015）

姚庆海　王力/主编　　2015年12出版　　估价:98.00元

◆ 本皮书主要为监管机构、保险行业和保险学界提供保险市场一年来发展的总体评价，外在因素对保险业竞争力发展的影响研究；国家监管政策、市场主体经营创新及职能发挥、理论界最新研究成果等综述和评论。

企业社会责任蓝皮书

中国企业社会责任研究报告（2015）

黄群慧　彭华岗　钟宏武　张蒽/编著
2015年11月出版　　估价:69.00元

◆ 本书系中国社会科学院经济学部企业社会责任研究中心组织编写的《企业社会责任蓝皮书》2015年分册。该书在对企业社会责任进行宏观总体研究的基础上，根据2014年企业社会责任及相关背景进行了创新研究，在全国企业中观层面对企业健全社会责任管理体系提供了弥足珍贵的丰富信息。

行业报告类　　皮书系列重点推荐

投资蓝皮书

中国投资发展报告（2015）

谢平/主编　　2015年4月出版　　定价:128.00元

◆ 2014年，适应新常态发展的宏观经济政策逐步成型和出台，成为保持经济平稳增长、促进经济活力增强、结构不断优化升级的有力保障。2015年，应重点关注先进制造业、TMT产业、大健康产业、大文化产业及非金融全新产业的投资机会，适应新常态下的产业发展变化，在投资布局中争取主动。

住房绿皮书

中国住房发展报告（2014~2015）

倪鹏飞/主编　　2014年12月出版　　定价:79.00元

◆ 本年度住房绿皮书指出，中国住房市场从2014年第一季度开始进入调整状态，2014年第三季度进入全面调整期。2015年的住房市场走势：整体延续衰退，一、二线城市2015年下半年、三四线城市2016年下半年复苏。

人力资源蓝皮书

中国人力资源发展报告（2015）

余兴安/主编　　2015年9月出版　　估价:79.00元

◆ 本书是在人力资源和社会保障部部领导的支持下，由中国人事科学研究院汇集我国人力资源开发权威研究机构的诸多专家学者的研究成果编写而成。作为关于人力资源的蓝皮书，本书通过充分利用有关研究成果，更广泛、更深入地展示近年来我国人力资源开发重点领域的研究成果。

汽车蓝皮书

中国汽车产业发展报告（2015）

国务院发展研究中心产业经济研究部 中国汽车工程学会
大众汽车集团（中国）/主编　　2015年8月出版　　估价:128.00元

◆ 本书由国务院发展研究中心产业经济研究部、中国汽车工程学会、大众汽车集团（中国）联合主编，是关于中国汽车产业发展的研究性年度报告，介绍并分析了本年度中国汽车产业发展的形势。

皮书系列 重点推荐　国别与地区类

国别与地区类

国别与地区类皮书关注全球重点国家与地区，提供全面、独特的解读与研究

亚太蓝皮书

亚太地区发展报告（2015）

李向阳 / 主编　　2015年1月出版　　定价：59.00元

◆ 本年度的专题是"一带一路"，书中对"一带一路"战略的经济基础、"一带一路"与区域合作等进行了阐述。除对亚太地区2014年的整体变动情况进行深入分析外，还在此基础上提出了对于2015年亚太地区各个方面发展情况的预测。

日本蓝皮书

日本研究报告（2015）

李　薇 / 主编　　2015年4月出版　　定价：69.00元

◆ 本书由中华日本学会、中国社会科学院日本研究所合作推出，是以中国社会科学院日本研究所的研究人员为主完成的研究成果。对2014年日本的政治、外交、经济、社会文化作了回顾、分析，并对2015年形势进行展望。

德国蓝皮书

德国发展报告（2015）

郑春荣　伍慧萍 / 主编　　2015年5月出版　　定价：69.00元

◆ 本报告由同济大学德国研究所组织编撰，由该领域的专家学者对德国的政治、经济、社会文化、外交等方面的形势发展情况，进行全面的阐述与分析。德国作为欧洲大陆第一强国，与中国各方面日渐紧密的合作关系，值得国内各界深切关注。

国别与地区类 | 皮书系列重点推荐

国际形势黄皮书
全球政治与安全报告（2015）
李慎明　张宇燕 / 主编　2015 年 1 月出版　定价 :69.00 元

◆ 本书对中、俄、美三国之间的合作与冲突进行了深度分析，揭示了影响中美、俄美及中俄关系的主要因素及变化趋势。重点关注了乌克兰危机、克里米亚问题、苏格兰公投、西非埃博拉疫情以及西亚北非局势等国际焦点问题。

拉美黄皮书
拉丁美洲和加勒比发展报告（2014~2015）
吴白乙 / 主编　2015 年 5 月出版　定价 89.00 元

◆ 本书是中国社会科学院拉丁美洲研究所的第 14 份关于拉丁美洲和加勒比地区发展形势状况的年度报告。本书对 2014 年拉丁美洲和加勒比地区诸国的政治、经济、社会、外交等方面的发展情况做了系统介绍，对该地区相关国家的热点及焦点问题进行了总结和分析，并在此基础上对该地区各国 2015 年的发展前景做出预测。

美国蓝皮书
美国研究报告（2015）
郑秉文　黄 平 / 主编　2015 年 6 月出版　定价 :89.00 元

◆ 本书是由中国社会科学院美国所主持完成的研究成果，重点讲述了美国的"再平衡"战略，另外回顾了美国 2014 年的经济、政治形势与外交战略，对 2014 年以来美国内政外交发生的重大事件以及重要政策进行了较为全面的回顾和梳理。

大湄公河次区域蓝皮书
大湄公河次区域合作发展报告（2015）
刘 稚 / 主编　2015 年 9 月出版　估价 :79.00 元

◆ 云南大学大湄公河次区域研究中心深入追踪分析该区域发展动向，以把握全面，突出重点为宗旨，系统介绍和研究大湄公河次区域合作的年度热点和重点问题，展望次区域合作的发展趋势，并对新形势下我国推进次区域合作深入发展提出相关对策建议。

皮书系列 重点推荐　地方发展类

地方发展类

地方发展类皮书关注大陆各省份、经济区域，提供科学、多元的预判与咨政信息

北京蓝皮书

北京公共服务发展报告（2014~2015）

施昌奎/主编　2015年1月出版　定价：69.00元

◆ 本书是由北京市政府职能部门的领导、首都著名高校的教授、知名研究机构的专家共同完成的关于北京市公共服务发展与创新的研究成果。本年度主题为"北京公共服务均衡化发展和市场化改革"，内容涉及了北京市公共服务发展的方方面面，既有对北京各个城区的综合性描述，也有对局部、细部、具体问题的分析。

上海蓝皮书

上海经济发展报告（2015）

沈开艳/主编　2015年1月出版　定价:69.00元

◆ 本书系上海社会科学院系列之一，本年度将"建设具有全球影响力的科技创新中心"作为主题，对2015年上海经济增长与发展趋势的进行了预测，把握了上海经济发展的脉搏和学术研究的前沿。

广州蓝皮书

广州经济发展报告（2015）

李江涛　朱名宏/主编　2015年7月出版　估价:69.00元

◆ 本书是由广州市社会科学院主持编写的"广州蓝皮书"系列之一，本报告对广州2014年宏观经济运行情况作了深入分析，对2015年宏观经济走势进行了合理预测，并在此基础上提出了相应的政策建议。

文化传媒类

皮书系列 重点推荐

文化传媒类

文化传媒类皮书透视文化领域、文化产业，
探索文化大繁荣、大发展的路径

新媒体蓝皮书

中国新媒体发展报告 No.6（2015）

唐绪军 / 主编　　2015年7月出版　　定价：79.00元

◆ 本书深入探讨了中国网络信息安全、媒体融合状况、微信谣言问题、微博发展态势、互联网金融、移动舆论场舆情、传统媒体转型、新媒体产业发展、网络助政、网络舆论监督、大数据、数据新闻、数字版权等热门问题，展望了中国新媒体的未来发展趋势。

舆情蓝皮书

中国社会舆情与危机管理报告（2015）

谢耘耕 / 主编　　2015年8月出版　　估价：98.00元

◆ 本书由上海交通大学舆情研究实验室和危机管理研究中心主编，已被列入教育部人文社会科学研究报告培育项目。本书以新媒体环境下的中国社会为立足点，对2014年中国社会舆情、分类舆情等进行了深入系统的研究，并预测了2015年社会舆情走势。

文化蓝皮书

中国文化产业发展报告（2015）

张晓明　王家新　章建刚 / 主编　　2015年7月出版　　估价：79.00元

◆ 本书由中国社会科学院文化研究中心编写。从2012年开始，中国社会科学院文化研究中心设立了国内首个文化产业的研究类专项资金——"文化产业重大课题研究计划"，开始在全国范围内组织多学科专家学者对我国文化产业发展重大战略问题进行联合攻关研究。本书集中反映了该计划的研究成果。

皮书系列 2015全品种 经济类

经济类

G20国家创新竞争力黄皮书
二十国集团（G20）国家创新竞争力发展报告（2015）
著（编）者：黄茂兴 李闽榕 李建平 赵新力
2015年9月出版　估价：128.00元

产业蓝皮书
中国产业竞争力报告（2015）
著（编）者：张其仔　2015年7月出版／估价：79.00元

长三角蓝皮书
2015年全面深化改革中的长三角
著（编）者：张伟斌　2015年10月出版／估价：69.00元

城乡一体化蓝皮书
中国城乡一体化发展报告（2015）
著（编）者：付崇兰 汝信　2015年12月出版／估价：79.00元

城市创新蓝皮书
中国城市创新报告（2015）
著（编）者：周天勇 旷建伟　2015年8月出版／估价：69.00元

城市竞争力蓝皮书
中国城市竞争力报告（2015）
著（编）者：倪鹏飞　2015年5月出版／定价：89.00元

城市蓝皮书
中国城市发展报告NO.8
著（编）者：潘家华 魏后凯　2015年9月出版／估价：69.00元

城市群蓝皮书
中国城市群发展指数报告（2015）
著（编）者：刘新静 刘士林　2015年10月出版／估价：59.00元

城乡统筹蓝皮书
中国城乡统筹发展报告（2015）
著（编）者：潘晨光 程志强　2015年7月出版／估价：59.00元

城镇化蓝皮书
中国新型城镇化健康发展报告（2015）
著（编）者：张占斌　2015年7月出版／估价：79.00元

低碳发展蓝皮书
中国低碳发展报告（2015）
著（编）者：齐晔　2015年7月出版／估价：89.00元

低碳经济蓝皮书
中国低碳经济发展报告（2015）
著（编）者：薛进军 赵忠秀　2015年6月出版／定价：85.00元

东北蓝皮书
中国东北地区发展报告（2015）
著（编）者：马克 黄文艺　2015年8月出版／估价：79.00元

发展和改革蓝皮书
中国经济发展和体制改革报告（2015）
著（编）者：邹东涛　2015年11月出版／估价：98.00元

工业化蓝皮书
中国工业化进程报告（2015）
著（编）者：黄群慧 吕铁 李晓华　2015年11月出版／估价：89.00元

国际城市蓝皮书
国际城市发展报告（2015）
著（编）者：屠启宇　2015年1月出版／定价：79.00元

国家创新蓝皮书
中国创新发展报告（2015）
著（编）者：陈劲　2015年7月出版／估价：59.00元

环境竞争力绿皮书
中国省域环境竞争力发展报告（2015）
著（编）者：李建平 李闽榕 王金南
2015年12月出版　估价：198.00元

金融蓝皮书
中国金融发展报告（2015）
著（编）者：李扬　王国刚　2014年12月出版／定价：75.00元

金融信息服务蓝皮书
金融信息服务发展报告（2015）
著（编）者：鲁广锦 殷剑峰 林义相
2015年7月出版　估价：89.00元

经济蓝皮书
2015年中国经济形势分析与预测
著（编）者：李扬　2014年12月出版／定价：69.00元

经济蓝皮书·春季号
2015年中国经济前景分析
著（编）者：李扬　2015年5月出版／估价：79.00元

经济蓝皮书·夏季号
中国经济增长报告（2015）
著（编）者：李扬　2015年7月出版／估价：69.00元

经济信息绿皮书
中国与世界经济发展报告（2015）
著（编）者：杜平　2014年12月出版／定价：79.00元

就业蓝皮书
2015年中国大学生就业报告
著（编）者：麦可思研究院　2015年7月出版／估价：98.00元

就业蓝皮书
2015年中国高职高专生就业报告
著（编）者：麦可思研究院　2015年6月出版／估价：98.00元

就业蓝皮书
2015年中国本科生就业报告
著（编）者：麦可思研究院　2015年6月出版／估价：98.00元

临空经济蓝皮书
中国临空经济发展报告（2015）
著（编）者：连玉明　2015年9月出版／估价：79.00元

民营经济蓝皮书
中国民营经济发展报告（2015）
著（编）者：王钦敏　2015年12月出版／估价：79.00元

农村绿皮书
中国农村经济形势分析与预测（2014~2015）
著（编）者：中国社会科学院农村发展研究所
　　　　　国家统计局农村社会经济调查司
2015年4月出版　定价：69.00元

经济类·社会政法类 | 皮书系列 2015全品种

农业应对气候变化蓝皮书
气候变化对中国农业影响评估报告（2015）
著(编)者：矫梅燕　2015年8月出版　估价：98.00元

企业公民蓝皮书
中国企业公民报告（2015）
著(编)者：邹东涛　2015年12月出版　估价：79.00元

气候变化绿皮书
应对气候变化报告（2015）
著(编)者：王伟光　郑国光　2015年10月出版　估价：79.00元

区域蓝皮书
中国区域经济发展报告（2014~2015）
著(编)者：梁昊光　2015年5月出版　定价：79.00元

全球环境竞争力绿皮书
全球环境竞争力报告（2015）
著(编)者：李建建　李闽榕　李建平　王金南
2015年12月出版　估价：198.00元

人口与劳动绿皮书
中国人口与劳动问题报告No.15
著(编)者：蔡昉　2015年1月出版　定价：59.00元

商务中心区蓝皮书
中国商务中心区发展报告（2015）
著(编)者：中国商务区联盟
　　　　　中国社会科学院城市发展与环境研究所
2015年10月出版　估价：69.00元

商务中心区蓝皮书
中国商务中心区发展报告No.1（2014）
著(编)者：魏后凯　李国红　2015年1月出版　定价：89.00元

世界经济黄皮书
2015年世界经济形势分析与预测
著(编)者：王洛林　张宇燕　2015年1月出版　定价：69.00元

世界旅游城市绿皮书
世界旅游城市发展报告（2015）
著(编)者：鲁勇　周正宇　宋宇　2015年7月出版　估价：88.00元

西北蓝皮书
中国西北发展报告（2015）
著(编)者：赵宗福　孙发平　苏海红　鲁顺元　段庆林
2014年12月出版　定价：79.00元

西部蓝皮书
中国西部发展报告（2015）
著(编)者：姚慧琴　徐璋勇　2015年7月出版　估价：89.00元

新型城镇化蓝皮书
新型城镇化发展报告（2015）
著(编)者：李伟　2015年10月出版　估价：89.00元

新兴经济体蓝皮书
金砖国家发展报告（2015）
著(编)者：林跃勤　周文　2015年7月出版　估价：79.00元

中部竞争力蓝皮书
中国中部经济社会竞争力报告（2015）
著(编)者：教育部人文社会科学重点研究基地
　　　　　南昌大学中国中部经济社会发展研究中心
2015年9月出版　估价：79.00元

中部蓝皮书
中国中部地区发展报告（2015）
著(编)者：喻新安　2015年7月出版　估价：69.00元

中国省域竞争力蓝皮书
中国省域经济综合竞争力发展报告（2013~2014）
著(编)者：李建平　李闽榕　高燕京
2015年2月出版　定价：198.00元

中三角蓝皮书
长江中游城市群发展报告（2015）
著(编)者：秦尊文　2015年10月出版　估价：69.00元

中小城市绿皮书
中国中小城市发展报告（2015）
著(编)者：中国城市经济学会中小城市经济发展委员会
　　　　　《中国中小城市发展报告》编纂委员会
　　　　　中小城市发展战略研究院
2015年10月出版　估价：98.00元

中原蓝皮书
中原经济区发展报告（2015）
著(编)者：李英杰　2015年7月出版　估价：88.00元

社会政法类

北京蓝皮书
中国社区发展报告（2015）
著(编)者：于燕燕　2015年7月出版　估价：69.00元

殡葬绿皮书
中国殡葬事业发展报告（2014~2015）
著(编)者：李伯森　2015年4月出版　定价：158.00元

城市管理蓝皮书
中国城市管理报告（2015）
著(编)者：谭维克　刘林　2015年12月出版　估价：158.00元

城市生活质量蓝皮书
中国城市生活质量报告（2015）
著(编)者：中国经济实验研究院　2015年7月出版　估价：59.00元

城市政府能力蓝皮书
中国城市政府公共服务能力评估报告（2015）
著(编)者：何艳玲　2015年7月出版　估价：59.00元

创新蓝皮书
创新型国家建设报告（2015）
著(编)者：詹正茂　2015年7月出版　估价：69.00元

15

皮书系列 2015全品种 社会政法类

慈善蓝皮书
中国慈善发展报告（2015）
著(编)者：杨团　2015年6月出版／定价：79.00元

地方法治蓝皮书
中国地方法治发展报告No.1（2014）
著(编)者：李林　田禾　2015年1月出版／定价：98.00元

法治蓝皮书
中国法治发展报告No.13（2015）
著(编)者：李林　田禾　2015年3月出版／定价：105.00元

反腐倡廉蓝皮书
中国反腐倡廉建设报告No.4
著(编)者：李秋芳　张英伟　2014年12月出版／定价：79.00元

非传统安全蓝皮书
中国非传统安全研究报告（2014~2015）
著(编)者：余潇枫　魏志江　2015年5月出版／定价：79.00元

妇女发展蓝皮书
中国妇女发展报告（2015）
著(编)者：王金玲　2015年9月出版／估价：148.00元

妇女教育蓝皮书
中国妇女教育发展报告（2015）
著(编)者：张李玺　2015年7月出版／估价：78.00元

妇女绿皮书
中国性别平等与妇女发展报告（2015）
著(编)者：谭琳　2015年12月出版／估价：99.00元

公共服务蓝皮书
中国城市基本公共服务力评价（2015）
著(编)者：钟君　吴正杲　2015年12月出版／估价：79.00元

公共服务满意度蓝皮书
中国城市公共服务评价报告（2015）
著(编)者：胡伟　2015年12月出版／估价：69.00元

公共外交蓝皮书
中国公共外交发展报告（2015）
著(编)者：赵启正　雷蔚真　2015年4月出版／定价：89.00元

公民科学素质蓝皮书
中国公民科学素质报告（2015）
著(编)者：李群　许佳军　2015年7月出版／定价：79.00元

公益蓝皮书
中国公益发展报告（2015）
著(编)者：朱健刚　2015年7月出版／估价：78.00元

管理蓝皮书
中国管理发展报告（2015）
著(编)者：张晓东　2015年9月出版／估价：98.00元

国际人才蓝皮书
中国国际移民报告（2015）
著(编)者：王辉耀　2015年2月出版／定价：79.00元

国际人才蓝皮书
中国海归发展报告（2015）
著(编)者：王辉耀　苗绿　2015年7月出版／估价：69.00元

国际人才蓝皮书
中国留学发展报告（2015）
著(编)者：王辉耀　苗绿　2015年9月出版／估价：69.00元

国家安全蓝皮书
中国国家安全研究报告（2015）
著(编)者：刘慧　2015年7月出版／定价：98.00元

行政改革蓝皮书
中国行政体制改革报告（2014~2015）
著(编)者：魏礼群　2015年4月出版／定价：98.00元

华侨华人蓝皮书
华侨华人研究报告（2015）
著(编)者：贾益民　2015年12月出版／估价：118.00元

环境绿皮书
中国环境发展报告（2015）
著(编)者：刘鉴强　2015年7月出版／定价：79.00元

基金会蓝皮书
中国基金会发展报告（2015）
著(编)者：刘忠祥　2016年6月出版／估价：69.00元

基金会绿皮书
中国基金会发展独立研究报告（2015）
著(编)者：基金会中心网　2015年8月出版／估价：88.00元

基金会透明度蓝皮书
中国基金会透明度发展研究报告（2015）
著(编)者：基金会中心网　清华大学廉政与治理研究中心
2015年9月出版／估价：78.00元

教师蓝皮书
中国中小学教师发展报告（2014）
著(编)者：曾晓东　鱼霞　2015年6月出版／定价：69.00元

教育蓝皮书
中国教育发展报告（2015）
著(编)者：杨东平　2015年5月出版／定价：79.00元

科普蓝皮书
中国科普基础设施发展报告（2015）
著(编)者：任福君　2015年7月出版／定价：59.00元

劳动保障蓝皮书
中国劳动保障发展报告（2015）
著(编)者：刘燕斌　2015年7月出版／定价：89.00元

老龄蓝皮书
中国老年宜居环境发展报告(2015)
著(编)者：吴玉韶　2015年9月出版／定价：79.00元

连片特困区蓝皮书
中国连片特困区发展报告（2014~2015）
著(编)者：游俊　冷志明　丁建军　2015年3月出版／定价：98.00元

民间组织蓝皮书
中国民间组织报告(2015)
著(编)者：潘晨光　黄晓勇　2015年8月出版／估价：69.00元

民调蓝皮书
中国民生调查报告（2015）
著(编)者：谢耘耕　2015年7月出版／估价：128.00元

社会政法类 — 皮书系列 2015全品种

民族发展蓝皮书
中国民族发展报告（2015）
著(编)者：郝时远 王延中 王希恩
2015年4月出版 / 定价:98.00元

女性生活蓝皮书
中国女性生活状况报告No.9（2015）
著(编)者：韩湘景 2015年4月出版 / 定价:79.00元

企业公众透明度蓝皮书
中国企业公众透明度报告(2014~2015)No.1
著(编)者：黄速建 王晓光 肖红军
2015年1月出版 / 定价:98.00元

企业国际化蓝皮书
中国企业国际化报告（2015）
著(编)者：王辉耀 2015年10月出版 / 估价:79.00元

汽车社会蓝皮书
中国汽车社会发展报告（2015）
著(编)者：王俊秀 2015年7月出版 / 估价:59.00元

青年蓝皮书
中国青年发展报告No.3
著(编)者：廉思 2015年7月出版 / 估价:59.00元

区域人才蓝皮书
中国区域人才竞争力报告（2015）
著(编)者：桂昭明 王辉耀 2015年7月出版 / 估价:69.00元

群众体育蓝皮书
中国群众体育发展报告（2015）
著(编)者：刘国永 杨桦 2015年8月出版 / 估价:69.00元

人才蓝皮书
中国人才发展报告（2015）
著(编)者：潘晨光 2015年8月出版 / 估价:85.00元

人权蓝皮书
中国人权事业发展报告（2015）
著(编)者：中国人权研究会 2015年8月出版 / 估价:99.00元

森林碳汇绿皮书
中国森林碳汇评估发展报告（2015）
著(编)者：闫文德 胡文臻 2015年9月出版 / 估价:79.00元

社会保障绿皮书
中国社会保障发展报告（2015）No.7
著(编)者：王延中 2015年4月出版 / 定价:89.00元

社会工作蓝皮书
中国社会工作发展报告（2015）
著(编)者：民政部社会工作研究中心
2015年8月出版 / 估价:79.00元

社会管理蓝皮书
中国社会管理创新报告（2015）
著(编)者：连玉明 2015年9月出版 / 估价:89.00元

社会蓝皮书
2015年中国社会形势分析与预测
著(编)者：李培林 陈光金 张翼
2014年12月出版 / 定价:69.00元

社会体制蓝皮书
中国社会体制改革报告No.3（2015）
著(编)者：龚维斌 2015年4月出版 / 定价:79.00元

社会心态蓝皮书
中国社会心态研究报告（2015）
著(编)者：王俊秀 杨宜音 2015年10月出版 / 估价:69.00元

社会组织蓝皮书
中国社会组织评估发展报告（2015）
著(编)者：徐家良 廖鸿 2015年12月出版 / 估价:69.00元

生态城市绿皮书
中国生态城市建设发展报告（2015）
著(编)者：刘举科 孙伟平 胡文臻 2015年7月出版 / 估价:98.00元

生态文明绿皮书
中国省域生态文明建设评价报告（ECI 2015）
著(编)者：严耕 2015年9月出版 / 估价:85.00元

世界社会主义黄皮书
世界社会主义跟踪研究报告（2014~2015）
著(编)者：李慎明 2015年4月出版 / 定价:258.00元

水与发展蓝皮书
中国水风险评估报告（2015）
著(编)者：王浩 2015年9月出版 / 估价:69.00元

土地整治蓝皮书
中国土地整治发展研究报告No.2
著(编)者：国土资源部土地整治中心 2015年5月出版 / 估价:89.00元

网络空间安全蓝皮书
中国网络空间安全发展报告（2015）
著(编)者：惠志斌 唐涛 2015年4月出版 / 定价:79.00元

危机管理蓝皮书
中国危机管理报告（2015）
著(编)者：文学国 2015年8月出版 / 估价:89.00元

协会商会蓝皮书
中国行业协会商会发展报告（2014）
著(编)者：景朝阳 李勇 2015年4月出版 / 定价:99.00元

形象危机应对蓝皮书
形象危机应对研究报告（2015）
著(编)者：唐钧 2015年7月出版 / 估价:149.00元

医改蓝皮书
中国医药卫生体制改革报告（2015~2016）
著(编)者：文学国 房志武 2015年12月出版 / 估价:79.00元

医疗卫生绿皮书
中国医疗卫生发展报告（2015）
著(编)者：申宝忠 韩玉珍 2015年7月出版 / 估价:75.00元

应急管理蓝皮书
中国应急管理报告（2015）
著(编)者：宋英华 2015年10月出版 / 估价:69.00元

政治参与蓝皮书
中国政治参与报告（2015）
著(编)者：房宁 2015年7月出版 / 估价:105.00元

皮书系列 2015全品种　　行业报告类

政治发展蓝皮书
中国政治发展报告（2015）
著(编)者：房宁　杨海蛟　　2015年7月出版 / 估价：88.00元

中国农村妇女发展蓝皮书
流动女性城市融入发展报告（2015）
著(编)者：谢丽华　　2015年11月出版 / 估价：69.00元

宗教蓝皮书
中国宗教报告（2015）
著(编)者：金泽　邱永辉　　2016年5月出版 / 估价：59.00元

行业报告类

保险蓝皮书
中国保险业竞争力报告（2015）
著(编)者：项俊波　　2015年12月出版 / 估价：98.00元

彩票蓝皮书
中国彩票发展报告（2015）
著(编)者：益彩基金　　2015年4月出版 / 定价：98.00元

餐饮产业蓝皮书
中国餐饮产业发展报告（2015）
著(编)者：邢颖　　2015年4月出版 / 定价：69.00元

测绘地理信息蓝皮书
智慧中国地理空间智能体系研究报告（2015）
著(编)者：库热西·买合苏提　　2015年12月出版 / 估价：98.00元

茶业蓝皮书
中国茶产业发展报告（2015）
著(编)者：杨江帆　李闯榕　　2015年10月出版 / 估价：78.00元

产权市场蓝皮书
中国产权市场发展报告（2015）
著(编)者：曹和平　　2015年12月出版 / 估价：79.00元

电子政务蓝皮书
中国电子政务发展报告（2015）
著(编)者：洪毅　杜平　　2015年11月出版 / 估价：79.00元

杜仲产业绿皮书
中国杜仲橡胶资源与产业发展报告（2014~2015）
著(编)者：杜红岩　胡文臻　俞锐
2015年1月出版 / 定价：85.00元

房地产蓝皮书
中国房地产发展报告No.12（2015）
著(编)者：魏后凯　李景国　　2015年5月出版 / 定价：79.00元

服务外包蓝皮书
中国服务外包产业发展报告（2015）
著(编)者：王晓红　刘德军　　2015年7月出版 / 估价：89.00元

工业和信息化蓝皮书
移动互联网产业发展报告（2014~2015）
著(编)者：洪京一　　2015年4月出版 / 定价：79.00元

工业和信息化蓝皮书
世界网络安全发展报告（2014~2015）
著(编)者：洪京一　　2015年4月出版 / 定价：69.00元

工业和信息化蓝皮书
世界制造业发展报告（2014~2015）
著(编)者：洪京一　　2015年4月出版 / 定价：69.00元

工业和信息化蓝皮书
世界信息化发展报告（2014~2015）
著(编)者：洪京一　　2015年4月出版 / 定价：69.00元

工业和信息化蓝皮书
世界信息技术产业发展报告（2014~2015）
著(编)者：洪京一　　2015年4月出版 / 定价：79.00元

工业设计蓝皮书
中国工业设计发展报告（2015）
著(编)者：王晓红　于炜　张立群　　2015年9月出版 / 估价：138.00元

互联网金融蓝皮书
中国互联网金融发展报告（2015）
著(编)者：芮晓武　刘烈宏　　2015年8月出版 / 估价：79.00元

会展蓝皮书
中外会展业动态评估年度报告（2015）
著(编)者：张敏　　2015年1月出版 / 估价：78.00元

金融监管蓝皮书
中国金融监管报告（2015）
著(编)者：胡滨　　2015年4月出版 / 定价：89.00元

金融蓝皮书
中国商业银行竞争力报告（2015）
著(编)者：王松奇　　2015年12月出版 / 估价：69.00元

客车蓝皮书
中国客车产业发展报告（2014~2015）
著(编)者：姚蔚　　2015年2月出版 / 定价：85.00元

老龄蓝皮书
中国老龄产业发展报告（2015）
著(编)者：吴玉韶　党俊武　　2015年9月出版 / 估价：79.00元

流通蓝皮书
中国商业发展报告（2015）
著(编)者：荆林波　　2015年7月出版 / 估价：89.00元

旅游安全蓝皮书
中国旅游安全报告（2015）
著(编)者：郑向敏　谢朝武　　2015年5月出版 / 定价：128.00元

行业报告类
皮书系列 2015全品种

旅游景区蓝皮书
中国旅游景区发展报告（2015）
著(编)者：黄安民　　2015年7月出版 / 估价：79.00元

旅游绿皮书
2014~2015年中国旅游发展分析与预测
著(编)者：宋瑞　　2015年1月出版 / 定价：98.00元

煤炭蓝皮书
中国煤炭工业发展报告（2015）
著(编)者：岳福斌　　2015年12月出版 / 估价：79.00元

民营医院蓝皮书
中国民营医院发展报告（2015）
著(编)者：庄一强　　2015年10月出版 / 估价：75.00元

闽商蓝皮书
闽商发展报告（2015）
著(编)者：王日根　李闽榕　　2015年12月出版 / 估价：69.00元

能源蓝皮书
中国能源发展报告（2015）
著(编)者：崔民选　王军生　　2015年8月出版 / 估价：79.00元

农产品流通蓝皮书
中国农产品流通产业发展报告（2015）
著(编)者：贾敬敦　张东科　张玉玺　孔令羽　张鹏毅
2015年9月出版 / 估价：89.00元

企业蓝皮书
中国企业竞争力报告（2015）
著(编)者：金碚　　2015年11月出版 / 估价：89.00元

企业社会责任蓝皮书
中国企业社会责任研究报告（2015）
著(编)者：黄群慧　彭华岗　钟宏武　张蒽
2015年11月出版 / 估价：69.00元

汽车安全蓝皮书
中国汽车安全发展报告（2015）
著(编)者：中国汽车技术研究中心
2015年7月出版 / 估价：79.00元

汽车工业蓝皮书
中国汽车工业发展年度报告（2015）
著(编)者：中国汽车工业协会　中国汽车技术研究中心
　　　　　丰田汽车（中国）投资有限公司
2015年4月出版 / 定价：128.00元

汽车蓝皮书
中国汽车产业发展报告（2015）
著(编)者：国务院发展研究中心产业经济研究部
　　　　　中国汽车工程学会　大众汽车集团（中国）
2015年7月出版 / 定价：128.00元

清洁能源蓝皮书
国际清洁能源发展报告（2015）
著(编)者：国际清洁能源论坛（澳门）
2015年9月出版 / 估价：89.00元

人力资源蓝皮书
中国人力资源发展报告（2015）
著(编)者：余兴安　　2015年9月出版 / 估价：79.00元

融资租赁蓝皮书
中国融资租赁业发展报告（2014~2015）
著(编)者：李光荣　王力　　2015年1月出版 / 定价：89.00元

软件和信息服务业蓝皮书
中国软件和信息服务业发展报告（2015）
著(编)者：陈新河　洪京一　　2015年12月出版 / 估价：198.00元

上市公司蓝皮书
上市公司质量评价报告（2015）
著(编)者：张跃文　王力　　2015年10月出版 / 估价：118.00元

设计产业蓝皮书
中国设计产业发展报告（2014~2015）
著(编)者：陈冬亮　梁昊光　　2015年3月出版 / 定价：89.00元

食品药品蓝皮书
食品药品安全与监管政策研究报告（2015）
著(编)者：唐民皓　　2015年7月出版 / 估价：69.00元

世界能源蓝皮书
世界能源发展报告（2015）
著(编)者：黄晓勇　　2015年6月出版 / 定价：99.00元

碳市场蓝皮书
中国碳市场报告（2015）
著(编)者：低碳发展国际合作联盟
2015年11月出版 / 估价：69.00元

体育蓝皮书
中国体育产业发展报告（2015）
著(编)者：阮伟　钟秉枢　　2015年7月出版 / 估价：69.00元

体育蓝皮书
长三角地区体育产业发展报告（2014~2015）
著(编)者：张林　　2015年4月出版 / 定价：79.00元

投资蓝皮书
中国投资发展报告（2015）
著(编)者：谢平　　2015年4月出版 / 定价：128.00元

物联网蓝皮书
中国物联网发展报告（2015）
著(编)者：黄桂田　　2015年7月出版 / 估价：59.00元

西部工业蓝皮书
中国西部工业发展报告（2015）
著(编)者：方行明　甘犁　刘方健　姜凌　等
2015年9月出版 / 估价：79.00元

西部金融蓝皮书
中国西部金融发展报告（2015）
著(编)者：李忠民　　2015年8月出版 / 估价：75.00元

新能源汽车蓝皮书
中国新能源汽车产业发展报告（2015）
著(编)者：中国汽车技术研究中心
　　　　　日产（中国）投资有限公司　东风汽车有限公司
2015年8月出版 / 估价：69.00元

信托市场蓝皮书
中国信托业市场报告（2014~2015）
著(编)者：用益信托工作室　　2015年2月出版 / 定价：198.00元

皮书系列 2015全品种 — 文化传媒类

信息产业蓝皮书
世界软件和信息技术产业发展报告（2015）
著(编)者：洪京一　2015年8月出版／估价：79.00元

信息化蓝皮书
中国信息化形势分析与预测（2015）
著(编)者：周宏仁　2015年8月出版／估价：98.00元

信用蓝皮书
中国信用发展报告（2014~2015）
著(编)者：章政　田侃　2015年4月出版／定价：99.00元

休闲绿皮书
2015年中国休闲发展报告
著(编)者：刘德谦　2015年7月出版／估价：59.00元

医药蓝皮书
中国中医药产业园战略发展报告（2015）
著(编)者：裴长洪　房书亭　吴篠心　2015年7月出版／估价：89.00元

邮轮绿皮书
中国邮轮产业发展报告（2015）
著(编)者：汪泓　2015年9月出版／估价：79.00元

中国上市公司蓝皮书
中国上市公司发展报告（2015）
著(编)者：许雄斌　张平　2015年9月出版／估价：98.00元

中国总部经济蓝皮书
中国总部经济发展报告（2015）
著(编)者：赵弘　2015年7月出版／估价：79.00元

住房绿皮书
中国住房发展报告（2014~2015）
著(编)者：倪鹏飞　2014年12月出版／定价：79.00元

资本市场蓝皮书
中国场外交易市场发展报告（2015）
著(编)者：高峦　2015年8月出版／估价：79.00元

资产管理蓝皮书
中国资产管理行业发展报告（2015）
著(编)者：智信资产管理研究院　2015年6月出版／定价：89.00元

文化传媒类

传媒竞争力蓝皮书
中国传媒国际竞争力研究报告（2015）
著(编)者：李本乾　2015年9月出版／估价：88.00元

传媒蓝皮书
中国传媒产业发展报告（2015）
著(编)者：崔保国　2015年5月出版／定价：98.00元

传媒投资蓝皮书
中国传媒投资发展报告（2015）
著(编)者：张向东　2015年7月出版／估价：89.00元

动漫蓝皮书
中国动漫产业发展报告（2015）
著(编)者：卢斌　郑玉明　牛兴侦　2015年7月出版／估价：79.00元

非物质文化遗产蓝皮书
中国非物质文化遗产发展报告（2015）
著(编)者：陈平　2015年5月出版／定价：98.00元

广电蓝皮书
中国广播电影电视发展报告（2015）
著(编)者：杨明品　2015年7月出版／估价：98.00元

广告主蓝皮书
中国广告主营销传播趋势报告（2015）
著(编)者：黄升民　2015年7月出版／估价：148.00元

国际传播蓝皮书
中国国际传播发展报告（2015）
著(编)者：胡正荣　李继东　姬德强
2015年7月出版／估价：89.00元

国家形象蓝皮书
2015年国家形象研究报告
著(编)者：张昆　2015年7月出版／估价：79.00元

纪录片蓝皮书
中国纪录片发展报告（2015）
著(编)者：何苏六　2015年9月出版／估价：79.00元

科学传播蓝皮书
中国科学传播报告（2015）
著(编)者：詹正茂　2015年7月出版／估价：69.00元

两岸文化蓝皮书
两岸文化产业合作发展报告（2015）
著(编)者：胡惠林　李保宗　2015年7月出版／估价：79.00元

媒介与女性蓝皮书
中国媒介与女性发展报告（2015）
著(编)者：刘利群　2015年8月出版／估价：69.00元

全球传媒蓝皮书
全球传媒发展报告（2015）
著(编)者：胡正荣　2015年12月出版／估价：79.00元

少数民族非遗蓝皮书
中国少数民族非物质文化遗产发展报告（2015）
著(编)者：肖远平　柴立　2015年6月出版／定价：128.00元

世界文化发展蓝皮书
世界文化发展报告（2015）
著(编)者：张庆宗　高乐田　郭熙煌
2015年7月出版／估价：89.00元

文化传媒类

视听新媒体蓝皮书
中国视听新媒体发展报告（2015）
著(编)者：袁同楠　2015年7月出版　定价：98.00元

文化创新蓝皮书
中国文化创新报告（2015）
著(编)者：于平　傅才武　2015年7月出版　估价：79.00元

文化建设蓝皮书
中国文化发展报告（2015）
著(编)者：江畅　孙伟平　戴茂堂
2016年4月出版　估价：138.00元

文化科技蓝皮书
文化科技创新发展报告（2015）
著(编)者：于平　李凤亮　2015年10月出版　估价：89.00元

文化蓝皮书
中国文化产业供需协调检测报告（2015）
著(编)者：王亚南　2015年2月出版　定价：79.00元

文化蓝皮书
中国文化消费需求景气评价报告（2015）
著(编)者：王亚南　2015年2月出版　定价：79.00元

文化蓝皮书
中国文化产业发展报告（2015）
著(编)者：张晓明　王家新　章建刚
2015年7月出版　估价：79.00元

文化蓝皮书
中国公共文化投入增长测评报告(2015)
著(编)者：王亚南　2014年12月出版　定价：79.00元

文化蓝皮书
中国文化政策发展报告（2015）
著(编)者：傅才武　宋文玉　燕东升
2015年9月出版　估价：98.00元

文化品牌蓝皮书
中国文化品牌发展报告（2015）
著(编)者：欧阳友权　2015年4月出版　定价：89.00元

文化遗产蓝皮书
中国文化遗产事业发展报告（2015）
著(编)者：刘世锦　2015年12月出版　定价：89.00元

文学蓝皮书
中国文情报告（2014~2015）
著(编)者：白烨　2015年5月出版　定价：49.00元

新媒体蓝皮书
中国新媒体发展报告No.6（2015）
著(编)者：唐绪军　2015年7月出版　定价：79.00元

新媒体社会责任蓝皮书
中国新媒体社会责任研究报告（2015）
著(编)者：钟瑛　2015年10月出版　定价：79.00元

移动互联网蓝皮书
中国移动互联网发展报告（2015）
著(编)者：官建文　2015年6月出版　定价：79.00元

舆情蓝皮书
中国社会舆情与危机管理报告（2015）
著(编)者：谢耘耕　2015年8月出版　估价：98.00元

地方发展类

安徽经济蓝皮书
芜湖创新型城市发展报告（2015）
著(编)者：杨少华　王开玉　2015年7月出版　估价：69.00元

安徽蓝皮书
安徽社会发展报告（2015）
著(编)者：程桦　2015年4月出版　定价：89.00元

安徽社会建设蓝皮书
安徽社会建设分析报告（2015）
著(编)者：黄家海　王开玉　蔡宪　2015年7月出版　估价：69.00元

澳门蓝皮书
澳门经济社会发展报告（2014~2015）
著(编)者：吴志良　郝雨凡　2015年5月出版　定价：79.00元

北京蓝皮书
北京公共服务发展报告（2014~2015）
著(编)者：施昌奎　2015年1月出版　定价：69.00元

北京蓝皮书
北京经济发展报告（2014~2015）
著(编)者：杨松　2015年6月出版　定价：79.00元

北京蓝皮书
北京社会治理发展报告（2014~2015）
著(编)者：殷星辰　2015年6月出版　定价：79.00元

北京蓝皮书
北京文化发展报告（2014~2015）
著(编)者：李建盛　2015年5月出版　定价：79.00元

北京蓝皮书
北京社会发展报告（2015）
著(编)者：缪青　2015年7月出版　定价：79.00元

北京蓝皮书
北京社区发展报告（2015）
著(编)者：于燕燕　2015年1月出版　定价：79.00元

北京旅游绿皮书
北京旅游发展报告（2015）
著(编)者：北京旅游学会　2015年7月出版　估价：88.00元

北京律师蓝皮书
北京律师发展报告（2015）
著(编)者：王隽　2015年12月出版　估价：75.00元

皮书系列 2015全品种　地方发展类

北京人才蓝皮书
北京人才发展报告（2015）
著(编)者:于淼　2015年7月出版 / 估价:89.00元

北京社会心态蓝皮书
北京社会心态分析报告（2015）
著(编)者:北京社会心理研究所　2015年7月出版 / 估价:69.00元

北京社会组织管理蓝皮书
北京社会组织发展与管理（2015）
著(编)者:黄江松　2015年4月出版 / 定价:78.00元

北京养老产业蓝皮书
北京养老产业发展报告（2015）
著(编)者:周明明　冯喜良　2015年4月出版 / 定价:69.00元

滨海金融蓝皮书
滨海新区金融发展报告（2015）
著(编)者:王爱俭　张锐钢　2015年9月出版 / 估价:79.00元

城乡一体化蓝皮书
中国城乡一体化发展报告（北京卷）（2014~2015）
著(编)者:张宝秀　黄序　2015年5月出版 / 定价:79.00元

创意城市蓝皮书
北京文化创意产业发展报告（2015）
著(编)者:张京成　2015年11月出版 / 估价:65.00元

创意城市蓝皮书
无锡文化创意产业发展报告（2015）
著(编)者:谭军　张鸣年　2015年10月出版 / 估价:75.00元

创意城市蓝皮书
武汉市文化创意产业发展报告（2015）
著(编)者:袁堃　黄永林　2015年11月出版 / 估价:85.00元

创意城市蓝皮书
重庆创意产业发展报告（2015）
著(编)者:程宇宁　2015年7月出版 / 估价:89.00元

创意城市蓝皮书
青岛文化创意产业发展报告（2015）
著(编)者:马达　张丹妮　2015年7月出版 / 估价:79.00元

福建妇女发展蓝皮书
福建省妇女发展报告（2015）
著(编)者:刘群英　2015年10月出版 / 估价:58.00元

甘肃蓝皮书
甘肃舆情分析与预测（2015）
著(编)者:陈双梅　郝树声　2015年1月出版 / 估价:79.00元

甘肃蓝皮书
甘肃文化发展分析与预测（2015）
著(编)者:安文华　周小华　2015年1月出版 / 估价:79.00元

甘肃蓝皮书
甘肃社会发展分析与预测（2015）
著(编)者:安文华　包晓霞　2015年1月出版 / 估价:79.00元

甘肃蓝皮书
甘肃经济发展分析与预测（2015）
著(编)者:朱智文　罗哲　2015年1月出版 / 定价:79.00元

甘肃蓝皮书
甘肃县域经济综合竞争力评价（2015）
著(编)者:刘进军　2015年7月出版 / 估价:69.00元

甘肃蓝皮书
甘肃县域社会发展评价报告（2015）
著(编)者:刘进军　柳民　王建兵　2015年1月出版 / 定价:79.00元

广东蓝皮书
广东省电子商务发展报告（2015）
著(编)者:程晓　2015年12月出版 / 估价:69.00元

广东蓝皮书
广东社会工作发展报告（2015）
著(编)者:罗观翠　2015年7月出版 / 估价:89.00元

广东社会建设蓝皮书
广东省社会建设发展报告（2015）
著(编)者:广东省社会工作委员会　2015年10月出版 / 估价:89.00元

广东外经贸蓝皮书
广东对外经济贸易发展研究报告（2014~2015）
著(编)者:陈万灵　2015年5月出版 / 估价:89.00元

广西北部湾经济区蓝皮书
广西北部湾经济区开放开发报告（2015）
著(编)者:广西北部湾经济区规划建设管理委员会办公室
　　　　　广西社会科学院广西北部湾发展研究院
2015年8月出版 / 估价:79.00元

广州蓝皮书
广州社会保障发展报告（2015）
著(编)者:蔡国萱　2015年7月出版 / 估价:65.00元

广州蓝皮书
2015年中国广州社会形势分析与预测
著(编)者:张强　陈怡霓　杨秦　2015年6月出版 / 定价:79.00元

广州蓝皮书
广州经济发展报告（2015）
著(编)者:李江涛　朱名宏　2015年7月出版 / 估价:69.00元

广州蓝皮书
广州商贸业发展报告（2015）
著(编)者:李江涛　王旭东　荀振英　2015年7月出版 / 估价:69.00元

广州蓝皮书
2015年中国广州经济形势分析与预测
著(编)者:庾建设　沈奎　谢博能
2015年6月出版 / 定价:79.00元

广州蓝皮书
中国广州文化发展报告（2015）
著(编)者:徐俊忠　陆志强　顾涧清
2015年7月出版 / 估价:69.00元

广州蓝皮书
广州农村发展报告（2015）
著(编)者:李江涛　汤锦华　2015年8月出版 / 估价:69.00元

广州蓝皮书
中国广州城市建设与管理发展报告（2015）
著(编)者:董皞　冼伟雄　2015年7月出版 / 估价:69.00元

地方发展类 | **皮书系列 2015全品种**

广州蓝皮书
中国广州科技和信息化发展报告（2015）
著(编)者：邹采荣 马正勇 冯元 2015年7月出版 / 估价：79.00元

广州蓝皮书
广州创新型城市发展报告（2015）
著(编)者：李江涛 2015年7月出版 / 估价：69.00元

广州蓝皮书
广州文化创意产业发展报告（2015）
著(编)者：甘新 2015年8月出版 / 估价：79.00元

广州蓝皮书
广州志愿服务发展报告（2015）
著(编)者：魏国华 张强 2015年9月出版 / 估价：69.00元

广州蓝皮书
广州城市国际化发展报告（2015）
著(编)者：朱名宏 2015年9月出版 / 估价：59.00元

广州蓝皮书
广州汽车产业发展报告（2015）
著(编)者：李江涛 杨再高 2015年9月出版 / 估价：69.00元

贵州房地产蓝皮书
贵州房地产发展报告（2015）
著(编)者：武廷方 2015年6月出版 / 定价：89.00元

贵州蓝皮书
贵州人才发展报告（2015）
著(编)者：于杰 吴大华 2015年7月出版 / 估价：69.00元

贵州蓝皮书
贵安新区发展报告（2014）
著(编)者：马长青 吴大华 2015年4月出版 / 估价：69.00元

贵州蓝皮书
贵州社会发展报告（2015）
著(编)者：王兴骥 2015年5月出版 / 定价：79.00元

贵州蓝皮书
贵州法治发展报告（2015）
著(编)者：吴大华 2015年5月出版 / 定价：79.00元

贵州蓝皮书
贵州国有企业社会责任发展报告（2015）
著(编)者：郭丽 2015年10月出版 / 估价：79.00元

海淀蓝皮书
海淀区文化和科技融合发展报告（2015）
著(编)者：孟景伟 陈名杰 2015年7月出版 / 估价：75.00元

海峡西岸蓝皮书
海峡西岸经济区发展报告（2015）
著(编)者：黄端 2015年9月出版 / 估价：65.00元

杭州都市圈蓝皮书
杭州都市圈发展报告（2015）
著(编)者：董祖德 沈翔 2015年7月出版 / 估价：89.00元

杭州蓝皮书
杭州妇女发展报告（2015）
著(编)者：魏颖 2015年4月出版 / 定价：79.00元

河北经济蓝皮书
河北省经济发展报告（2015）
著(编)者：马树强 金浩 刘兵 张贵 2015年3月出版 / 定价：89.00元

河北蓝皮书
河北经济社会发展报告（2015）
著(编)者：周文夫 2015年1月出版 / 定价：79.00元

河北食品药品安全蓝皮书
河北食品药品安全研究报告（2015）
著(编)者：丁锦霞 2015年6月出版 / 定价：79.00元

河南经济蓝皮书
2015年河南经济形势分析与预测
著(编)者：胡五岳 2015年2月出版 / 定价：69.00元

河南蓝皮书
河南城市发展报告（2015）
著(编)者：谷建全 王建国 2015年3月出版 / 定价：79.00元

河南蓝皮书
2015年河南社会形势分析与预测
著(编)者：刘道兴 牛苏林 2015年4月出版 / 定价：69.00元

河南蓝皮书
河南工业发展报告（2015）
著(编)者：龚绍东 赵西三 2015年1月出版 / 定价：79.00元

河南蓝皮书
河南文化发展报告（2015）
著(编)者：卫绍生 2015年3月出版 / 定价：79.00元

河南蓝皮书
河南经济发展报告（2015）
著(编)者：喻新安 2014年12月出版 / 定价：79.00元

河南蓝皮书
河南法治发展报告（2015）
著(编)者：丁同民 闫德民 2015年7月出版 / 估价：69.00元

河南蓝皮书
河南金融发展报告（2015）
著(编)者：喻新安 谷建全 2015年6月出版 / 估价：69.00元

河南蓝皮书
河南农业农村发展报告（2015）
著(编)者：吴海峰 2015年4月出版 / 定价：69.00元

河南商务蓝皮书
河南商务发展报告（2015）
著(编)者：焦锦淼 穆荣国 2015年4月出版 / 定价：88.00元

黑龙江产业蓝皮书
黑龙江产业发展报告（2015）
著(编)者：于渤 2015年9月出版 / 估价：79.00元

黑龙江蓝皮书
黑龙江经济发展报告（2015）
著(编)者：曲伟 2015年1月出版 / 定价：79.00元

黑龙江蓝皮书
黑龙江社会发展报告（2015）
著(编)者：张新颖 2015年1月出版 / 定价：79.00元

23

皮书系列 2015全品种 — 地方发展类

湖北文化蓝皮书
湖北文化发展报告（2015）
著(编)者：江畅　吴成国　2015年7月出版 / 估价：89.00元

湖南城市蓝皮书
区域城市群整合
著(编)者：童中贤　韩未名　2015年12月出版 / 估价：79.00元

湖南蓝皮书
2015年湖南电子政务发展报告
著(编)者：梁志峰　2015年5月出版 / 定价：98.00元

湖南蓝皮书
2015年湖南社会发展报告
著(编)者：梁志峰　2015年5月出版 / 定价：98.00元

湖南蓝皮书
2015年湖南产业发展报告
著(编)者：梁志峰　2015年5月出版 / 定价：98.00元

湖南蓝皮书
2015年湖南经济展望
著(编)者：梁志峰　2015年5月出版 / 定价：128.00元

湖南蓝皮书
2015年湖南县域经济社会发展报告
著(编)者：梁志峰　2015年5月出版 / 定价：98.00元

湖南蓝皮书
2015年湖南两型社会与生态文明发展报告
著(编)者：梁志峰　2015年5月出版 / 定价：98.00元

湖南县域绿皮书
湖南县域发展报告No.2
著(编)者：朱有志　2015年7月出版 / 估价：69.00元

沪港蓝皮书
沪港发展报告（2014~2015）
著(编)者：尤安山　2015年4月出版 / 定价：89.00元

吉林蓝皮书
2015年吉林经济社会形势分析与预测
著(编)者：马克　2015年2月出版 / 定价：89.00元

济源蓝皮书
济源经济社会发展报告（2015）
著(编)者：喻新安　2015年4月出版 / 定价：69.00元

健康城市蓝皮书
北京健康城市建设研究报告（2015）
著(编)者：王鸿春　2015年4月出版 / 定价：79.00元

江苏法治蓝皮书
江苏法治发展报告（2015）
著(编)者：李力　龚廷泰　2015年9月出版 / 定价：98.00元

京津冀蓝皮书
京津冀发展报告（2015）
著(编)者：文魁　祝尔娟　2015年4月出版 / 定价：89.00元

经济特区蓝皮书
中国经济特区发展报告（2015）
著(编)者：陶一桃　2015年7月出版 / 估价：89.00元

辽宁蓝皮书
2015年辽宁经济社会形势分析与预测
著(编)者：曹晓峰　张晶　梁启东　2014年12月出版 / 定价：79.00元

南京蓝皮书
南京文化发展报告（2015）
著(编)者：南京文化产业研究中心　2015年12月出版 / 估价：79.00元

内蒙古蓝皮书
内蒙古反腐倡廉建设报告（2015）
著(编)者：张志华　无极　2015年12月出版 / 估价：69.00元

浦东新区蓝皮书
上海浦东经济发展报告（2015）
著(编)者：沈开艳　陆沪根　2015年1月出版 / 定价：69.00元

青海蓝皮书
2015年青海经济社会形势分析与预测
著(编)者：赵宗福　2014年12月出版 / 定价：69.00元

人口与健康蓝皮书
深圳人口与健康发展报告（2015）
著(编)者：曾序春　2015年12月出版 / 估价：89.00元

山东蓝皮书
山东社会形势分析与预测（2015）
著(编)者：张华　唐洲雁　2015年7月出版 / 估价：89.00元

山东蓝皮书
山东经济形势分析与预测（2015）
著(编)者：张华　唐洲雁　2015年7月出版 / 估价：89.00元

山东蓝皮书
山东文化发展报告（2015）
著(编)者：张华　唐洲雁　2015年7月出版 / 估价：98.00元

山西蓝皮书
山西资源型经济转型发展报告（2015）
著(编)者：李志强　2015年5月出版 / 定价：89.00元

陕西蓝皮书
陕西经济发展报告（2015）
著(编)者：任宗哲　白宽犁　裴成荣　2015年1月出版 / 定价：69.00元

陕西蓝皮书
陕西社会发展报告（2015）
著(编)者：任宗哲　白宽犁　牛昉　2015年1月出版 / 定价：69.00元

陕西蓝皮书
陕西文化发展报告（2015）
著(编)者：任宗哲　白宽犁　王长寿　2015年1月出版 / 定价：65.00元

陕西蓝皮书
丝绸之路经济带发展报告（2015）
著(编)者：任宗哲　石英　白宽犁　2015年8月出版 / 估价：79.00元

上海蓝皮书
上海文学发展报告（2015）
著(编)者：陈圣来　2015年1月出版 / 定价：69.00元

上海蓝皮书
上海文化发展报告（2015）
著(编)者：荣跃明　2015年1月出版 / 定价：74.00元

皮书系列 2015全品种

地方发展类·国别与地区类

上海蓝皮书
上海资源环境发展报告（2015）
著(编)者：周冯琦 汤庆合 任文伟
2015年1月出版 / 定价:69.00元

上海蓝皮书
上海社会发展报告（2015）
著(编)者：杨雄　周海旺　2015年1月出版 / 定价:69.00元

上海蓝皮书
上海经济发展报告（2015）
著(编)者：沈开艳　2015年1月出版 / 定价:69.00元

上海蓝皮书
上海传媒发展报告（2015）
著(编)者：强荧 焦雨虹　2015年1月出版 / 定价:69.00元

上海蓝皮书
上海法治发展报告（2015）
著(编)者：叶青　2015年5月出版 / 定价:69.00元

上饶蓝皮书
上饶发展报告（2015）
著(编)者：朱寅健　2015年7月出版 / 估价:128.00元

社会建设蓝皮书
2015年北京社会建设分析报告
著(编)者：宋贵伦 冯虹　2015年7月出版 / 估价:79.00元

深圳蓝皮书
深圳劳动关系发展报告（2015）
著(编)者：汤庭芬　2015年7月出版 / 估价:75.00元

深圳蓝皮书
深圳经济发展报告（2015）
著(编)者：张骁儒　2015年7月出版 / 估价:79.00元

深圳蓝皮书
深圳社会发展报告（2015）
著(编)者：叶民辉 张骁儒　2015年7月出版 / 估价:89.00元

深圳蓝皮书
深圳法治发展报告（2015）
著(编)者：张骁儒　2015年5月出版 / 定价:69.00元

四川蓝皮书
四川文化产业发展报告（2015）
著(编)者：侯水平　2015年4月出版 / 定价:79.00元

四川蓝皮书
四川企业社会责任研究报告（2014~2015）
著(编)者：侯水平 盛毅　2015年4月出版 / 定价:79.00元

四川蓝皮书
四川法治发展报告（2015）
著(编)者：郑泰安　2015年1月出版 / 定价:69.00元

四川蓝皮书
四川生态建设报告（2015）
著(编)者：李晟之　2015年4月出版 / 定价:79.00元

四川蓝皮书
四川城镇化发展报告（2015）
著(编)者：侯水平 范秋美　2015年4月出版 / 定价:79.00元

四川蓝皮书
四川社会发展报告（2015）
著(编)者：郭晓鸣　2015年4月出版 / 定价:79.00元

四川蓝皮书
2015年四川经济发展形势分析与预测
著(编)者：杨钢　2015年1月出版 / 定价:89.00元

四川法治蓝皮书
四川依法治省年度报告No.1（2015）
著(编)者：李林 杨天宗 田禾　2015年3月出版 / 定价:108.00元

天津金融蓝皮书
天津金融发展报告（2015）
著(编)者：王爱俭 杜强　2015年9月出版 / 估价:89.00元

温州蓝皮书
2015年温州经济社会形势分析与预测
著(编)者：潘忠强 王春光 金浩　2015年4月出版 / 定价:69.00元

扬州蓝皮书
扬州经济社会发展报告（2015）
著(编)者：丁纯　2015年12月出版 / 估价:89.00元

长株潭城市群蓝皮书
长株潭城市群发展报告（2015）
著(编)者：张萍　2015年7月出版 / 估价:69.00元

郑州蓝皮书
2015年郑州文化发展报告
著(编)者：王哲　2015年9月出版 / 估价:65.00元

中医文化蓝皮书
北京中医药文化传播发展报告（2015）
著(编)者：毛嘉陵　2015年5月出版 / 定价:79.00元

珠三角流通蓝皮书
珠三角商圈发展研究报告（2015）
著(编)者：林至颖 王先庆　2015年7月出版 / 估价:98.00元

国别与地区类

阿拉伯黄皮书
阿拉伯发展报告（2015）
著(编)者：马晓霖　2015年7月出版 / 估价:79.00元

北部湾蓝皮书
泛北部湾合作发展报告（2015）
著(编)者：吕余生　2015年8月出版 / 估价:69.00元

25

皮书系列 2015全品种
国别与地区类

大湄公河次区域蓝皮书
大湄公河次区域合作发展报告（2015）
著(编)者：刘稚　2015年9月出版 / 估价：79.00元

大洋洲蓝皮书
大洋洲发展报告（2015）
著(编)者：喻常森　2015年8月出版 / 估价：89.00元

德国蓝皮书
德国发展报告（2015）
著(编)者：郑春荣 伍慧萍　2015年5月出版 / 定价：69.00元

东北亚黄皮书
东北亚地区政治与安全（2015）
著(编)者：黄凤志 刘清才 张慧智
2015年7月出版 / 估价：69.00元

东盟黄皮书
东盟发展报告（2015）
著(编)者：崔晓麟　2015年7月出版 / 估价：75.00元

东南亚蓝皮书
东南亚地区发展报告（2015）
著(编)者：王勤　2015年7月出版 / 估价：79.00元

俄罗斯黄皮书
俄罗斯发展报告（2015）
著(编)者：李永全　2015年7月出版 / 估价：79.00元

非洲黄皮书
非洲发展报告（2015）
著(编)者：张宏明　2015年7月出版 / 估价：79.00元

国际形势黄皮书
全球政治与安全报告（2015）
著(编)者：李慎明 张宇燕　2015年1月出版 / 定价：69.00元

韩国蓝皮书
韩国发展报告（2015）
著(编)者：刘宝全 牛林杰　2015年8月出版 / 估价：79.00元

加拿大蓝皮书
加拿大发展报告（2015）
著(编)者：仲伟合　2015年4月出版 / 定价：89.00元

拉美黄皮书
拉丁美洲和加勒比发展报告（2014~2015）
著(编)者：吴白乙　2015年5月出版 / 定价：89.00元

美国蓝皮书
美国研究报告（2015）
著(编)者：郑秉文 黄平　2015年6月出版 / 定价：89.00元

缅甸蓝皮书
缅甸国情报告（2015）
著(编)者：李晨阳　2015年8月出版 / 估价：79.00元

欧洲蓝皮书
欧洲发展报告（2015）
著(编)者：周弘　2015年7月出版 / 估价：89.00元

葡语国家蓝皮书
葡语国家发展报告（2015）
著(编)者：对外经济贸易大学区域国别研究所　葡语国家研究中心
2015年7月出版 / 估价：89.00元

葡语国家蓝皮书
中国与葡语国家关系发展报告·巴西（2014）
著(编)者：澳门科技大学　2015年7月出版 / 估价：89.00元

日本经济蓝皮书
日本经济与中日经贸关系研究报告（2015）
著(编)者：王洛林 张季风　2015年5月出版 / 定价：79.00元

日本蓝皮书
日本研究报告（2015）
著(编)者：李薇　2015年4月出版 / 定价：69.00元

上海合作组织黄皮书
上海合作组织发展报告（2015）
著(编)者：李进峰 吴宏伟 李伟
2015年9月出版 / 估价：89.00元

世界创新竞争力黄皮书
世界创新竞争力发展报告（2015）
著(编)者：李闽榕 李建平 赵新力
2015年12月出版 / 估价：148.00元

土耳其蓝皮书
土耳其发展报告（2015）
著(编)者：郭长刚 刘义　2015年7月出版 / 估价：89.00元

图们江区域合作蓝皮书
图们江区域合作发展报告（2015）
著(编)者：李铁　2015年4月出版 / 定价：98.00元

亚太蓝皮书
亚太地区发展报告（2015）
著(编)者：李向阳　2015年1月出版 / 定价：59.00元

印度蓝皮书
印度国情报告（2015）
著(编)者：吕昭义　2015年7月出版 / 估价：89.00元

印度洋地区蓝皮书
印度洋地区发展报告（2015）
著(编)者：汪戎　2015年5月出版 / 定价：89.00元

中东黄皮书
中东发展报告（2015）
著(编)者：杨光　2015年11月出版 / 估价：89.00元

中欧关系蓝皮书
中欧关系研究报告（2015）
著(编)者：周弘　2015年12月出版 / 估价：98.00元

中亚黄皮书
中亚国家发展报告（2015）
著(编)者：孙力 吴宏伟　2015年9月出版 / 估价：89.00元

中国皮书网

www.pishu.cn

发布皮书研创资讯，传播皮书精彩内容
引领皮书出版潮流，打造皮书服务平台

栏目设置：

- □ 资讯：皮书动态、皮书观点、皮书数据、
  皮书报道、皮书发布、电子期刊
- □ 标准：皮书评价、皮书研究、皮书规范
- □ 服务：最新皮书、皮书书目、重点推荐、在线购书
- □ 链接：皮书数据库、皮书博客、皮书微博、在线书城
- □ 搜索：资讯、图书、研究动态、皮书专家、研创团队

中国皮书网依托皮书系列"权威、前沿、原创"的优质内容资源，通过文字、图片、音频、视频等多种元素，在皮书研创者、使用者之间搭建了一个成果展示、资源共享的互动平台。

自 2005 年 12 月正式上线以来，中国皮书网的 IP 访问量、PV 浏览量与日俱增，受到海内外研究者、公务人员、商务人士以及专业读者的广泛关注。

2008 年、2011 年，中国皮书网均在全国新闻出版业网站荣誉评选中获得"最具商业价值网站"称号；2012 年，获得"出版业网站百强"称号。

2014 年，中国皮书网与皮书数据库实现资源共享，端口合一，将提供更丰富的内容，更全面的服务。

权威报告 热点资讯 海量资源
当代中国与世界发展的高端智库平台

皮书数据库 www.pishu.com.cn

皮书数据库是专业的人文社会科学综合学术资源总库，以大型连续性图书——皮书系列为基础，整合国内外相关资讯构建而成。包含七大子库，涵盖两百多个主题，囊括了近十几年间中国与世界经济社会发展报告，覆盖经济、社会、政治、文化、教育、国际问题等多个领域。

皮书数据库以篇章为基本单位，方便用户对皮书内容的阅读需求。用户可进行全文检索，也可对文献题目、内容提要、作者名称、作者单位、关键字等基本信息进行检索，还可对检索到的篇章再做二次筛选，进行在线阅读或下载阅读。智能多维度导航，可使用户根据自己熟知的分类标准进行分类导航筛选，使查找和检索更高效、便捷。

权威的研究报告，独特的调研数据，前沿的热点资讯，皮书数据库已发展成为国内最具影响力的关于中国与世界现实问题研究的成果库和资讯库。

皮书俱乐部会员服务指南

1. 谁能成为皮书俱乐部成员？
● 皮书作者自动成为俱乐部会员
● 购买了皮书产品（纸质书/电子书）的个人用户

2. 会员可以享受的增值服务
● 免费获赠皮书数据库100元充值卡
● 加入皮书俱乐部，免费获赠该纸质图书的电子书
● 免费定期获赠皮书电子期刊
● 优先参与各类皮书学术活动
● 优先享受皮书产品的最新优惠

3. 如何享受增值服务？
（1）免费获赠100元皮书数据库体验卡
第1步 刮开皮书附赠充值的涂层（右下）；
第2步 登录皮书数据库网站（www.pishu.com.cn），注册账号；
第3步 登录并进入"会员中心"—"在线充值"—"充值卡充值"，充值成功后即可使用。

（2）加入皮书俱乐部，凭数据库体验卡获赠该书的电子书
第1步 登录社会科学文献出版社官网（www.ssap.com.cn），注册账号；
第2步 登录并进入"会员中心"—"皮书俱乐部"，提交加入皮书俱乐部申请；
第3步 审核通过后，再次进入皮书俱乐部，填写页面所需图书、体验卡信息即可自动兑换相应电子书。

4. 声明
解释权归社会科学文献出版社所有

皮书俱乐部会员可享受社会科学文献出版社其他相关免费增值服务，有任何疑问，均可与我们联系。
图书销售热线：010-59367070/7028 图书服务QQ：800045692 图书服务邮箱：duzhe@ssap.cn
数据库服务热线：400-008-6695 数据库服务QQ：2475522410 数据库服务邮箱：database@ssap.cn
欢迎登录社会科学文献出版社官网（www.ssap.com.cn）和中国皮书网（www.pishu.cn）了解更多信息

皮书大事记
（2014）

☆ 2014年10月，中国社会科学院2014年度皮书纳入创新工程学术出版资助名单正式公布，相关资助措施进一步落实。

☆ 2014年8月，由中国社会科学院主办，贵州省社会科学院、社会科学文献出版社承办的"第十五次全国皮书年会（2014）"在贵州贵阳隆重召开。

☆ 2014年8月，第二批淘汰的27种皮书名单公布。

☆ 2014年7月，第五届优秀皮书奖评审会在京召开。本届优秀皮书奖首次同时评选优秀皮书和优秀皮书报告。

☆ 2014年7月，第三届皮书学术评审委员会于北京成立。

☆ 2014年6月，社会科学文献出版社与北京报刊发行局签订合同，将部分重点皮书纳入邮政发行系统。

☆ 2014年6月，《中国社会科学院皮书管理办法》正式颁布实施。

☆ 2014年4月，出台《社会科学文献出版社关于加强皮书编审工作的有关规定》《社会科学文献出版社皮书责任编辑管理规定》《社会科学文献出版社关于皮书准入与退出的若干规定》。

☆ 2014年1月，首批淘汰的44种皮书名单公布。

☆ 2014年1月，"2013(第七届)全国新闻出版业网站年会"在北京举办，中国皮书网被评为"最具商业价值网站"。

☆ 2014年1月，社会科学文献出版社在原皮书评价研究中心的基础上成立了皮书研究院。

皮书数据库
www.pishu.com.cn

皮书数据库三期

- 皮书数据库（SSDB）是社会科学文献出版社整合现有皮书资源开发的在线数字产品，全面收录"皮书系列"的内容资源，并以此为基础整合大量相关资讯构建而成。

- 皮书数据库现有中国经济发展数据库、中国社会发展数据库、世界经济与国际政治数据库等子库，覆盖经济、社会、文化等多个行业、领域，现有报告30000多篇，总字数超过5亿字，并以每年4000多篇的速度不断更新累积。

- 新版皮书数据库主要围绕存量+增量资源整合、资源编辑标引体系建设、产品架构设置优化、技术平台功能研发等方面开展工作，并将中国皮书网与皮书数据库合二为一联体建设，旨在以"皮书研创出版、信息发布与知识服务平台"为基本功能定位，打造一个全新的皮书品牌综合门户平台，为您提供更优质更到位的服务。

更多信息请登录

中国皮书网
http://www.pishu.cn

皮书微博
http://www.weibo.com/pishu

皮书博客
http://blog.sina.com.cn/pishu

皮书微信
皮书说

请到各地书店皮书专架/专柜购买，也可办理邮购

咨询/邮购电话：010-59367028　59367070　　　邮　　箱：duzhe@ssap.cn
邮购地址：北京市西城区北三环中路甲29号院3号楼华龙大厦13层读者服务中心
邮　　编：100029
银行户名：社会科学文献出版社
开户银行：中国工商银行北京北太平庄支行
账　　号：0200010019200365434
网上书店：010-59367370　　qq：1265056568
网　　址：www.ssap.com.cn　　　　www.pishu.cn

社会科学文献出版社　皮书系列

❖ 皮书起源 ❖

"皮书"起源于十七、十八世纪的英国,主要指官方或社会组织正式发表的重要文件或报告,多以"白皮书"命名。在中国,"皮书"这一概念被社会广泛接受,并被成功运作、发展成为一种全新的出版型态,则源于中国社会科学院社会科学文献出版社。

❖ 皮书定义 ❖

皮书是对中国与世界发展状况和热点问题进行年度监测,以专业的角度、专家的视野和实证研究方法,针对某一领域或区域现状与发展态势展开分析和预测,具备权威性、前沿性、原创性、实证性、时效性等特点的连续性公开出版物,由一系列权威研究报告组成。皮书系列是社会科学文献出版社编辑出版的蓝皮书、绿皮书、黄皮书等的统称。

❖ 皮书作者 ❖

皮书系列的作者以中国社会科学院、著名高校、地方社会科学院的研究人员为主,多为国内一流研究机构的权威专家学者,他们的看法和观点代表了学界对中国与世界的现实和未来最高水平的解读与分析。

❖ 皮书荣誉 ❖

皮书系列已成为社会科学文献出版社的著名图书品牌和中国社会科学院的知名学术品牌。2011年,皮书系列正式列入"十二五"国家重点图书出版规划项目;2012~2014年,重点皮书列入中国社会科学院承担的国家哲学社会科学创新工程项目;2015年,41种院外皮书使用"中国社会科学院创新工程学术出版项目"标识。

法律声明

"皮书系列"（含蓝皮书、绿皮书、黄皮书）之品牌由社会科学文献出版社最早使用并持续至今，现已被中国图书市场所熟知。"皮书系列"的LOGO（ ）与"经济蓝皮书""社会蓝皮书"均已在中华人民共和国国家工商行政管理总局商标局登记注册。"皮书系列"图书的注册商标专用权及封面设计、版式设计的著作权均为社会科学文献出版社所有。未经社会科学文献出版社书面授权许可，任何使用与"皮书系列"图书注册商标、封面设计、版式设计相同或者近似的文字、图形或其组合的行为均系侵权行为。

经作者授权，本书的专有出版权及信息网络传播权为社会科学文献出版社享有。未经社会科学文献出版社书面授权许可，任何就本书内容的复制、发行或以数字形式进行网络传播的行为均系侵权行为。

社会科学文献出版社将通过法律途径追究上述侵权行为的法律责任，维护自身合法权益。

欢迎社会各界人士对侵犯社会科学文献出版社上述权利的侵权行为进行举报。电话：010-59367121，电子邮箱：fawubu@ssap.cn。

社会科学文献出版社